내가 만난

아름다운 사람들

도서출판 월인

내가 만난

아름다운 사람들

김봉천 지음

도서출판 월인

머리말

고등학교 시절, 섣부른 생각으로 '어떻게 살 것인가?'의 명제 아래 깊은 번민에 빠진 적이 있다. 그건 오로지 연세대 김형석 교수의 수상집 『고독이라는 병』, 『영원과 사랑의 대화』, 『운명도 허무도 아니라는 이야기』를 탐독하면서부터 비롯되었는데, 인생의 진실된 삶의 방향을 찾기 위한 번민이었다.

김형석 교수의 글에는 삶의 가치, 옳고 그름, 사랑과 행복에 관한 내용이 많이 담겨 있었다. 결국 종착역을 향하여 달려가는 숨가쁜 인생이지만, 참다운 마음으로 사랑을 나누며 행복하게 살아야 한다는 대답이 가슴을 울렸다. 한마디로 요약하면 '아름답게 사는' 것이 진실된 삶의 궁극적 가치라는 해답을 찾은 것이다.

그래서 아름답게 살고 싶었다.

아름다운 곳에서 아름다운 일을 하면서 아름답게 살고 싶었다.

서울에서 대학을 다니다가 방학 때 고향 방문을 하거나 여행을 갈 때면, 차창에 비친 시골 학교들이 그렇게 아름답고 평화로워 보였다. 운동장에서 뛰노는 아이들도 그렇게 예뻐 보였고 사랑스러웠다.

그 아름다운 배움의 터전이 항상 내 마음속을 떠나지 않고 눌러앉아 버렸다.

롱펠로우의 시구처럼 '거친 삶의 벌판에서 언제나 청순한 마음으로 살아가는 사슴 같은 사람들을 만나' 아름답게 살고 싶었다.

급기야 꿈속에서도 그리던 배움의 터전에서 아름다운 일을 하는 사람들과 함께 아름다운 일을 하게 되었다.

하늘이 내게 내린 축복으로 여기고 일생 동안 아름다움을 추구하며 살아왔다.

인생 후반기에 들어 내가 만난 아름다운 사람들을 기리는 아름다운 책 한 권을 남기고 싶었다. 세월 가면 희석될 그분들의 삶의 궤적을 한 권의 책에다 기록하여 남기고 싶었다.

이 책에 나오는 아름다운 사람들은 일부러 찾아다니면서 만난 분들이 아니라, 살아오면서 자연스레 만난 사람들이다. 그토록 수많은 만남 중에서 스무 분을 선정하는 데는 쉽지 않은 고민이 따랐다. 선정되지 않은 다른 분들이 서운해 할 것 같아서다. 처음에는 서른 분을 선정했는데, 분량이 넘쳐 도리없이 열 분을 유보하여 다음 기회로 미루게 되었다.

스무 분 중 몇 분의 글에는 본인들이 직접 쓴 글을 인용한 부분이 있다. 나의 목소리만으로 일관하다 보면 나의 주관이 과장되게 표출될 수도 있고, 그분들의 행적 서술에 미흡한 부분이 있을 수도 있기 때문이다. 부분적이긴 하지만 본인이 직접 쓴 글이 오히려 독자들에게 진솔되고 친근하게 다가설 수 있다는 결론을 얻은 것이다.

일생을 아름답게 산다는 것은 결코 쉬운 일이 아니다. 살다 보면 어리석은 삶도 있고, 속된 삶도 있고, 실수할 때도 있고, 자신을 속일 때도 있다. 어차피 불완전하게 태어난 인생이 아니던가?

하지만 아름다움을 도란도란 얘기하면서 살아 온 삶은 복된 인생이다.

지금 생각해 보면 나는 아름다움을 추구하면서 살아왔을 뿐, 결국 미흡한 인생을 살아온 것 같아 회한이 많다. 남은 인생만이라도 건강한 사회를 가꾸기 위하여 더 아름답고 충실한 삶을 살아야겠다고 다짐해 본다.

2020년 7월

지은이 **김 봉 천**

차례

노란 손수건의 추억

명품 인간 최용근 선생

피에르 동인

최용근은 나의 대학 동창이다.

나는 중·고등학교 때 문학 소년이었다. 김소월의 '초혼', 박목월의 '산도화', 서정주의 '신부', 김동리의 '등신불'이 그렇게 좋았다. 시골 고등학교 백일장에서 장원 수상을 계기로 제법 문재(文才)가 있는 줄 착각하여 문예창작과에 진학하게 되었고, 거기서 최용근을 만나게 되었다.

최용근은 경기도 화성시 향남면이 고향인데 화성 발안농고를 졸업하고, 역시 문학의 뜻을 품고 문예창작과에 들어온 것이다. 당시 문예창작과엔 박목월, 서정주, 김구용, 함동선, 김동리, 이범선, 손소희, 차범석 등 유명한 교수들이 많았다. 게다가 학생들도 전국에서 내로라하는 문학 지망생들이 대거 몰려왔다. 시골 학교 백일장 장원 수상한 경력은 명함도 내밀 수 없었다. 다른 과우들 대부분은 전국 학생 문예 공모에서 최우수상을 수상한 쟁쟁한 경력을 갖고 있었다. 하지만 이왕 들어왔으니 열정을 쏟아 보기로 하고, 나는 대학 신문사 기자로 활동하고 최용근은 대학 도서관 사서 보조원으로 일하였다.

피에르 동인(1968) 왼쪽부터 홍성환, 최용근, 신용삼, 김봉천

최용근 등 친한 과우 4명(최용근, 신용삼, 홍성환, 김봉천)이 문학에 전념하겠다며 동인(피에르)을 결성하여, 매주 일요일엔 남산시립도서관에 모여 독서 토론, 작품 평가회 등을 열며 문학 공부에 몰입했다. 우리 네 명은 자칭 '피에르 동인 4인방'이라면서 은근히 으스대며 어울려 다니면 다른 과우들이 부러워하기도 했다.

피에르 동인 중 최용근은 문화일보 신춘문예 희곡으로 당선됐고(1995), 신용삼은 중앙일보 신춘문예 동시(1969)로, 동아일보 신춘문예 희곡(1977)으로, 서울신문 신춘문예 희곡(1978)으로 당선됐다. 홍성환은 몇 번 도전하다가 실패하더니 붓을 꺾고 출판사를 개업하여 평생토록 책 만드는 사업을 하다가, 지금은 건강을 돌보며 집에서 쉬고 있다. 나는 1학년을 마치고 군에 다녀와서 문재(文才)가 부족함을 절감하고, 결국 문학의 뜻을 접은 후 국어 교사의 꿈을 놓치지 못해 국어국문학과로 편입학하였다.

비로소 교단에 서다

최용근도 나처럼 교사의 푸른 꿈을 갖고 있었는데, 용케도 졸업과 동시에 고등학교 국어과 교사로 발령받았다. 나는 가정 사정이 여의치 못하여 주간에는 등록금을 마련하기 위해 서울시 공무원 노릇을 하며 야간대학에 다녔고, 졸업한 지 5개월 만에 비로소 교사의 길에 들어섰다. 의정부에 있는 사립 고등학교였는데 이사장의 간섭이 시시콜콜 지나쳐 인내하기 어려웠다. 서울 인접 학교라 교사들 거의가 서울이 거주지였는데 모두들 서울로 빠져나가려고 몸부림했다. 그 당시 서울에서 뒷돈 몇 백만 원짜리 교사 하나 채용하는데 지원자가 줄을 서면 서울역에서 종로5가까지 이어질 거라는 농담 섞인 말을 하기도 했다. 나는 서울 서라벌고등학교에서 교사 노릇을 하고 있는 친구 최용근에게 서울 학교 자리 하나 마련해 달라고 지나가는 말로 얘기한 적이 있었다. 빈털터리 가난한 사람이니, 어디 정직하고 유수한 학교에 나를 필요로 하는 국어 교사 자리 비면 연락하라고 농담처럼 얘기했었다. 6개월이 지나고 해가 바뀐 3월 초순 최용근이 전화를 하였다. 2년 전에 자신이 근무하던 광운전자공업고등학교에 국어 교사 자리 하나 났으니 당장 가서 수업하라는 것이었다. 교사 채용에 대한 절차가 당연히 있는 법인데 수업부터 하라는 말이 미심쩍어 이것저것 물어볼 수밖에 없었다.

"수업을 언제부터 하라는 소리인가?"

"다음 주 월요일부터."

"오늘이 금요일인데 그렇게 서두르는 이유가 뭔가?"

"그 학교 국어 선생님이 갑자기 그만 두게 됐어."

"그렇다면 서류 접수에다 채용 절차가 있을 건데."

"다 말해 놨으니 내일 이력서만 갖고 가서 교장 선생님 상견례만 하면 돼."

나는 이해가 잘 되지 않았다. 채용 절차에 따라 서류 합격자에 한하여 면접 날짜를 잡아 연락하는 것이 통례인데, 이력서 하나만 갖고 방문하여 교장 상견례를 하라니 이해하기 어려웠다.

"다른 서류는 필요 없어?"

"교사자격증 사본도 하나 가져가면 돼. 나중에 제출해도 되고."

"대학 졸업증명서, 성적증명서 등은?"

"다 얘기해 놨으니 그런 거 필요 없어."

그렇게 쉽게 말하는 것이 신기하여 농담처럼 한마디 슬쩍 던졌다.

"그런데 나 땡전 한 푼 없는 사람이야."

"에이, 그런 농담하지 마. 그냥 가서 수업하면 돼."

"지필 고사, 실제 수업 평가 같은 것도 없고?"

"그렇다니까, 잔말 말고 다음 주 월요일이야, 전화 끊어, 나 수업 들어가야 돼."

당시 사립학교의 교사 채용은 사학마다 약간씩 차이는 있었지만 정부 지원이 없었기 때문에 요즈음처럼 그렇게 까다롭지 않았다. 요즈음은 정부의 예산 지원이 많기 때문에 사학 운영도 정부 지침에 따라야 한다. 특히 교사 채용은 인사 행정이라 아주 엄격하게 관리한다. 당시에도 물론 사학 내규가 있었지만 인사 행정 절차는 탄력적으로 운용하는 것이 관행이었다. 그래서 몇몇 사학에서는 교사 채용에 뒷거래가 있다는 소문이 파다하였다. 그런데 채용 기본 절차를 아예 생략하고 빈손으로 가서 수업하라고 재촉하니 무엇에 홀린 것 같기도 하였다. 우선 최용근을 당장 만나고 싶어도 서로 시간 맞추기가 어려웠다. 평일에는 내가 저녁 보충수업에다 야간자율학습 지도 끝나고 의정부에서 시외버스를 타고 종로5가 종점에 도착하면 밤 10시가 넘어 귀가하기도 바쁘고, 토요일엔 최용근이 1박 2일로 설악산 등산 일정이 잡혀 있다고 했다.

어이가 없었다. 당시 서울 인문과목 교사 자리는 하늘에 별따기보다 더 어렵다는 말이 설왕설래하던 차라 믿기지가 않았다. 40여 년 전(1978년) 얘기지만 솔직히 당시 서울 교사 자리에 몇 백이란 말이 공공연하게 나돌 때였다. 다방 커피 한 잔에 100원, 백반 한 그릇에 200원 할 때였으니 거금이었다.

최용근은 성격이 활달하여 사람 교제가 원만하고, 술자리에라도 어울리면 박학다식한 화술이 청산유수라, 좌중을 좌지우지하는 마력이 있는 사람이었다. 광운학원에서 최 형을 믿고 나를 채용하기로 한 모양이었다. 그렇게 신의와 인격을 두루 갖춘 명품 인간임을 다 알고 있는 사실이었다.

이튿날 광운전자공업고등학교 교장 선생님을 찾아뵈었다. 참 호인이었다. 월요일부터 출근하라시며 교무부에 가서 시간표 받아가라 했다. 고맙기 그지없었다. 우선 뛸 듯이 기뻤다. 그렇게 하여 광운전자공고에서 11년 동안 열정을 바치고 공립으로 옮겼지만, 시집간 새색시의 친정 같은 느낌을 떨치지 못하고 지금까지 살아왔다. 광운전자공업고등학교는 세칭 갑질하는 사람이 없었다. 교사의 교육 활동에 간섭하는 사람이 없다는 뜻이다. 인간미 푸근한 송갑용 교장 선생님, 한국의 페스탈로치 허정섭 교장 선생님, 태산같이 의연(毅然)한 풍모를 지닌 고제현 교감 선생님, 내가 근무하던 11년 동안 교직원들에게 잔소리 한번 하지 않으신 조무성 이사장님 등 네 분은 진실로 훌륭하신 분들이라 그 존함을 기록하여 둔다.

최용근은 높은 기개가 청산과 같고, 올곧은 성품이 대쪽 같고, 맑고 넓은 마음씨가 호수와 같은 사람이다. 불의(不義)에 항거하고 정의를 사랑한 명품 인간임에 틀림없다.

우정 어린 폭력

어느 날 최 형(이하 최 형)과 나는 오랜만에 만나 저녁 식사에 반주 한 잔 하고 있었다.

내가 말하였다.

"붓을 꺾었어. 글쓰기에 지쳤어. 이제 내 앞에서는 습작 따위는 말하지 말게나."

최 형이 버럭하였다.

"그게 무슨 소리야? 문학의 꿈을 접는다고? 그런 농담 함부로 하지 마!"

"농담이 아니라 진짜야, 그냥 이제부턴 국어교사에 충실하기로 했어."

"정말이야?"

"응, 정말."

잠시 침묵이 흘렀다.

화장실을 다녀온 최 형이 잠시 밖으로 나가자고 했다.

나는 영문도 모르고 따라 나갔다.

최 형의 얼굴이 굳어 있었다.

"정말 진짜 절필한다구?"

"그래, 몇 번 말해야 돼, 정말이라구."

"절필한 놈 쓴맛 좀 보여 주지."

순간 최 형의 펀치 한 방이 나의 얼굴을 강타하였다.

방어할 새도 없었다.

"넌 임마 문학의 배신자야."

이젠 아예 주먹세례를 퍼부었다. 방어를 한다고 했지만 일방적으로 두어 차례 얻어터진 나는 코피가 터져 얼굴은 피투성이가 되었는데도, 이성을 잃은 야수처럼 저돌적인 공격을 해댔다. 내가 결국 최 형을 끌어안았다. 둘은 서로 부둥켜안고 엉엉 울었다. 우정어린 공격이란 걸 알기 때문이었다. 문학의 뜻을 접는다는 나의 말에 최 형은 충격을 받은 것이다. 문학 동지 하나를 잃어버리는 상심이 컸던 때문이리라. 잠시 후 흐트러진 마음을 가다듬고 우리는 다시 우정의 술잔을 기울였다. 실로 잊을 수 없는 아름다운 기억의 편린(片鱗)으로 남아 있다.

아. 청령포

1991년 최 형과 둘이 조촐한 겨울 여행을 떠났다. 겨울방학을 이용하여 태백선 기차를 타고 영월을 거쳐 두타산을 다녀오기로 하였다. 단종 임금님의 슬픔이 맺힌 영월 청령포에서 세속의 찌든 마음을 씻어내고 두타산 신선한 정기를 맡아 보고 싶었다.

단종 유배지 청령포는 서강 물줄기가 반원을 그리며 휘감아 돌고, 뒤에는 험산이 우뚝 서 있었다. 강변 양쪽은 깎아지른 듯한 낭떠러지가 가로막고 있어 배가 없이는 접근할 수 없는 감옥이나 다름없는 곳이었다. 사방은 험산과 낭떠러지와 강물뿐이었다. 그나마 자갈밭이 평지를 이루고 있는 강변이 있어 나룻배의 길은 열려 있었다. 배낭 및 주류 등 식료품은 사공에게 맡기고 나룻배를 타야 했다. 청령포는 유원지가 아니라 단종 임금님의 한이 서린 유배지로서 신성한 지역으로 관리하기 때문에 야유회 등 음주, 가무를 일절 금하고 있었다. 순간 최 형은 사공 몰래 배낭을 뒤적거려 소주 한 병과 과자 한 봉지를 재빨리 방한복 호주머니에 넣는 것이 아닌가? 진정한 친구를 지음(知音)이라 하듯이 나는 그의 속 깊은 뜻을 금방 알아챘다. 청령포는 소나무 숲이 짙었다. 겨울이라 산새들의 울음소리만이 들려올 뿐 청령포를 찾는 답사객은 우리 둘밖에 없었다. 16세 단종 임금님이 소나무 위에 올라가 한양을 바라보며 흐느끼던 관음송이 의젓하고, 그 옆에는 자그만 비각(碑閣)이 있었다. 우리는 비각 앞에 최 형이 몰래 숨겨 온 소주 한 잔 부어 올리고 긴 묵념을 하였다. 최 형이 왕방연의 시조 한 수를 나직이 읊었다.

청령포를 휘감아도는 서강은 알고 있다 최용근(오른쪽)과 필자(1991)

천만리 머나먼 길에 고운 임 여의옵고
내 마음 둘 데 없어 냇가에 앉았으니
저 물도 내 안 같아야 울어 밤길 예놋다

금부도사 왕방연이 단종 임금님을 청령포 유배지에 모셔 드린 후, 휘돌아 흐르는 서강 언덕에 앉아 흐느끼며 읊은 시조이다. 단종 임금님과 왕방연의 서러운 정경이 오버랩 되어 더욱 숙연해졌다. 그나마 최 형이 몰래 감추어 온 소주 한 잔 헌주(獻酒)할 수 있어 마음이 오히려 평온하였다. 최 형은 이렇게 호탕하면서도 세심한 마음씨를 지닌 아름다운 사람이라는 걸 나는 예부터 알고 있었다.

노란 손수건

일요일에는 그림 그리는 친구(양승욱)와 셋이 등산을 자주 다녔다. 나이 들면서 체력의 한계를 느껴 지리산 같은 높은 산은 엄두도 못 내고 서울 근교 도봉산, 북한산, 수락산이 고작이었다. 하산 후에는 식사를 하고 헤어지는데, 수락산 등산을 할 경우에는 산자락에 있는

'갈월보리밥집'이 단골 식당이 되어버렸다. 한복 차림에 한상 가득 정갈하게 차려주는 주인아주머니의 자태가 고왔기 때문이었다. 항상 한복 차림에다 품위를 갖춘 여인이었다. 게다가 최 형의 구수한 입담에 매력을 느껴 우리가 가면 무척 반가워했다. 최 형은 가족 외식, 친지 모임도 일쑤 갈월보리밥집을 선택한다 했다. 수제비 맛집으로 소문난 '항아리수제비' 바로 옆집이었다.

그런데 어느 날 수락산 하산 후 그 보리밥집에 들렀더니 한복 입은 아주머니는 안 보이고 땟국 묻은 옷차림의 낯선 아주머니가 술장사를 하고 있었다. 전 주인이 어디서 무얼 하는지 물어봐도 모른다 했다. 종적을 알 수 없었다. 허전하였다. 휴대폰번호라도 서로 주고받지 못한 것이 못내 아쉬웠다. 수락산자락 일대 식당을 샅샅이 뒤지다시피 해도 그 여인은 찾을 수 없었다. 어떤 연모의 정이 아니라 한복차림에 품격 있는 언행, 고풍스런 이미지, 넘치는 인정 등 그 분위기에 매료된 것이다. 평소에도 그 식당을 많이 애용한 최 형이 더욱 아쉬워했다. 그러나 불혹도 후반 나이에 주책없이 연인(戀人)처럼 그 여인을 마음속에 붙들고 있을 수는 없었다. 체념해야 했다.

5년의 세월이 흘렀다. 세월은 많은 기억을 지웠다. 어느 가을날 우리 셋은 오랜만에 수락산 등산 후 허기를 달래려고 식당들을 기웃거리고 있는데, 옛 갈월보리밥집 맞은 편 공터 옆 어느 식당 앞에 줄을 길게 서 있는 손님들이 눈에 들어왔다. 궁금하여 그 식당 앞에 가 보았다. 상호를 보고 놀라지 않을 수 없었다. '갈월보리밥집'이었다. 식당 안을 기웃거려 보니 제복을 곱게 차려입은 여직원들이 밀려드는 손님들의 상차림에 여념이 없었다. 아무리 둘러봐도 옛 한복 차림 여인네는 보이지 않았다. 현관문 입구에 붙어 있는 글귀가 눈길을 붙잡았다.

'오늘부터 3일간 보리밥 무료 제공해 드립니다.'

하루도 아니고 3일간이나 무료로 제공한다니 참 희한한 식당이라 생각했다. 우리도 줄을 섰다. 줄이 길어 보리밥 한 그릇 얻어먹으려고 20분은 족히 서 있어야 될 것 같은데, 그 여인네 가게인지 아닌지 확인을 해야겠기에 인내하며 줄을 서서 기다렸다. 성미 급한 최 형이 가게 안에 들어가서 가게 주인이 어떤 사람인지, 지금 어디 있는지 직원에게 알아보고 왔다. 그 여인의 성도 이름도 모르지만 이것저것 확인한 바로는 비슷한 것 같다고 했다. 지금은 친지 결혼식에 갔는데 저녁 때 온다는 것이다. 20여 분을 기다려 밥 한 그릇 얻어먹는 것이 목적이 아니었다. 주인의 정체를 확인해야 했고, 3일 동안 점심을 무료 제공하는 까닭이 궁금했다. 비로소 우리 차례를 기다려 식탁에 앉았다. 맛깔스런 찬 예닐곱 가지가 정갈하였다. 그런데 익숙한 식단이었다. 옛날 즐겨 찾던 그 갈월보리밥 그 식단에 그 맛이었다. 우리는 무릎을 쳤다. 틀림없는 그 손맛이다. 틀림없다. 그 여인이다.

식사를 끝내고 우리는 저녁 무렵 다시 들르기로 했다. 그 여인을 만나기 위해서였다. 우리 셋은 땅거미 질 무렵 다시 그 식당을 찾았다. 틀림없었다. 그 여인이었다. 한복을 곱게 차려 입은 자태가 옛 모습 그대로였다. 그 여인이 박장대소하며 우리를 맞이했다. 반가웠다. 반갑기 그지없었다. 보리밥 저녁 식단이 푸짐하게 차려졌다. 덤으로 막걸리 한잔 가득 그 여인이 손수 따라 권하였다. 최용근이 실마리를 풀었다.

"그립던 여인이 따라 주는 막걸리 맛이 일품입니다."

"다른 손님에게는 따라 드린 적이 없습니다. 처음이에요."

"어디에서 뭘 하시다가 이제야 나타나셨나요?"

"……"

"아무 귀띔 없이 감쪽같이 사라지셨더군요."

여인은 미소만 지을 뿐 아무 말이 없었다.

"중죄인으로 감옥소라도 다녀오셨나요?"

"그게 아니라 보리밥 장사를 계속했죠."

"장사가 잘 안 되었던가요?"

"목 좋은 데라 문전성시를 이루었죠."

"그렇다면 거기서 계속 하시지 왜 이리로 오셨나요?"

"재개발한다고 쫓겨났어요."

막걸리 한 모금 들이켜고 최 형이 다시 입을 열었다.

"장사할 곳은 다른 데도 많을 텐데 다시 이리로 오셨군요."

"선생님들 보고 싶어서… 점잖으시고 낭만이 넘치는 선생님들을 한시도 잊은 적이 없어요."

"말 한마디 없이 떠나셨잖아요. 매정하게."

"갑자기 떠나가게 되었어요. 선생님들에게 소식을 전할 길이 없었어요. 전화번호도 모르고……."

그렇다. 서로 전화번호를 주고받은 적이 없는 건 사실이다. 굳이 우리들 마음 깊이 연인처럼 감추어 두고 그리워하던 여인은 결코 아니었다. 그저 품위가 예사롭지 않은 한복 입은 보리밥집 여인으로 각인되어 있을 뿐이었다.

"3일 동안 보리밥을 무료 제공하시는군요."

"여기서 보리밥 장사 기틀을 쌓았거든요. 그 손님들에게 되갚아 드리는 작은 정성일 뿐입니다."

우리는 더 이상 할 말을 잃었다. 덧붙여 말하면 오히려 구차해질 것 같았다.

최 형이 막걸리 잔을 기울이고선 혼잣말로 중얼거렸다.

"노란 손수건 같은 여인이구먼."

그렇다, 노란 손수건!

몇 년 만에 귀가하는 남편을 맞이하는 부인이, 마을 어귀 버스 정류장 느티나무 가지마다 걸어놓은 수십 개의 노란 손수건의 펄럭임, 사랑의 증표요, 기다림의 손짓이었다. 최 형이 말을 이었다.

"개업은 언제 하시나요?"

"3일 후에 합니다. 오늘부터 손님 대접 시작했으니까요."

여인은 다른 손님들 맞이하느라 자리를 떴다. 최 형이 우리를 보고 말하였다. 개업 축하 화분이라도 마련해야 되는데, 화분 대신 노란 손수건을 준비하는 것이 어떠냐고 제안했다. '기다림을 상징하는' 노란 손수건을 가게 앞에 만국기처럼 걸자는 것이었다. 수락산 등산로 초입이라 가게 앞 공터가 넓었다. 3층 건물 옥상에서 가로수 여러 그루에 노란 손수건이 촘촘히 매달린 줄을 늘어뜨려 매면 개업 축하 의식으로서는 그만일 것이라 했다. 우리는 맞장구를 쳤다. 3일 후 개업이라면 서둘러야 했다. 우선 3만 원씩 부담하여 손수건 500장 정도 주문하기로 하고 개업 축하 문구를 넣기로 했다. 유명 화가랍시고 인사동을 누비고 다니는 동료 양승욱이 컷을 그려 넣기로 하고, 문구도 간명하게 '당신을 사랑하는 갈월보리밥집'이라 넣기로 했다. 글꼴은 정감 있는 명조체 인쇄를 하기로 합의했다. 그런데 한 중년 남자가 우리 식탁에 다가와 넌지시 말을 걸었다. 저만치서 부부인 듯한 두 분이 식사를 하면서 우리들을 눈여겨보고 있던 분이었다.

"선생님들 주고받는 얘기가 한 편의 동화 같은 얘기인지라 저기서 훔쳐보며 다 들었습니다. 정말 기발하고 멋진 아이디어이십니다. 그 기상천외의 노란 손수건 의식에 저도 동참하면 안 될까요?"

내가 나섰다.

"네, 고맙습니다만 우리 셋이서 하기로 다 끝난 얘기입니다. 각 3만 원이면 큰 부담 없거든요."

"아, 그런 뜻이 아니라 제가 서예가입니다. 그 문구는 제가 써 드리면 안 되겠습니까? 손으로 쓴 글씨가 더 사람 냄새가 짙으니까요.

내가 답하였다.

"서예가시라구요. 대환영입니다. 감사합니다."

"내일 써서 여기에 맡겨 놓겠습니다."

최 형이 말을 받았다.

"내일 오전에 인쇄소에 맡겨야 되니 여기 글씨 찾으러 올 시간이 없습니다. 잠깐만 기다리십시오."

최 형이 황급히 바깥으로 서둘러 나갔다. 얼마 후 붓펜과 A4용지를 구해 헐레벌떡 들어왔다.

“문구점이 제법 멀더군요. 약식이지만 여기에 써 주십시오.”
하며 종이와 붓펜을 서예가에게 내밀었다. 빙그레 미소를 짓던 서예가는 붓펜을 잡고 A4용지에 정성을 다하여 글씨를 썼다.

‘당신을 사랑하는 갈월보리밥집’

양승욱 화백도 그에 질세라 간명한 컷 하나를 그려 넣었다. 훌륭한 작품이었다. 최 형이 그 작품을 얼른 챙겨 호주머니에 잘 접어 넣었다. 어차피 최 형이 제안한 일이기에 인쇄 심부름은 최 형 몫이었다.

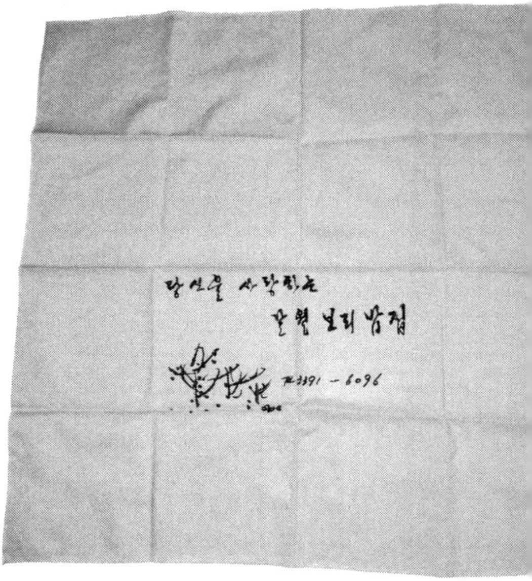

노란 손수건

이틀 후 퇴근길에 우리 셋은 노란 손수건 500장을 들고 갈월보리밥집으로 갔다. 주인아주머니는 고맙다며 눈시울을 적셨다. 30m 정도 되는 나일론 줄 다섯 가닥에 노란 손수건을 50cm 간격으로 매달았다. 200장 정도가 남았다. 여분은 개업식 날 손님들에게 기념품으로 나누어 드리기로 했다. 옥상에서 가게 앞 공터 옆으로 늘어선 가로수에 연결하는 작업을 시작하려 했다. 주인 아주머니는 밤이라 옥상이 위험하므로 내일 아침에 알바 일꾼들을 불러 작업을 할 터이니 돌아가시라 했다. 집으로 돌아오면서 300장이 펄럭이는 노란 손수건들을 상상해 봤다. 벌써 마음이 들떴다.

마침 개업식이 어린이날 임시공휴일이었다. 우리는 수락산 정상을 갔다가 하산길에 갈월보리밥집에 들렀다. 정말 장관이었다. 아름다웠다. 그 누구를 기다리는 깃발이기에 저렇게도 수많은 노란 손수건 무리들이 펄럭이며 아우성치고 있는 것인가? 가슴이 뿌듯하였다. 하나의 그림 같은 작품 하나를 만들어 낸 것이다. 한복여인이 만면에 웃음을 머금고 현관문 앞에서 우리를 맞이하였다. 펄럭이는 노란 손수건들이 옥색 저고리에 연분홍 치마를 곱게 차려 입은 여인네를 애무하는 것 같았다. 여직원 일곱 분 모두 노란 손수건을 예쁘게 접어 머리에 얹었다. 노란 꽃송이들이 살아 움직이는 것 같은 아름다운 위생모였다. 한복 여인이 식사 중인 우리 곁으로 왔다.

"손수건 준비한 인쇄소 전화번호 부탁합니다."

최 형이 말대답을 했다.

"왜요? 손수건 더 달게요?"

"인기가 많아요. 기념품으로 손수건 받은 손님들이 예쁘다고 하나 더 달라고 아우성이에요. 내일이면 동나요. 1,000장 더 주문해야겠어요."

"이왕 우리가 저지른 일이니 우리가 주문해 갖다 드릴게요."

"고마운 말씀이지만 상상도 못할 멋진 개업 선물을 주셨잖아요. 손님들끼리 야단났어요. 만국기처럼 펄럭이는 노란 손수건들이 개업을 진정코 축하해 주는 것 같다고요. 누구의 축하 선물이냐고 묻는 사람들이 많아요."

최 형이 인쇄소 전화번호를 적어 주었다. 우리들은 가게를 나오면서 다섯 가닥의 긴 줄에 촘촘히 매달려 만국기처럼 펄럭이는 노란 손수건들을 한참이나 보고 또 뒤돌아보았다. 가슴 뿌듯한 날이었다. 긴 세월 흐르고 보니 사진 한 컷 남기지 못한 것이 못내 아쉽다.

이렇듯 최 형은 아름다운 마음씨의 소유자였다. 이밖에도 최 형이 남겨 놓은 아름다운 예화들이 수없이 많지만 지면 관계로 생략한다. 다만 그의 희곡 작품 「영원한 신혼, 절대의 자유」 중 일부를 싣는다. 아름다움이 사라져가는 세태를 꼬집으면서도 해학이 번뜩이는 글이기에 잠깐 선보인다.

〈전략〉

기자 여기가 우리 회사 오피스텔 모델하우스예요

사장 (두리번거린다) 여기가 주 기자 집이야?

기자 하!하! 왜 우스우세요? 그래요 우리 집이에요.

사장 (고개를 갸우뚱하며 소파에 앉는다) 〈중략〉

기자 불편하시죠. 여긴 이 전화기 말고는 작동하는 게 없어요. 저 전기 스위치도 모양새로 달아놓은 거고, 밖에서 켜야 불이 들어와요. 물도 나오지 않는 수도꼭지, 용변도 볼 수 없는 변기, 베니어판 벽, 모두 가짜예요. 그래서 가끔 손님들이 가짜 화장실에 실례를 해 놓으면 경비아저씨가 그걸 치우느라고 죽을 지경이래요. (사이) 처음에는 내 존재를 모르고 경비아저씨들이 바깥 화장실까지 잠그고 퇴근을 해서 나도 혼났어요.

사장 고약한 인심들이지. 그래, 밤에 용변은 어떻게 했어?

기자 소변이야 밖에 나가 아무데서나 슬쩍했는데, 큰게 문제였어요. 그런데 아이디어가 떠올랐어요.

사장 주 기자야 그 비범한 아이디어 아니면 다이아몬드 빠진 반지 아니겠어?

기자 뭘요. 남보다 좀 낫다고는 하지만…….

사장 그래 어떻게 했어?

기자 신문지에다 해결을 했죠.

사장 (비꼬듯) 대단한 아이디어로군!

기자 잠시 시원한 기분이었지만 그걸 치울 생각을 하니 잠시 오기가 생기더라구요. 이 더러운 세상 꼭 이래야 되나, 하고 말이에요. 그래서 다음 날 아침 빈 상자를 구해서 그걸 넣고 잘 포장을 했어요. 그리곤 깨끗한 백화점 쇼핑백에 잘 넣었죠. 저 아래 네거리 육교 부근쯤을 지나가다가 슬쩍 놓았죠. 그러고는 숨어 지켜봤어요. 사람들 얼마가 지나가더니 점잖은 신사가 그 앞에 서더라구요. 그러더니 앞뒤를 서너 번 두리번거리다가 그걸 슬쩍 들고 가더라구요.

사장 예끼 고약한 사람아!

기자 그게 서울 살이고, 거기서 난 희열을 느꼈어요. 그래서 난 더욱 자신을 가졌어요. 사장님은 그걸 배우셔야 해요.

사장 그걸 배우라니? 나도 대변을 봐서 육교 아래에 갖다 놓으라는 거야?

기자 이제 박제가 되어버린 천재를 알겠어요.

사장 그래, 난 부족한 놈이란 말이지?

기자 부족한 게 아니라 공자님 같은 사고방식이 문제예요. 그런 사고방식이니까 잡지사가 망할 수밖에 없었다구요. 보세요. 공짜로 주는 잡지는 좋다고 가져가지만 그들이 사지는 않았던 거예요. 〈중략〉

사장 아니 내용이라니? 그 기라성 같은 필자들이 원고를 쓰고 최고 학부를 나온 디자이너들이 레이아웃을 하고 올 칼라 인쇄에…….

기자 그게 문제였어요. 지금 생각해 보니, 잡지 이름만 '새 가정'이었지 새 가정을 위한 내용이 아니라 헌 가정이었어요. 게다가 지독한 보수주의… 가부장 중심…. 〈중략〉

사장 보수적이라니? 그게 순수이지, 전통 보수라니? 〈중략〉

사장 그렇다고 신가정도 매달 누드 화보나 신고 통속적인 삼각관계나 들추고…….

기자 아니 그래서 객원기자였던 제가 찍은 누드는 일부러 빼신 거였군요. 〈하략〉

-최용근 희곡집, 『누가 가슴에』에서

최 형은 교사 재직 시에 한국희곡협회 사무국장 직을 맡아 분주하였고, 퇴근 후에는 소극장이 몰려 있는 대학로에서 살다시피 했다. 그의 희곡 작품도 여러 작품 공연되었다. 「중환자실」, 「화부」, 「두고 온 고무신」, 「원두막」, 「누가 가슴에 찍힌 점을 보았는가」 등이었는데, 특히 「화부」는 큰 호평을 받은 작품이다.

최 형은 후학 양성을 위하여 고향 땅에다 고등학교를 설립하겠다고 입버릇처럼 되뇌었다. 그러던 최 형이 갑자기 세상을 떴다. 멀쩡하던 그가 난치병인 폐섬유화증을 앓다가 먼 길을 떠났다. 우리가 그에게 이상 신호를 느낀 것은 떠나기 2년 전이었다. 술 잘하고 호탕하던 그가 서서히 숨이 가쁜 모습을 보였다. 만남도 꺼려했다. 2016년 2월 1일 아름다운 사람 나의 지음 최용근은 불귀의 객이 되고 말았다. 삶이 속절없고 허무함을 절감하였다. 그가 가는 길에 영원한 이별의 노란 손수건을 흔들어 주었다.

그리운 최용근, 최 형의 아름다운 행적을 잠깐 더듬어 봤다네. 편히 쉬게나. 잊지 못할 나의 아름다운 친구여!

눈 오는 날 최용근과 수락산 둘레길을 걷다가 김봉천 촬영(2013 겨울)

최용근, 자넨 윤회輪廻에 대해서 자주 얘기했었지.
자네 죽으면 순백의 하얀 눈으로 환생할 거라 했지.
잘 가시게.
그리고 나의 창가에
하얀 함박눈으로 내리게.
내려서 쌓이게.

최용근

1947년 경기도 화성 출생

화성시 발안농업고등학교 졸업

중앙대학교 문예창작학과 졸업

고려대학교 교육대학원 국어교육학과 졸업(석사)

문화일보 신춘문예 희곡 당선(「누가 가슴에 찍힌 점을 보았는가」, 1995)

광운전자공업고등학교 국어과 교사

서라벌고등학교 교사

한국문인협회 회원

한국연극협회 회원

한국희곡작가협회 사무국장, 감사

서라벌고등학교 교감

희곡집 『누가 가슴에』(1999, 창작마을)

2016년 2월 1일 타계

삶을 아름답게 사회를 건강하게

초원봉사회 유승룡 회장

1979년이라고 기억된다. 이미 40여 년 전 일이다. 하루 10원을 절약하여 남에게 거저 주는 사람이 있다기에 하도 궁금하여 그분을 만나기 위해 단숨에 달려갔다. 그는 마포구 합정동에 살고 있었다.

그는 1974년부터 그 일을 시작했다고 한다. 초등학교 교사로 근무하다가 기막힌 사연이 있어 중도 퇴임하여 자그만 자영업을 하는 분이었다.

초원봉사회 유승룡 회장

그분의 생활 철학은 '더불어 살기'였다. 또한 그분의 행동 철학은 '아껴서 나누자', '벌어서 나누자', '남겨서 나누자'였다. 하루 10원을 아껴서 고통받는 이웃에게 나누어 주는 공동체 삶의 뿌리를 내리는 일이었다. 당시 나도 가난하고 소외된 이웃 때문에 고민하고 있던 터라, 오랫동안 갈구하던 동지를 만난 듯이 형언할 수 없는 희열이 솟구쳤다. 큰 부담 없는 나눔 활동이기에 나도 기꺼이 동참하기로 했다.

그는 이웃과 더불어 살기 위하여 매일 10원짜리 동전 하나를 돼지저금통에 넣는다고 했다. 그 소문을 듣고 너도나도 동참하게 되었다고 한다. 급기야 그 '10원 철학'이 전국으로 번져 나갔다. 정치하는 어느 야당 대표도 어디서 들었는지 참여했다. 미국에서 유럽에서 우리 교포들도 끊임없이 참여하였다. 모두들 아름다운 일에 쓰라며 돼지저금통에 넣은 동전 300여 원을 달마다 꺼내어 그에게 보냈다.

그리하여 1985년, 그 일을 시작한 지 11년 만에, 거저 주고도 남은 돈이 드디어 1억 원이 넘었다. 결손가정 학생 장학금, 소년소녀 가장 및 무의탁 노인 생활비 지원, 자식에게 버림받은 노부모 돌보기, 갑자기 재앙을 당한 사람들의 긴급 구호금 등 10원의 역할은 사막의 오아시스 같은 것이었다.

어느 날, 텔레비전 프로그램 '칭찬합시다' 취재팀이 초원봉사회 사무실로 찾아왔다. "오른손이 하는 일을 왼손이 모르게 하라."는 성인의 말씀을 철저히 지켜 왔노라며 그를 비롯한 운영진 모두는 감쪽같이 숨어 버렸다. 인터뷰할 사람이 없었다. 사무실에서 일하고 있던 회원 한 분만 인터뷰에 잠깐 얼굴을 내밀었을 뿐이었다.

지금은 대학생까지 장학금을 지급하는 재단법인으로 성장했다. 땅에 떨어져도 줍지 않고 발로 한번 차 버리고 마는 10원짜리 동전 하나, 그 10원짜리 동전 하나에 깃든 자그만 '10원 철학' 정신이 수십억의 거대한 물줄기를 이루어 오늘도 이웃을 향하여 아름답게 흘러가고 있다.

다음은 1974년 초원봉사회를 발족하면서 쓴 발기문이다. 유승룡 회장의 '어떻게 살 것인가'에 대한 생활 철학이 선명하게 담긴 글이기에 주저 않고 싣는다.

초원에의 초대

급변하는 기계 문명 속에서 생활하는 우리들은 삶에 대한 보다 근본적인 목적과 방법을 잃은 나머지 자신마저 잃은 채 현실에서 방황하고 있는지 모릅니다. 독주만이 최선인 가치관 속에서 무엇엔가 쫓기다 보니 항상 불안하여 지금의 내 처지에서 발버둥치는 이웃을 살펴 볼 여유조차 없게 됩니다. 사리(私利)를 위해선 수단과 방법을 가리지 않는 비인간화의 행동은 부조리를 낳고, 이는 더 무서운 불신 풍조마저 뿌리박힌 상황에서 '어떻게 살아가는 길이 바르고 가치 있느냐?'의 정사(正邪)를 판단하는 가치 기준의 정착 없이, 뜻 있는 이들은 현실에서 고민하고 있습니다.

세계는 또 다른 전쟁으로 계속 변해 가고 있다지만 우리는 가진 것이 없습니다. '비록 경제적으로는 가난하다지만 마음마저 빈곤할 수는 없다'는 결의로 서로의 입장을 바꿔 생각하고 이해하며 도와주는 여유 있는 마음가짐으로 전통적인 덕성을 되찾아 물질을 지배할 수 있는 풍부한 정신력을 길러야 되겠습니다.

각자의 검약 운동으로 생활 안정을 꾀하고, 성금을 모아 그늘진 이들에게 자립에의 희망과 용기를 심어 주며, 친지와 이웃에게도 그러한 삶을 권장하여 서로의 마음을 살지게 하는 길이 날로 번져 가는 저 무서운 사회악을 몰아내고 더불어 평화롭게 살아가는 정도임을 깨닫고, 고상한 이론보다 확고한 신념으로 살아가는 실천인을 찾고 있습니다.

이름 내는 일에 항상 소외당하면서도 곳곳에 묻혀, 메말라 가는 현실에 작은 진실을 성실히 심어가는 동지들의 마음을 한데 모아 대화를 통한 만사귀정관(萬事歸正觀)의 확립과 어려운 이웃을 서로 도와 명랑하고 건실한 사회 풍토를 이룩하고자 뜻있는 여러분을 이 사업에 초대합니다.

사업내용: 자조 사업, 구호 사업, 봉사 사업

1974년 1월 1일
유승룡 올림

이 발기문이 1974년도에 쓴 글이니까 벌써 46년이 흘렀다. 초원봉사회도 그 동안 많은 변화와 발전을 거듭해 왔다. 영수증을 겸한 소식지(회보)를 매월 보냈고, 분기별 회지 『길』(100면)도 발행하여 보냈다. 나는 10여 년 동안 회지 '길' 편집에 몰두하면서 유승룡 회장의 일거수일투족을 곁에서 엿볼 수 있었다. 과연 그는 우러러볼 위인이었다. 우선 적립금의 입출금 내역에는 10원 하나도 오차 없이 정산하였다. 매사에 빈틈이 없어 어쩌면 무섭기도 했다. 거주하던 단독주택을 팔아 더 협소한 주택으로 이사하면서 차액 5,000만 원을 초원봉사회 기금으로 출연한 것은 지금까지 나만이 알고 있는 비밀(?)이었는데, 금년 회장님의 춘추 졸수(卒壽)를 맞이하여 '이제는 말할 수 있다'는 용기를 가지고 비로소 그 아름다운 일 하나를 몰래 밝히는 바이다. 그것이 1989년도이니 30여 년 전의 일이다. 서민으로서는 거액이다.

초원봉사회는 이제 재단법인으로 등록되어 현재 회원이 2만 명이 넘는다. 초원봉사회에서 지원해 준 일화 중에는 잊지 못할 일들이 수없이 많다.

사글세 보증금까지 다 소진되어 길바닥으로 나앉을 수밖에 없이 된 남고생, 뇌수술을 받아야 되는데 수술비가 없는 여고생, 맹인 조부모를 모시고 사는 소녀 가장 등의 이야기는 초원 회원들의 가슴을 저리게 하는 예화들이다.

초원은 원수나 적이 없는 평화로운 사회, 누구나 자유롭고 평등한 사회를 이루는 데 조그만 보탬이 되고 싶은 선한 사람들의 모임이다. 유승룡 회장이 노랫말을 쓰고 연합통신 편완범 기자가 곡을 붙인 '초원의 노래'(초원봉사회 회가)가 그런 소망을 잘 표출하고 있다.

조그만 정성 모아 이웃 고통 덜어 주고
숨은 뜻 찾아내어 사랑의 씨 심어 보리

혼자 힘 연약하나 모이면 강해지니
진실의 씨앗 뿌려 믿음나무 가꿔 가리

맑은 물방울 모아 흙탕물 씻어내며
바른 길 걸어가면 평화의 꽃 피어나리

〈후렴〉 생활은 검소하게 마음은 여유 있게
더불어 실천하며 복된 초원 이룩하세

이어서 초원봉사회 회지 『길』에서 회원의 글 두 편을 발췌하여 싣는다. 초원 장학생으로 졸업한 후, 사회의 일원으로 보람찬 삶을 엮어가고 있는 유영희 회사원의 글과 서울사대부고 한연수 교사의 회원 연수회 소감문이다. 초원봉사회의 고마움이 짙게 배어 있는 글이기에 독자들의 이해를 돕기 위하여 소개한다.

역경을 딛고 유영희(초원 장학생 1기, 동아제약 근무)

중학교 2학년 때였다. 80세 고령이신 조부모님을 모신 가운데 내가 꼬마 세대주 역할을 하며 지푸라기라도 붙들어야 할 안타까운 사정에 처했을 때 초원의 손길은 내게 진정코 구세주의 힘과 같은 것이었다. 초원이 없었다면 나는 어떻게 되었을까? 이제는 서울 한복판에서 안정된 삶을 영위하고 있는 나를 확인하며 힘겹고 외로웠던 지난날을 돌이켜 본다.

나는 욕심 많은 소녀라 학교에서도 뒤지지 않는 모범생이어야 했고, 가정에서도 주부 못지않은 역할을 해야 했다. 그렇게 힘든 생활을 하고 있을 때 초등학교 은사님이신 유영욱 선생님께서 사랑의 손길이 있다면서 초원봉사회를 소개해 주셨다. 좌절하지 말고 대나무같이 꿋꿋하고 푸르게 살아가라고 초원 장학생으로 추천해 주신 유 선생님의 뜻을 받들어 장학금을 감사히 받게 되었다. 친구들이 이구동성으로 "너는 참 좋겠다. 공부도 잘하고 마음씨도 선량하니까 이런 장학금도 받고 말야." 하고 부러워하는 눈빛들을 의식하며 학교 조회대 앞에서 교장 선생님으로부터 장학금을 전달받았다. 많은 사람들 앞에 선 나는 전에 없었던 용기와 진심에서 우러나오는 사랑이라는 것이 무엇인가를, 꺼져가는 촛불에 새 희망을 주는 초원봉사회에 형언할 수 없는 고마움을 느꼈다. 나도 빨리 성장해서 이렇게 거룩하신 분들의 뜻을 받들어야겠다고 몇 번이고 다짐했다.

학교에서도 학업 성적 우수자로 몇 번 장학금을 받아 보았지만, 큰 뜻이 담긴 초원봉사회 장학금과는 차원이 다르다는 걸 깨달았다. 결국 초원봉사회의 배려와 커다란 힘으로 무사히 고등학교 졸업을 할 수 있었다.

졸업 후, 주산 2급이라는 자격증만 믿고 무작정 상경했지만 나를 받아 주는 곳은 없었다. 대졸자도 취업률 50%에 불과하다고 하는데 고졸자로서 어디에 호소해야 할지 몰라, 장래 문제만은 스스로 개척해야 한다는 것을 알면서도 염치불구하고 초원의 문을 두드릴 수밖에 없었다. 유승룡 회장님께서 기꺼이 받아 주시고는 주산 교육원에서 1개월 동안 연수를 받게 힘써 주셨을 뿐만 아니라 급기야 취업까지 알선해 주셨다. 회장님께서는 친부모 이상으로 자상하게 도와주시고 염려해 주셨다. 사촌 언니댁에서 숙식을 했기 때문에 마음에 걸리셨는지, 초원봉사회 회원이신 정환중 선생님(청량리 야간학교장)께 부탁을 드려 서초동 '삼선'이라는 회사에서 경리 일을 하게 되었다. 내가 몸담고 있는 이상 최선을 다하겠다는 굳은 각오를 하고 열심히 근무하고 있었는데, 난데없이 또 하나의 벽이 앞을 가린 것이다. 한 달도 채 못 되었는데 사장님께서 영업이 잘 되지 않고 침체된 상태이니 오늘 바로 다른 직장을 찾아보라고 했다. 그때의 좌절감은 정말 형용할 수 없었다. 객지에서 처음 울어 본 5월 2일은 평생 잊지 못할 것이다. 너무나 슬프고 나 자신이 비참하고 가련해 보였다. 그런 가운데 6월 11일 유 회장님의 주선으로 종로 타자학원에 등록하여 다니고 있던 이튿날 갑자기 회장님으로부터 반가운 전화가 왔다. 내일(13일) 동아제약(유충식 사장)에서 사원을 뽑으니 가 보라고 하셨다. 나는 떨리는 가슴, 기쁜 마음, 황송한 마음으로 잠을 설쳤다.

면접을 한 다음 날 14일부터 출근하라고 하셨다. 동아제약 사장님도 초원봉사회 회원이시고 유 회장님과 친분이 깊으신 것 같았다. 날아갈 것만 같은 나의 심정을 누가 알까? 초원에 진심으로 고마움을 느꼈고, 절박감과 좌절에 빠져 있을 때는 곁에서 지켜 주시고 돌보아 주신 유 회장님과 회원 여러분께 무한한 감사를 드리지 않을 수 없었다. 그런데 10여 가지의 서류를 갖추어야 했다. 그중에서 신원보증과 재산보증을 각 2명씩 준비하는 일이 난감했다. 송구함을 무릅쓰고 또 초원을 찾을 수밖에 없었다. 회장님과 지도위원이신 김봉군 교수님께서 모든 서류를 구비할 수 있도록 도와 주셨기 때문에 건실한 동아제약에서 근무할 수 있게 되었다. 눈물겹도록 고마웠다.

오늘이 있기까지 나에게는 많은 시행착오가 있었다. 그때마다 초원나무에 매달린 덕분으로 험난한 고비를 이겨내고 지금과 같은 안정된 생활을 하고 있는 것이다. 내가 자립하기까지 엄청난 큰 힘으로 이끌어 주시

연말 자선 일일 찻집(졸업생 주최, 1990)
앞줄 왼쪽에서 두 번째가 필자
뒷줄 오른쪽에서 두 번째가 김봉군 지도위원, 다섯 번째가 유승룡 회장

고, 안정된 직장까지 알선해 주신 초원의 유 회장님과 여러 회원님들께 무슨 말씀으로 감사의 뜻을 표해야 될지 모르겠다. 다만 내가 바라는 것은 초원 장학생 후배들도 선배들이 걸어온 길을 거울삼아 결코 절망하지 말고 앞만 바라보며 성실히 살아가는 일이다.

앞으로 나의 할 일은 몸담고 있는 동아제약에서 성심껏 일하여 사랑받는 직장 여성으로 자리매김하는 것이 회사를 위하는 길이고, 초원을 위하는 길임을 잊지 않는 것이다. 그리하여 더 나아가 세상의 빛과 소금이 되려는 것이다.

(유영희 회원은 1990년 현재 동아제약 초원봉사회 팀장으로 50여 명의 회원을 확보하여 초원 사랑을 몸소 실천하고 있다)

제2회 초원봉사회 수련 모임에 참석하고

한연수(서울대사대부속고교 교사)

경기도 과천에 있는 영보수녀원에 도착한 것은 예정 시각(오후 5시)을 훨씬 넘긴 오후 8시였다. 직장 민방위교육을 마치고는 집에 돌아와 지도위원인 성심여대 김봉군 교수의 연락을 받고 저녁 식사 후 황황히 떠났지만 초행길이라 너무 늦은 시각에 도착했던 것이다. 게다가 수녀원이라곤 난생 처음이어서 무얼 어떻게 할지를 몰라, 문턱 없는 현관에서 얼마 동안 얼떨떨 쭈뼛쭈뼛 서 있었다. 마침 그림자처럼 조용히 지나가는 수녀가 있어 용건을 밝혔다. 잠시 후 웬 초로의 신사 한 분이 웃음을 담뿍 띠면서 "아, 한연수 선생님이십니까?" 하고 나를 반갑게 맞아 주셨다. 나는 송구스럽게 그분의 손을 잡으면서 속으로 뇌었다. '아 이분이 바로 김 교수가 그토록 과찬하던 회장님이시구나.'

강의실에는 이미 저녁 식사를 마친 20여 명의 남녀 회원들이 빙 둘러앉아 합창을 하고 있었다. 나는 김 교수의 옆자리에 앉아 같이 노래를 불렀다. '과수원길', '등대지기', '오빠 생각', '우리의 소원'…….

노래가 끝나고 참석 회원들은 자기소개를 하였다. 나처럼 처음 참가하는 회원들도 있어 자못 긴장된 분위기가 감돌기도 했다. 그러나 모두들 정겨운 표정으로 자기소개를 하고 듣고 하는 사이에 분위기는 일변하였다. 글자 그대로 화기애애 그것이었다. 전직, 현직 교사들이 대부분이었다. 김 교수의 아우 김봉천 교사를 비롯하여 초원봉사회 1기 장학생이었던 손만성(서울대 법대 재학 중) 군의 어머니 박정주 여사, 개인택시를 운전하시는 이두복 님, 결핵 환자를 돌보는 곳 '사랑의 집'에서 봉사하는 백성우 청년, 야학(夜學)과 유치원을 이끌어 가시는 정환중 교장 등이 참석하여 이 모임을 더욱 뜻깊게 하였다.

'양심은 정도(正道)다. 스승은 무엇을 줄 것인가?'라는 주제 토의는 밤 10시가 넘어서야 시작되었다. 나는 이 주제를 보고 잠시 당황하였다. 고직 생활 20여 년인 나는 그 동안 제자들에게 무엇을 주었던가? 그리고 앞으로 무엇을 줄 것인가? 착잡한 심정으로 앉아 여러 회원들의 발언을 귀담아 들었다. 현직 교사들이 교육 현장에서 맛보는 가슴 아픔, 여교사들의 그 뜨거운 열정, 전직 교사들의 교육에 대한 짙은 향수……. 그 모든 것 앞에서 나는 그저 꿀 먹은 벙어리처럼 묵연(默然)할 수밖에 없었다.

초원봉사회의 이념에 관한 회장님의 말씀에서 나는 비로소 나 자신을 냉정하게 되돌아보게 되었다. 특히 '인격 성숙에 따른 가치 기준의 포함 관계도(關係圖)'는 회원들의 비상한 관심을 끌었다. 개인이라는 하나의 씨앗이 '근면'과 '약속'이라는 두 떡잎(성실 가치)으로 자라 30대 이후엔 '더불어 의식과 사회 가치의 세계'로, 그리고 50대에는 '감사'와 '사랑'이라는 성숙의 가치로 지향, 궁극에 가서는 초월의 세계(그것은 절대자의 경지래도 좋겠고, 정각(正覺), 해탈(解脫)의 경지, 또는 궁극적 자아실현의 경지래도 좋은)에 이르는 '양심의 길'이라고 설파하셨다.

주제 토의에 대한 날카롭고 진지한 질의응답이 끝나고, 식당에서 조촐한 다과회를 가졌다. 20대부터 50대에 이르는 연령층을 초월한 격의 없는 대화였다. 초원봉사회의 탄생 비화는 자못 흥미로웠다. 담소하는 도중 손만성 군의 어머니 박 여사의 말씀은 분위기를 잠시 숙연하게 하였다. 남편을 여의고 6남매를 훌륭히 성취시킨 그분의 인생 역정은 그대로 감동적인 한 편의 드라마였다. 나는 연전에 돌아가신 어머니 생각에 눈앞이 부옇게 보였다.

회원들의 숙소는 2층에 있었다, 넓은 방안에 모여 담소는 새벽 3시까지 계속되었다. '추수가 끝난 뒤 논밭 여기저기서 흩어져 있는 낟알을 하나 하나 정성껏 모아 양식을 마련, 외로운 사람들, 그늘에 가려진 사람들에게 새 생명을 주듯 흙탕물 속에서 한 가닥의 맑은 물줄기를 찾아 그 물줄기의 근원을 더듬어 내듯이 초원봉사회를 이끌어간다'는 요지의 회장님의 말씀을 듣는 순간, 나는 한때의 소나기보다 끊임없이 내리는 이슬비를 연상하였다. 이슬비에 속옷 젖는 줄 모른다는 속언(俗諺)이 떠올랐던 것이다. 바로 이것이 이 모임을 20여 년간이나 끈질기게 지속시킬 수 있었던 비결이 아니었을까?

내가 친구 김 교수의 이야기를 듣고 직장 동료들에게 초원봉사회를 소개했을 때, 선후배 동료들의 대단한 호응을 보고 나는 두려움을 느꼈었다. 혹시 일시적인 흥분에서 그러는 건 아닐까 해서. 그러나 그것은 한갓 기우였다. 그들은 소나기보다 이슬비를 더 좋아했던 것이다. 〈하략〉

유승룡 회장이 교직에서 물러난 후 쓴 '퇴직자의 변'을 소개하면서 이 글을 마무리한다.

26년의 교직생활, 도중하차한 퇴직의 변

나는 원칙을 좋아하는 이상주의자다. 이런 요령 없는 탓으로 조직 생활에 적응 못하고 승진 첫 관문인 주임교사까지 포기하고 말았다(교육감 임명 1호). 이때부터 학교에서 내가 설 자리는 점점 좁아지고 그렇게 강렬했던 바른 사도(師道) 실천 의지마저 조금씩 약해지기 시작했다. 먹고살기 위한 직업인으로 추락하고 있는 나 자신을 발견하게 된 것이다. 어떤 소명감 없이 교직을 생계 수단으로 유지하는 것은 사회에 누를 끼치는 일이라고 믿었던 나다.

이럴 즈음에 학년말 정기 이동으로 서울금화초등학교로 발령이 났다. 그때 나에게는 몇 년 전부터 아내의 퇴직금으로 공동 투자하여 대리인을 두고 운영하는 공장이 있었다. 공교롭게도 그곳에서 대리권을 인정할 수 없다는 문제가 생겨 한 곳을 택해야 했다. 그런데 나는 교직에 있는 동안 뜻있는 교사들끼리 '썩지 않는 진실의 씨'를 함께 가꾸고 싶은 꿈이 있어 초원봉사회를 발기했던 것이다. 〈중략〉

아무리 생각해도 유신을 찬양해야 하는 학교에서는 그 일을 하기에는 앞날이 어둡게만 느껴졌다. 바른 소리를 하는 교사가 오히려 불평분자로 취급당하는 풍토였기 때문이다. 며칠 동안 기도했다. 결국 틀 안에 갇혀서 불만을 쌓고 고민하기보다는 더 열린 사회에 나가서 하고 싶은 꿈을 소신껏 추진하라는 하늘의 응답이 있었다. 평소 '자유와 창조 정신'으로 인정을 나누며 사람답게 살고 싶었다. 이때가 1979년 3월이었으니 그 어둡던 유신 말기요, 내 나이 50에 장사꾼으로 변신한 것이다. 돌이켜 보면 3·15 부정선거와 4·19 학생혁명을 겪은 교사의 양심으로 유신 말기까지 교육 현장에서 올바른 증언 한마디 못하고 지냈다. 끝내 바른 말 한마디 못하고 아쉬움만 남긴 채 도중하차하고 말았으니 무슨 할 말이 있겠는가? 다행히 초원운동의 뿌리가 되는 봉사기금 500만 원을 마련했다. 퇴직한 뒤에도 계속 심부름할 것을 다짐했다. 이 초원 사랑나무가꾸기는 하늘이 나에게 주신 삶의 소명이라고 믿었기 때문이다. 〈하략〉

인간 유승룡, 그는 아름다운 위인이다. 평생을 '10원 철학 정신'으로 이웃과 더불어 살아온 실천가이다.

감히 말한다. 인간 유승룡은 20세기가 낳은 인물 중 마지막 남은 대한민국의 아름다운 위인이다.

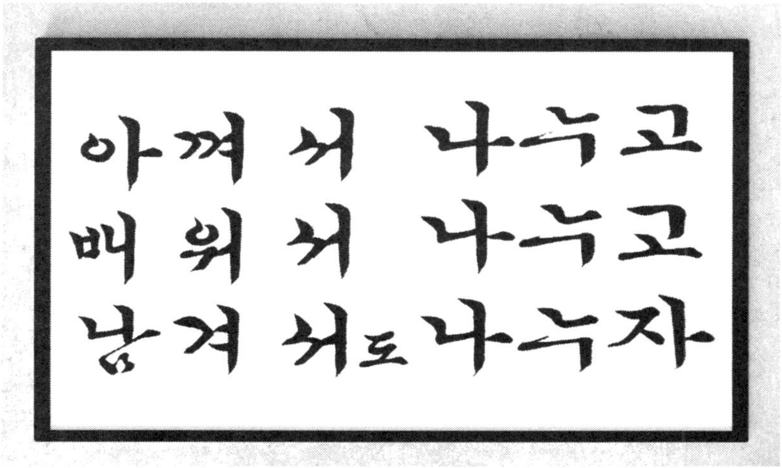

초원봉사회 회관 사무실에 걸려 있는 액자. 유승룡 회장의 행동 철학이다

유승룡

1930년 충남 보령군 출생
충남 옥산초등학교 졸업
충남 장항농업중학교 3년 수료
군산사범학교 사범과 졸업
연세대 교육대학원 종교철학과 수료
충남 대술초등학교 교사를 시작으로 연봉·판교·오성, 서울 미동·고척·재동초교를 거쳐 서강초등학교에서 명예퇴임(1978)
초원봉사회 발기(1974)
동도상판 대표(1979~1996)
재단법인 초원장학회 설립, 공동대표(1994)
현재 초원봉사회 및 초원장학회 상임고문으로 봉사활동 중

한국의 페스탈로치

지행합일의 교육자 허정섭 교장

진정한 교육자는 세속적인 명예나 권력에 초연해야 한다. 그러기에 훌륭한 교육자는 역사의 큰 강물에 합류하지 않는다. 그저 잔잔한 호심(湖心)을 키우면서 진리의 곧은 길을 말없이 찾아나서는 무명의 선도자일 뿐이다.

오늘날 교육 현장은 매스컴과 국민들의 아우성 속에 기반이 흔들리고 찢기어 불신 교육 시대에 접하였다고 야단들이다. 인간의 본질인 덕성은 제쳐두고 고도의 경제 성장에만 몸부림쳐 온 결과일까? 교육이 땅에 떨어졌다느니, 선생은 있어도 스승은 없다란 말이 언제부터인가 유행어처럼 되어 버렸으니 통탄하지 않을 수 없다. 그뿐이랴. 학원 맹신 풍조가 팽배하여, '학원에서는 성적을 올려 주고, 학교에서는 학년을 올려 준다.'는 말까지 생겨 인구에 회자되고 있으니 어처구니가 없는 교육 현장이 되어 버렸다.

그러나 여기 교육의 등불을 들고 진리의 길을 밝힌 스승 한 분이 계시기에, 그분을 보필하면서 보고 느끼고 배운 점을 감히 공개함으로써 교단에 서 계신 선생님들께는 교육의 청량제가 될 것이고, 교직 아닌 다른 일이 종사하시되 참으로 열심히 땀 흘리고 계신 모든 분들께는 작은 위로가 될 것으로 믿는다.

허정섭 교장 선생님

평교사 시절에는 중·고교에서 영어를 가르쳤고, 뜻한 바 있어 외국 유학의 길에 올라 교육학을 전공하신 후 귀국하여 광운대학교에서 교육학을 강의하시다가, 1985년 3월 2일 당시 내가 근무하던 서울 광운전자공업고등학교 교장으로 부임하시어 4년 동안 차마 누가 감히 흉내도 내지 못할 교육적 정열을 다 쏟아부으시고, 1989년 2월 영광스러운 정년퇴임을 하신 분이다.

일체의 가식이 없고 정제된 교육적 진실 그 자체만의 향기를 내뿜는 허 교장의 위대한 교육자적 인간상을 체험하고 읽어내면서, 수많은 감동

허정섭 교장 집무 모습

을 받은 기억이 생생하여 나 혼자 마음속 깊이 묻어 두기에는 아까운 예화들이 많아, 이 사람 저 사람에게 자랑삼아 이야기하면서 교육의 활력소를 불어넣은 적이 한두 번이 아니다.

취임사에서 강조한 '광운의 작품화', 즉 광운전자공업고등학교를 하나의 '교육 작품'으로 만들겠다고 학생 앞에서 엄숙히 선언한 대로, 부임한 지 1년이 지나면서 학교는 완전히 탈바꿈하여 하나의 교육 작품으로 형상화되기 시작하였다.

청결 교육

우선 교육 작품 1단계로 취임한 이튿날부터 몸소 실천하는 청결 교육이 바로 그것이다. 만여 평의 넓은 교정 구석구석을 홀로 누비며 수없이 깔린 휴지 조각들을 하루도 거르지 않고 모조리 줍는 일이었다. 그것도 하루 한 번이 아니라 몇 번씩이나 거듭하는 것이었다. 중고생 4천여 명이 버린 휴지, 빵 껍질, 과자 봉지 들……. 학생들은 버리고 허 교장은 줍고 하여 수없이 반복되는 일과 속에서도 역정(逆情) 한 번 안 내시고 그저 줍기만 할 뿐이었다. 여름철에는 작업복 차림에 밀짚모자를 눌러쓰고 휴지를 줍는 모습은 영락없는 청소하는 아저씨였다. 비 오는 날이면 우산을 받고 줍는다. 학생들은 미처 그 지고(至高)한 뜻을 모르고 처음에는 오히려 화제의 웃음거리로 보았으나, 한결같이 실천하는 청결 정신 앞에서 어느 새 학생들도 동화되어 휴지 줍기에 동참하게 되었으니, 이야말로 살아 있는 청결 교육이요 학행일치(學行一致)의 행동 교육인 것이다.

교정의 공원화

다음으로는 '교정의 공원화' 계획의 일환으로 매일 한두 그루의 나무를 심더니, 10년생 은행나무가 개나리, 무궁화, 느티나무, 플라타너스 숲을 벗하며 교정 주위에 죽 늘어섰다. 선생님과 학생들의 일손을 약간 얻기도 하였지만 허 교장이 손수 심어 놓은 나무들이다.

"1년을 내다보려면 씨앗을 심고, 10년을 내다보려면 나무를 심어야 한다."라는 말씀을 학생들에게 들려주며 심어 놓은 나무들을 바라보는 애정 어린 눈길에서 우리는 참다운 교육자상을 읽을 수 있었다. 10년 후엔 푸른 하늘 푸른 숲 아래 푸르게 뛰놀 학생들이 한없이 그리워진다.

고교생 세계 최초 히말라야 도전

허 교장은 산을 좋아하시어 휴일엔 만사 훌훌 털고 명산을 누비시며 심신을 단련한 호연지기의 기개를 발휘하여, 광운전자공업고등학교 산악반 학생들의 히말라야 도전의 꿈을 실현시키기도 했으니, 10대 고교생을 히말라야에 보낸 교장은 세계 역사상 초유의 일이라며 세계가 경악하기도 했다. 원정대가 히말라야 7,743m 고줌바캉봉 정상에 발을 밟기까지는 상상을 초월한 온갖 고초를 겪고 또 겪었다. 수직빙벽, 아이스폴, 크레바스(얼음 갈라진 틈) 등 인간의 한계를 넘고 넘어 프랑스, 일본, 독일 등 성인 산악인들도 실패를 거듭했던 험준하기로 이름난 히말라야 고줌바캉 정상에 우뚝 섰던 철부지 두 고교생(3학년 류광열, 2학년 최

히말라야 등정 성공 귀국 보고(김포공항)
왼쪽부터 정진양 대장(학생부장), 최미호 대원(2년), 류광열 대원(3년)

미호)과 10명의 대원들이 살아서 돌아왔을 때, 그들을 얼싸안고 감격에 전율하던 허 교장의 모습이 눈에 선하다.

히말라야에 가면 눈 속에 파묻혀 죽는다는 관념 속에서도, 산악반 학생들과 지도교사의 간절한 소망과 피나는 훈련을 지켜보시고는 그들의 꿈을 꺾지 못하고 학교의 최고 어른으로서 최종 용단을 내린 것이다. 이건 정말 생사를 초월한 결단이었고, 참으로 용감한 어른이셨다. 흔히 있는 일이지만, 만약 학생들 중 한 명이라도 돌아오지 못하는 사고를 당할 시에는 교육계의 따가운 시선은 어찌 감당하며, 그보다 그 학생의 학부모 및 가족들의 원성과 통곡을 어떻게 잠재울 수 있었을는지, 이건 정말 가슴 설레는 의문이었지만, 실로 그 엄청난 답변을 감히 누구도 허 교장에게 요구한 일이 없었다. 그런데 그들은 해내었다. 아울러 탁월한 등반 지식으로, 히말라야 등반 사상 최연소 정상 등정의 가슴 벅찬 대기록을 수립했을 뿐만 아니라, 아무런 사고 없이 고줌바캉봉 등정의 역사적인 임무를 수행하고 돌아온 지도교사인 원정대장(정진양 학생부장)에게도 끊임없는 축하의 박수를 보낸다.

교장실 출입문 활짝 개방

허 교장은 교육 민주화의 선봉장이었다. 교장실에는 교장 한 사람이 근무하는데 60여 명이 학습하는 교실만큼 큰 것은 권위주의의 상징이라며 응접용 탁자와 의자 몇 개 놓을 정도의 공간이면 충분하다며 3분의 1만 교장실로 사용하고 3분의 2는 다른 용도로 사용하려는 계획으로 광운학원 법인처에 건의하였으나, '허 교장님의 교육적인 뜻은 헤아리고 남음이 있으나, 후임 교장님들에게는 결례가 될지도 모를 일이니 일단 보류한다.'는 내용의 답신이 왔었다고 한다. 그 계획이 무산되자 교장실을 일반 회의실로 활용하게 하면서, "교장실 문은 활짝 열려 있습니다. 언제라도 서슴지 말고 들어와 무엇이든지 건의하고 의논하여 주십시오. 교육에 관한 일이라면 무엇이든지 같이 생각하고 해결하도록 합시다." 하시고는 교장실 출입문을 활짝 열어 퇴근 시까지 닫는 일이 없었다. 그렇게 교장실을 완전 개방함으로써 선생님들은 자유로이 교장실을 드나들며 모처럼 의사 표현의 자유를 얻기도 하였다.

그뿐만 아니라 교사 개인 대담 및 부서별, 각 학년 담임교사별, 비담임 교사별 등 간담회를 수시로 실시하여 각 분야별 교사들의 다양한 요구사항을 귀담아 들으시고 학교 운영에 적극적으로 반영하였으며, 게다가 학생들과의 대담도 수시로 마련하였다. 학생회 간부 및 학급 반장, 부반장, 동아리 반장 등 모든 학생들과의 간담회도 수시로 주선하여 학생들이 안고 있는 학교에 대한 불만 내지는 건의 사항을 적극 수용함으로써 낡고 고루한 권위주의적인 교육 관념을 과감히 깨뜨렸다.

또한 직원회의의 민주화, 교직원 복지 향상, 자율적인 학생 활동 등 실로 상상을 초월하는 교육 개혁의 선봉장이셨다. 교장도 수업에 임해야 학생과의 유대가 깊어지고 거리감이 없어진다며 영어 수업을 자청하여, 주당 4시간을 수업계로부터 배당받아 강의하시기도 하였으니 다른 어느

학교에서 이런 흐뭇한 광경을 볼 수 있으랴.

난롯불 활활 피우는 지극 정성의 학생 사랑

학생들 사랑도 지극하셨다. 동절기에는 매일 이른 새벽에 출근하시어 30개 교실 연탄난로를 모조리 피워 놓음으로써 혹한에 웅크리고 등교한 학생들이 훈훈한 교실에 들어서는 순간, 그들은 애정 어린 가정과도 같은 따스한 인정을 맛보았을 것이다. 연탄(조개탄)난로 30개를 다 피우려면 아마도 새벽 5시 전에는 출근해야 될 것이다.

근면 검소가 몸에 배어 이사장이 승용차 한 대 마련해 주신다고 하였지만 굳이 사양하시고 3km 거리를 휘이휘이 걸어서 출퇴근하시거나, 아니면 학생들과 몸을 비비며 전파되는 애정을 느끼는 만원 버스를 이용하기도 했다.

모든 교직원에게 명절 선물

이 외에도 업무 추진비 일부 및 각종 수당을 별도로 저축하여 두었다가 명절 때만 되면 모든 교직원에게 정성이 담긴 선물꾸러미를 준비해 주는 인정을 잊지 않았다. 그뿐이랴. 교생들에게 한 달 동안 수고하였으니 회식비로 쓰라며 금일봉 내어 놓기, 용인(傭人) 아저씨들에게 막걸리나 사 먹으라며 격려금 쥐어 주기 등 자상한 인정을 베풀었다.

그러면서도 정당한 급료 외는 10원 한 장도 탐내지 않는 청렴결백 등 알게 모르게 이루어 놓은 교육 작품들이 수없이 많지만 지면 관계로 다 소개하지 못함을 안타깝게 생각한다.

한국의 페스탈로치 허정섭 교장 선생님!

고희를 바라보시면서도 설악산 공룡능선을 가뿐히 넘으신 건강으로, 산이 거기 있기에 산에 오르듯이 학생이 거기 있기에 스승의 길을 묵묵히 걸으셨습니다. 그리하여 선생님의 교육 철학이 '지행합일(知行合一)'이라

설악산 공룡능선 출발 전 휴식(1987 여름방학 교직원 산행)
앞줄 왼쪽부터 윤봉식, 강옥중, 윤호원, 허정섭 교장, 권영수, 이성호
뒷줄 왼쪽부터 이희봉, 권오근, 정진양, 김봉천

고 정년퇴임사에서 비로소 말씀하셨듯이 후예들로 하여금 선생님들께서 밝혀 가신 그 길이 진정 참교육의 길이요 인간의 길임을 깨닫게 하시고, 푸른 꿈이 영근 광운 동산에 영원히 사라지지 않는 아름다운 교육탑으로서 계시옵소서.

P.S.

허 교장님께서는 수년 전 미국으로 이주하여 따님 가족과 함께 여생을 보내고 계셨는데, 원고를 출판사에 넘기기 직전 미국에 계신 허 교장의 따님이 보낸 부음(訃音) 메일을 수신하였다. 애석하게도 어제(2020년 5월 27일) 아침에 운명하셨다는 소식이었다(향년 95세). 주무시는 중에 운명하셨다니 심장마비인 듯하다. 요양원에 계셨는데, 코로나 바이러스 때문에 요양원 방문이 통제되어 지난 3월 20일 이후 뵙지를 못하였다고 한다. 한국의 페스탈로치 한 분이 떠나가셨다는 애통함에 손이 떨려 오타가 계속된다. 오호, 통재라. 애통, 애통하도다.

삼가 고인의 명복을 빕니다. 허정섭 교장 선생님, 편히 잠드소서.

*따님이 보낸 영문 메일을 복사하여 올린다.

My dad past away this morning at 6:30 am. at the nursing home while he sleep on May 27.

I didn't see him since March 20.

I want to have memorial service for my parents next year in summer.

— Jihye

제자들 초청으로 잠시 귀국, 가족과 함께(2017) 왼쪽부터 딸, 손자, 허정섭 교장, 사위

허정섭

1925년 함경북도 학동면 출생

동국대학교 경제학과 졸업

성균관대학교 영어영문학과 졸업

미국 사우스캐롤라이나 주립 The Citadel Univercity

교육학부 수학

고려대학교 교육대학원 졸업(교육학 석사)

대전 대성중·고등학교 교사

서울 광운전자공업고등학교 교사 및 교감

대전 대성중·고등학교 교감

광운대학교 교수

광운전자공업고등학교 교장

경복대학 강의

서일대학 강의

2004년 미국 이민

2020년 5월 27일 타계(향년 95세)

수녀는 아름답다

결핵 환자와 함께 김빅토리아 수녀

무의탁 결핵 환자들을 무료 치료하는 요양시설인 '희망의 집'을 지키며 환자들을 돌보고 계신다는 김빅토리아 수녀의 감동적인 일화가 어느 매스컴에 간략하게 소개된 적이 있어, 한번 방문하여 진정한 사랑이 무엇인지 느껴 보고 싶었다.

혹한도 기승을 부리는 1985년 12월 22일, 상봉시외버스터미널에서 경기도 용문행 버스에 몸을 실었다. 난생 처음 요양시설을 찾는 나의 마음은 한없는 기쁨으로 벅차오르고, 희망의 집은 과연 어떤 시설로 어떻게 운영되고 있는지 궁금하였다. 또한 강원도 봉정분교 임길택 선생님이 추천한 무의탁 결핵 환자 박 할아버지(76세)를 희망의 집에 모셔다 드리기 위해 용문읍내에서 만나기로 사전 약속이 되어 있었다.

눈 덮인 산하가 세속의 온갖 찌꺼기를 다 빨아들인 듯 천지가 하얗다. 남한강 물줄기를 끼고 달린 지 한 시간 반이 지난 오후 두 시, 약속 장소인 용문읍 다방에서 뵌 박 할아버지의 병색 짙은 파리한 모습이 눈물겹게 가증스러웠다. 저러한 건강으로 어찌 그 힘든 머슴살이를 하였던고?

읍내를 빠져나와 한적한 들판길을 거쳐 산길에 접어들었다. 저 멀리 산허리에 나뭇가지들 사이로 아담하게 누워 있는 하얀 건물을 쳐다보며 한동안 걸어 오르자니 '희망의 집'이라는 표지판이 정답게 걸려 있었다. 이곳이 바로 외로운 결핵 환자들의 요람인가 보다 하고 감개에 젖어 있는데, 우리 일행을 반갑게 맞이하는 수녀가 김치통을 들었다. 김빅토리아 수녀님은 위 건물에 계시니 따라오라 한다. 한적하기 이를 데 없는 깊숙한 산속, 대문도 울타리도 없고 앙상한 겨울나무들이 빽빽한 산 중턱에 조용하게 자리잡은 50평가량의 하얀 집이 어머니 품속처럼 포근하다.

"할아버지, 담배 피시죠? 담배와 술은 절대 금하니 가지신 담배는 일행에게 맡기세요."

청향(淸香)에 젖은 산바람을 호흡하며 살다 보면 세속의 탁한 냄새에 더 민감한 것인지, 앞서 걷던 수녀는 니코틴 냄새를 금방 알아차렸다.

경사진 언덕 위 요양원 앞에서 중년 여인 한 분이 우리를 반갑게 맞이하였다. 태양에 그을린 구릿빛 얼굴, 빛바랜 감색 점퍼에 작업복 바지 차림으로 보아 영락없는 시골 아낙네다. 부엌에서 일하는 고용원이거니 생각하고 있을 때 안내하던 수녀가 이분이 김빅토리아 수녀님이라고 소개하는 것이 아닌가? 깜짝 놀랐다. 이분이 바로 죽어가는 결핵 환자들의 코를 빨았다는 김 수녀일 줄이야! 나의 상식으로는, 수녀라면 정갈한 수녀복을 벗지 않는 것이 계율로 돼 있는 줄 알고 있었는데, 평상복으로, 그것도 촌부를 방불케 하는 누추한 옷차림에서는 종교적인 성스러움도 수녀의 신비로움도 전혀 찾아볼 수 없었다. 그러나 단 한 부분 머리에는 수녀들의 까만 머릿수건이 씌워져 있었다. 아, 그렇다. 모든 사유(思惟)와 신앙의 뿌리는 머리에서부터 비롯되는 것이 아니겠는가?

박 어르신이 기거할 방으로 안내한 김빅토리아 수녀는 희망의 집 시설을 돌아보게 했다. 4~5명이 기거할 수 있는 방이 8개, 현재 요양 인원 37명, 깨끗한 욕실, 넓은 주방과 식당, 휴게실 등 불편할 것 없는 시설이었다. 고요한 산속에 환우들 외 사람이 귀해서인지 이 방 저 방에서 문고리 잡고 내다보는 환자들의 부러운 눈초리가 따가웠다. 내가 그네들보다 건강한 것이 오히려 부끄러웠다. 그러나 이곳에 몰입되기도 잠시뿐, 콜록이는 환자들의 깡마른 몰골엔 결핵균이 스멀거리고, 산속 맑은 공기는 이미 병균으로 오염되어 버린 것 같아 호흡이 가빠오는데, 한시도 더 머무르고 싶지 않은 감정이 꾸역꾸역 솟아오르는 것은 세속에서 찌든 이기와 나의 속물 근성이 아니고 무엇이겠는가? 이런 오염된 대기 속에서 수녀의 건강을 지켜 주는 것은 그 또한 무엇일까?

"저의 방에 가서 차 한 잔 하고 가시죠."

나의 일그러진 얼굴과는 대조적으로 김 수녀의 환한 미소는 성녀의 모습 바로 그것이었다. 수녀의 방에 들어가는 것은 난생처음이었다. 하기야 수녀의 방이라고 해야 이불장 겸 옷장 하나, 책장 하나에 앉은뱅이책상(응접탁자 겸용)이 전부였다. 방안에 마주 앉은 김 수녀는 많은 이야기를 들려주었다. 희망의 집은 가톨릭대학교 심상태 신부 외 이재돈 신부의

김빅토리아 수녀와 함께 왼쪽부터 임길택 교사, 김빅토리아 수녀, 필자(1985)

지도와 여러 의사, 가톨릭 신자 들이 후원회를 조직하여 운영되고 있으며, 현재 이곳에서 37명의 환자들을 돌보고 있는 수녀는 단 두 분이라 한다.

가끔 억센 환자들로부터 폭언, 폭력, 위협 앞에서도 굴하지 않고 오로지 인간의 생명을 지킨다는 신의 사명감으로 환자들의 빨래는 물론이고, 밭에서 농사도 짓고, 산에서 땔감을 해와 손수 식사를 준비하고, 환자들을 보살피며 치료하고 간호하는 즐거움으로 심신의 고통은 봄눈 녹듯 사라진단다.

"자신의 삶을 포기하다시피 한 이들에겐 희망이란 없죠. 의탁할 곳 없는 신세에 병까지 들었으니 절망의 연속입니다. 이들에게 생명수를 불어넣어 희망을 찾게 하는 것이 저의 임무입니다. 사회와 격리된 이곳 생활이 외롭고 지루하여 말 한마디 없이 떠나가 버리는 환자가 있을 땐 허전하기 이를 데 없죠. 저도 많이 억세어졌습니다. 이들과 같이 생활하려면 일반 수녀같이 온유한 태도로는 불가능합니다. 복장도 이렇게 하고 있지요."

수녀의 몸으로 조용한 산속 희망의 집을 자원하여 오로지 결핵 환자들을 위하여 일생을 바치기로 한 비장한 각오는 권력과 명예와 재물에 혈안이 되어 살아가는 중생들의 죗값을 대신하여 치르는 고귀한 희생 정신이라고 해야 옳을 것이다. 깍지 낀 김 수녀의 손은, 손마디에 희고 고운 자태는 어디에도 없고 거칠 대로 거칠어진 농부의 손 그대로였다.

"한번은 밤중에 수면 상태를 확인하는 도중 화투 노름을 하는 환자들을 목격하였죠. 판돈이 27,000원이더군요. 병 고치러 온 사람들이 금전의 노예가 되어 밤을 지샌다는 것은 제 무덤 제가 파는 행위지요. 육체의 병보다는 마음의 병이 더 무서운 것이니까요."

판돈 27,000원, 그것은 큰 돈이다. 그 돈을 어떻게 처리했는지 궁금하였다.

"악의 근원은 뿌리째 뽑아야 됩니다. 당장 성냥불로 보는 앞에서 태워버렸지요. 그러고는 환우들을 둘러앉게 하여 구원의 기도를 드렸습니다.

이럴 수가……. 그것이 인간 구제의 길이며 신앙의 길이던가? 아니면 수녀만이 돈을 불태울 수 있는 특권을 하늘로부터 부여받았단 말인가? 그 귀중한 돈을 거리낌없이 불태울 수 있는 비정한 마음의 결단, 그토록 깊은 속마음을 나의 좁은 소견으로서는 헤아릴 길이 없었다. 그날 밤 그 불타는 지폐 앞에 모여 앉은 환우들의 증오에 찬 눈빛을 받으며 고개 숙여 기도드리는 김 수녀의 모습이 눈앞에 선하다.

—주여, 이 어린 양들을 용서하소서…….

그 외도 여러 가지 체험담을 들으면서 김 수녀의 삶이야말로 봉사를 초월한 고귀한 희생 정신이란 것을 가슴 깊이 깨달을 수 있었다.

"박 할아버지께서 완쾌되신 후에는 어떻게 하시죠?"

의지할 곳 없는 박 어르신의 앞길이 염려되었다.

"어르신의 여생은 우리가 책임질 테니 조금도 염려 마십시오. 수녀를 믿고 가벼운 마음으로 돌아가십시오."

부모도 버림받는 핵가족 경제 동물의 왕국에서, 아무런 혈연관계도 없는 어르신의 여생까지 책임진다니 그 이상 고마운 일이 어디 있겠는가?

외로움의 상징인 수녀, 김 수녀는 자신보다 더 외롭고 병든 자들을 마디 굵은 약손으로 어루만지고 영혼을 쓰다듬어 자신의 외로움을 희생정신으로 아름답게 승화시키는지 모를 일이다.

김빅토리아 수녀와 아쉬운 작별을 하고, 고귀한 사랑이 깃든 희망의 집을 나오는 우리 일행을 향하여 몇 번이고 고맙다는 인사와 함께 손을 젓는 박 어르신의 초췌한 모습에 한없는 연민의 정을 느끼며, 하루 빨리 회복되어 건강한 모습으로 다시 뵙게 되기를 마음속으로 빌고 또 빌었다.

수녀는 강하다, 수녀는 사랑이다, 그리고 수녀는 아름답다.

수녀는 굳이 프로필을
내세우지 않는다고 했다. 궁금할 뿐이다.

전인 교육의 선봉

가슴 뜨겁고 눈물 많은 이철원 교장

이철원 교장은 경남 남해 출신이다. 나와 동향(同鄕)이다. 언뜻 생각하기로는 같은 고향 사람이기에 친분이 깊어 예의상 우대 차원에서 이 글을 쓰는 것이 아닌가 하고 오해할 수도 있을 것이다. 내가 학교 교원을 하면서 서른여덟 분의 교장·교감과 같이 근무하였고, 또한 천 분이 넘는 평교사들과도 같이 근무하였다. 그 천여 분의 교장, 교감, 평교사 들 중 세 분을 선정하여 내가 만난 아름다운 사람들 반열에 올렸다. 그 세 분 중 한 분이 이철원 교장이다.

내가 경동고등학교 5년 근무를 마치고 마지막 근무지인 도봉구 창동고등학교(2003년, 개교 3년차)에 부임하였을 때, 교감 선생님께서 초면인데도 같은 고향 사람이 오셨다며 분에 넘치게 반가이 맞아 주셨다. 그분이 이철원 교장이다. 당시에는 교장이 아니라 교감 직위였는데, 나도 타관에서 고향 사람 만났으니까 겉으로는 반가운 척했지만 내심 그다지 탐탁하게 여긴 것은 아니다. 내가 겪은 교장, 교감 몇 분에 대한 부정적인 선입견 때문이었다. 또한 동향이긴 하지만 태어나 자란 마을은 서로 멀리 떨어져 있어 한 번도 만난 적이 없는 분이고, 고향을 떠나온 지도 오래된 나로서는 그다지 반가운 분으로 다가오지 않았다.

그런데 발령을 받고 창동고등학교에 들어서는 순간 교문에 걸린 현수막 문구(文句)가 하도 참신하여 한동안 몇 번이고 읽고 또 읽으며 흐뭇한 감정을 주체할 수 없었다. 그 현수막 문구는 창동고등학교에 배정받은 신입생들을 위한 격문(檄文)이었다.

'세계와 미래 향해 꿈을 펼치는 창동고'

여태까지 내가 보아온 모든 학교 현수막 문구는 하나같이 천편일률적으로 '본교 배정을 축하합니다'였는데, 창동고 현수막 문구를 본 순간 뜨거운 그 무엇이 가슴을 뭉클하게 하는 것이 아닌가.

'세계와 미래 향해 꿈을 펼치는 창동고'

누구 작품일까? 신입생 업무 담당 교사 작품일까, 교장 작품일까, 아니면 국어 교사 작품일까, 한참 생각에 잠겼다가 교정을 일별(一瞥)하니, 교사(校舍)가 단아하고 주차장까지 따로 구비한 친근감을 주는 아담한 교정이었다. 교장 선생님께 부임(착임) 인사 후 교문을 나서면서 미련이 남아 그 현수막을 쳐다보고 또 쳐다봤다. 보면 볼수록 더욱 정겨운 모습으로 다가왔다.

그런데 며칠 후 3월 2일 신입생 입학식 날, 교문 현수막 앞에서 나는 또 뜨거운 가슴의 파동을 진정(鎭靜)할 수 없었다.

'힘찬 출발 넘치는 패기 영광된 미래'

신입생들에게 용기를 북돋우고 꿈을 심어 주는 생기발랄한 격려문이었다. 이 생동감 넘치는 문구에 나도 덩달아 '나도 이제부터 창동고등학교 가족의 일원이로구나' 하는 긍지와 자부심을 갖게 되었고 갑자기 학교에 대한 친근한 감정이 부풀어 올랐다. 모든 학교 현수막엔 판에 박은 듯이 '입학을 축하합니다' 일색인데,

'힘찬 출발 넘치는 패기 영광된 미래'

아, 정말 신입생들의 가슴에 뜨거운 희망을 안겨 주는 아름다운 선물이라 생각하며 감탄을 금치 못하였다. 내가 이러한데 이 격문을 본 신입생들은 얼마나 큰 자신감을 얻고 젊은 혈기가 요동칠까 하고 혼자 흐뭇한 미소를 머금었다.

그런데 두 달 후 개교기념일(5월 2일) 현수막엔,

'웅비의 창동고, 오늘 그 힘찬 나래를 폅니다'

난 아예 감탄을 넘어 그냥 멍해질 수밖에 없었다. 한 번도 아닌 연거푸 세 번씩이나 가슴 벅찬 격문에 감동하여 눈물이 날 지경이었다. 도대체 누구 작품일까? 누구의 아이디어일까?

'본교 배정을 축하합니다' 대신,

'세계와 미래 향해 꿈을 펼치는 창동고'

'입학을 축하합니다' 대신,

'힘찬 출발 넘치는 패기 영광된 미래'

'개교를 축하합니다' 대신,

'웅비의 창동고, 오늘 그 힘찬 나래를 폅니다'

진실로 가슴 뛰게 하는 아름다운 격문이었다. 몇몇 기존 선생님들한테 누구의 작품인지 아느냐고 물어봤다. 대답은 똑같았다. 현수막 글귀를 유심히 보지 못했다고, 무심결에 지나쳤다는 대답이었다. 참 한심하였다. 오히려 내가 잘못된 것인가 하고 스스로 반문하였다. 신설 학교에 대한 불안감과 함께 한가득 꿈을 안고 상급 학교에 들어서는 신입생과 상급 학년에 올라가는 재학생에게 이보다 더 가슴 뭉클한 선물이 어디 있을까?

도저히 궁금증이 가시지 않아 결국 이철원 교감 선생님께 여쭈어봤다. 빙그레 웃으시더니 당신께서 직접 만든 문구라 했다. 아, 그랬었구나, 교감 선생님 작품이구나, 교육 터전을 진심으로 사랑하시는 분이구나, 신설 학교에 입학하는 신입생과 그 학부모들에게 희망과 꿈을 심어 주려고 애쓰시는구나 하고 우러러보게 되었고, 그제서야 나는 교감 선생님에 대한 부정적인 선입견에서 벗어날 수 있었다. 그분은 전공이 수학인데도 국어 전공인 나보다 더 문재(文才)가 출중하여 가슴을 울리는 감성적인 문구를 자유자재로 구사하시는구나 하고 경외심을 갖게 되었다.

원로 교사 극진히 우대

학교 구내식당(학생식당)에서 전출입 교사 송·환영회가 있는 날이었다. 이철원 교감 선생님께서 나를 포함한 나이 많은 네 사람을 원로 교사랍시고 한사코 옆자리로 인도하셨다. 교장, 교감 옆자리는 으레 간부교사(부장)들이 차지하는 것이 불문율처럼 되어 있는 것이 관행인데, 억지로 옆자리에 앉기는 했지만 바늘방석에 앉은 것처럼 불편하고 쑥스러웠다. 그러다 보니 간부교사들 몇 분은 오히려 저만치 떨어져 앉게 되었다. 교원은 62세가 정년이라 55세 이상 되면 우대 차원에서 원로 교사라고 부르기도 한다. 교육공무원법에 명시된 원로 교사란 정년 전에 임기 만료된 교장이 교사로 근무하는 분을 말한다. 55세 이상 된 교사를 그저 억지로 우대하여 원로 교사라고 부르는 것은 듣기에도 별로 달갑지 않은 퇴물 교사인 셈이다. 억지춘향처럼 두어 번 그런 일이 있고부터는 오히려 자연스럽게 높으신 분 옆에 앉게 되었다. 그런 분위기가 조성되다 보니 간부교사 및 젊은 교사들도 소위 원로 교사들을 극진히 우대하는 풍토가 정착되었다. 이 모두 교감 선생님 작품이란 걸 피부로 느끼게 되었다. 속담에 '집에 키우는 강아지도 주인 닮는다'는 말이 있듯이 학교 분위기가 그러했다. 계급 의식, 권위 의식 다 내려놓고 평등을 바탕으로 전통 원로(元老) 사상을 장려하는 그런 윤리적 환경이 조성되어 있었으니, 이 또한 아름다운 교육현장이 아니던가?

요즈음 '사람 사는 사회'라는 슬로건을 거창하게 내걸고 '자기네들끼리 사는 사회'로 편가르기하는 위선적인 사람들을 우리는 목전에서 보고 있는데, 당시 창동고등학교는 '교사와 학생이 함께 사는 사회'를 가꾸고 있다는 것을 피부로 느낄 수 있었다. 일반적으로 나이 많은 교사들은 젊은 교사들에게도, 학생들에게도, 교감, 교장에게도 환영 못 받는다. 그런데 창동고등학교는 오히려 원로교사실을 따로 만들어 근무에 불편을 최소화하려 노력하고 있었다. 각 부서에 소속되지 않으니 당연히 행정 업무도 맡기지 않았다. 이 모두가 교장님(성기원)과 이철원 교감님의 교육 작품이었던 것이다. 참으로 훌륭한 윗분으로 받들게 되었다.

그런데 서운하게도 이철원 교감은 내가 부임한 지 6개월 만에 신도봉중학교 초빙교장으로 승진하여 떠나시고 말았다. 게다가 후덕하신 교장마저 서울고등학교 교장으로 발령이 나 두 분이 동시에 떠나고 나니, 텅 빈 배움터에서 느끼는 허탈감이란 이루 말할 수 없었다. 게다가 신임 교장, 교감이 오자마자 원로 교사실마저 없애버리고 원로 교사들을 각 부서로 쫓아 보내는, 헌 신발짝만도 못한 서러운 퇴물 교사 신세로 전락되고 말았다.

그래서 '아무나 교사가 되어서는 안 되고, 아무나 교감이 되어서도 안 되고, 아무나 교장이 되어서는 더욱 안 된다.'는 것이 나의 교원에 대한 지론(持論)이다.

당시 이철원 교감과 교육 현장에서 같이 한 기간은 6개월밖에 안 되지만 그분의 현철(賢哲)한 인품과 투철한 교육관은 기억 한 모퉁이에 아름답게 자리잡고 있어 결코 잊을 수가 없다.

새로 부임해 가신 신도봉중학교는 소위 해방구(解放區)로 불리는 등 열악한 환경 속에 갈등이 심하다는 소문이 파다하였는데, 이철원 교장께서 슬기롭게 운영하여 평온한 학교로 거듭나게 했다는 얘기를 간접적으로 들을 수 있었다. 충분히 그러한 수완(手腕)과 인품을 겸비하신 분이기에 믿어 의심치 않았다.

이철원 교장은 전인 교육에도 열성을 다하였다. 다음은 이철원 교장이 교육 현장에서 운용한 전인 교육의 사례들을, 그분의 정년퇴임 기념 회고록 『살얼음 밟듯 깊은 연못 이른 듯』에서 몇 편 가려 뽑아 싣는다. 입소문으로 들은 행적을 내가 기술하다 보면 와전된 부분이 있을 수도 있고, 오류도 있을 수가 있어 본인이 직접 쓴 글이 훨씬 더 정직하고 현장감이 있기 때문에 첨삭 없이 그대로 옮겨 싣는다.

이선주 음주 사건

1979년 나는 처음으로 인문계 고등학교 3학년 담임을 맡았다. 남한산성 봄 소풍 때의 이야기이다. 3학년은 2학기엔 소풍이 없었으므로 이번 소풍이 고등학교 소풍으로는 마지막이었다. 점심을 먹은 후 일찌감치 학생들을 집합시켰다. 3학년임을 감안하여 좀 일찍 귀가시킬 작정이었다. 그러나 딱 한 명, 이선주 군만 나타나지 않았다. 직감으로 무슨 사고를 냈음이 틀림없었다. 여기저기 수소문하여 으슥한 곳 몇 군데를 수색하였다. 아니나 다를까? 이 군은 인사불성인 채로 풀 속에 누워 횡설수설하고 있었다. 그는 나를 보자마자 다짜고짜로 "너는 누구야, 임마!" 했다. 심지어 학생들이 이철원 담임선생님이라고 하자 그는 "이철원이가 어떤 말라

경복고 3-3 봄소풍(남한산성, 1979) 셋째 줄 오른쪽 첫 번째가 이철원 교장

빠진 놈이야!"라고 하기도 했다.

만취 상태로 축 늘어진데다 워낙 큰 덩치로 인해(그는 역도부원이었다) 일으켜 세우기도 힘들었다. 사고보고도 해야겠지만 무작정 기다릴 수도 없는 일이라 학년주임께 도움을 청했다. 도움이란 육성회장(서창록 학생의 부) 승용차를 좀 할애해 달라는 것이었다. 마침 육성회장 승용차가 징발되어 있었기 때문이다.

이 군의 집을 아는 두 학생과 함께 겨우 이 군을 차에 태웠다. 청량리 근처의 이 군 집까지 가는 동안 녀석의 횡성수설은 계속되었고 심지어는 토하기까지 했다. 학부모에게 그것도 육성회장에게 참으로 면목이 없는 일이었다. 그러나 나는 곧장 창록 군의 모친께 전화를 걸어 자초지종을 다 말씀드리고 양해를 구했다. 창록 군은 1학년 때 내가 담임도 했던 터라 그의 어머니는 쉽게 이해해 주었다.

이튿날 오후 이선주 군과 그의 삼촌 두 분이 내교(來校)하였다. 이 군과 그의 삼촌은 덥석 내 앞에 무릎을 꿇고는 어떤 처벌도 달게 받을 터이니 그저 퇴학만 시키지 말아 달라고 빌었다. 나는 이 군의 두 삼촌이 보는 앞에서 엄청나게 심한 매질을 했다. 온 교무실이 떠나갈 듯했다. 학생부나 다른 선생님들이 퇴학 운운하는 말을 입에도 올리지 못하게 하려고 의도적으로 선수(先手)를 쳤던 것이다. 나의 작전 때문인지, 아니면 교외(校外) 소풍지에서 일어난 사건에 대해서는 대체로 관대한 아량을 베푸는 관행 때문인지 이 군의 음주 사건은 이것으로 마무리되었다.

이후 이 군의 소식은 듣지 못했다. 일 년에 한두 차례 있는 반창회에서도 선주 군의 소식은 들리지 않았다. 그러다가 2000년 가을, 중랑구 원묵중학교에 근무할 당시 이 군의 소식을 듣게 되었다. 부장선생님들 회식 자리에서, 내가 부장님들 나이가 경복고등학교 내 제자들과 비슷하다고 하자, 어느 부장님이 대뜸 이선주를 거명하며 당신 동네에서 자주 어울리는 친구라고 했다.

도(道)를 닦다

용산공업고등학교는 인문계 고등학교와는 달리 1부(주간)는 몰라도 2부(야간)는 분위기가 엉망이었다. 교실은 시장 바닥보다도 더 난장판이라 도저히 통제할 수 없는 이들과의 생활은 고역 정도가 아니라 아예 전쟁이었다. 명색이 교사라는 사람의 입으로 할 말인지 모르지만 출근할 때는 '오늘도 무사히'를 되뇌었다.

그런데 신기한 것은 다른 선생님들은 별로 속 끓이지 않고 잘 지내는 것이었다. 나는 열이 끓어올라 도저히 참을 수 없는 일들도 이분들은 태연하고 여유롭게 대처하고 있으니 말이다. 다들 부처님처럼 자비롭고 도사처럼 능통하였다. 그렇지 않고서야 어찌 형편없는 언동에 대해서도 귀를 막고 입을 봉할 수 있단 말인가!

시간이 흐름에 따라 나도 별수없이 이런 분위기에 익숙해지려고 도(道)

를 닦고 있을 무렵, '국민의 정부'는 교육 개혁이라는 미명하에 교원을 개혁의 대상으로 삼아 난도질을 하기 시작했다. 하루는 촌지 문제를 들추어 교단을 온통 도둑놈 판으로 몰더니, 또 하루는 체벌 문제를 끄집어내어 모든 선생님들을 폭력배로 몰아붙였고, 그 다음날은 경력교사를 무능력자로 폄훼하였다. 이 모든 과정은 계획된 것으로서 교원의 정년을 단축하려는 포석이었던 것이다.

이렇듯 개혁을 가장한 폭거로 인하여 졸지에 몰염치배, 폭력배, 무능집단 등으로 몰린 교원의 사기는 떨어질 대로 떨어졌다. 더러워서 못해먹겠다는 말과 함께 여기저기서 한숨이 터져 나왔다. 비교적 개혁적이라고 생각했던 나도 심한 자괴감에 빠졌다.

이런 어느 날 나는 소지하고 다니던 회초리를 꺾어 쓰레기통에 던져 버렸다. 이 회초리는 소위 교편(教鞭)임과 동시에 교재(教材)이자 지시봉으로서 30여 년 동안 지니고 다니던 학생들의 길잡이이자 교사로서 권위의 상징이었는데, 하루아침에 쓰레기통에 던져지고 말았으니 이 구겨진 자존심을 언제 어디서 회복한단 말인가?

국토 순례와 구루메달

나는 그간 30여 년 동안 고등학교에서 입시 지도에 매몰되어 있었다. 그래서 나의 교육은 내 뜻이나 소신과는 달리 인성 교육과는 거리가 있었다. 그러나 나는 원묵중학교 교감으로 근무하게 됨으로써 30년 동안 제대로 하지 못했던 인성 교육을 1년 반이라는 단시간에 벌충(罰充)할 수 있었다. 그 대표적인 행사가 전인 교육의 일환인 곧 2001년 '나라사랑 국토순례'였다. 염천(炎天) 하(下)에 5박 6일을 줄곧 걸으면서 천방지축인 어린 학생 53명(희망 학생)을 인솔할 지도교사는 네 분의 여선생님을 포함하여 모두 열두 분이었다.

나는 나이도 있거니와 명색이 단장이라 하루 일정의 절반 정도는 자동

원묵중 국토 순례 지도교사들
앞줄 왼쪽부터 이수형, 박상욱, 김성훈, 최혜숙, 남종수,
뒷줄 왼쪽부터 김윤주, 문영호, 서혜원, 이철원, 이정희, 유병학, 유강우, 김상열

차로 이동했지만 다른 선생님들은 땅에서 발을 떼어 본 적이 없었다. 밥이야 식당에서 시켜 먹었지만 잠자리는 겨우 밤이슬을 맞지 않을 정도였다. 창고 바닥 아니면 식탁을 걷어낸 식당 바닥을 이용했다.

국토 순례는 말이 전혀 필요 없는 체험 교육이었다. 이보다 더 효과적인 인성 교육 및 애국 교육은 없었다. 그저 묵묵히 걷기만 하면 그것이 끝이었다. 학생들은 스스로 챙기고 서로 아끼고 스스로 보호하였다. 그리고 애국, 조국, 통일 등의 용어를 비롯하여 환경이니 우정이니 하는 말을 입에 올리지도 않았지만, 그들의 가슴은 애국심으로 불탔고 그들의 눈동자는 우정으로 가득했다. 그야말로 '나라사랑 국토순례'였다.

코스는 원묵중학교(서울 중랑구)를 출발하여 경기도 의정부, 동두천을 거쳐 강원도 연천 태풍부대를 왕복하는 것이었다. 이 코스를 택한 데에는 특별한 이유가 있었다. 태풍부대를 관할하는 사단장 윤일영 장군이 우리 학교 유병학 부장선생님의 초등학교 동기였기 때문이다. 우리는 윤 장군의 배려로 민간인이 함부로 접근할 수 없는 곳까지 견학할 수 있었다.

국토 순례 전 과정을 통해 더위와 매연도 참기 힘들었으나, 진정 어려운 점은 교통안전지도였다. 철없는 학생들은 시도 때도 없이 대오(隊伍)를 이탈하여 차도를 걷기 일쑤이고, 마주 오는 차량은 속도를 줄여 달라는 신호를 보내면 더욱 맹렬하게 달렸다. 참 분통 터지는 일이었다.

학생들은 물론 대부분의 선생님들도 발에 물집이 생기고, 살이 헤어지고, 심한 경우에는 발톱이 빠지기도 했다. 그러나 단 한 사람의 낙오자도, 단 하나의 사고도 없이 무사히 마무리짓게 되어 얼마나 다행이었는지 모른다. 중랑구 신내인터체인지, 신내소방서, 신내우체국을 거쳐 5단지 아파트를 가로질러 학교에 들어서자 많은 학부모님들과 선생님들이 마중을 나와 있었다. 나는 마치 개선장군 같은 기분이었다. 끝까지 질서를 지키고 선생님들의 지도를 잘 따라 준 학생들은 물론이고 묵묵히 소임을 다한 선생님들이 자랑스러웠다. 마치 생사고락을 같이 한 전우애 같은 진한 정을 느꼈다.

해단식에서 나는 경과보고를 통해, 무사히 돌아오기까지 인내하면서 질서를 지켜 준 학생들을 치하함과 동시에 책임을 다한 선생님들께 다시 한 번 감사의 말씀을 드렸다. 아울러 인솔하신 열두 분 선생님들 한 분 한 분 성함을 불러 자리에서 일어서시게 한 다음 학부모님들께 감사와 격려의 박수를 요청하였다. 우레와 같은 박수갈채가 터졌다. 마침 당시에 교실이 무너지네, 학교가 붕괴되네, 하며 학교 교육에 관한 불신이 많은 시점이었는데, 나는 자신 있게 말했다. 여기 이처럼 열정적인 선생님들이 계신 우리 학교는 절대로 무너지지 않는다고.

그러나 나는 짧은 이 말을 채 끝내기도 전에 울먹이고 말았다. 고마움과 자랑스러움에 감격했기 때문이다. 누가 손수건을 건네주었다. 남자가 쉽게 눈물을 보이다니, 참 채신머리없는 짓이었다. 그러나 그다지 부끄럽지 않았다. 순간 장내가 숙연했음은 두말할 나위가 없다.

국토 순례를 같이 했던 선생님들은 '구루메달'이라는 모임을 만들었다.

'구름에 달 가듯이'의 '구름에 달'을 향토적인 어감을 섞어 소리 나는 대로 발음한 것으로 이정희 선생님이 지었다. 끈끈한 전우애로 뭉친 우리는 분기마다 정기모임과 일 년에 두 번씩의 문화연수회를 통해 열정적인 교육애와 짙은 우정을 확인하면서 서로 돕고 격려하며 살아간다. 생각만으로도 흐뭇하고 든든한 사람들인데, 나는 이들에게 베풀어 줄 힘이 점점 나약해지고 있으니 참으로 부끄럽고 안타깝다.

추석 선물 반환

신도봉중학교 교장 취임식(2004)

신도봉중학교 교장으로 부임한 해인 2004년 추석을 며칠 앞둔 어느 토요일 밤 늦게 귀가하였더니 내자가 선물 상자 두 개를 가리키며 안절부절못하고 있었다. 제자나 친지 이외의 사람이 보낸 물건은 일절 받지 말도록 당부한 바 있기 때문이다. 아무리 거절해도 배달하러 온 사람은 오직 심부름만 하는 것이라면서 막무가내로 놓고 갔다는 것이다.

보낸 곳은 학교 위탁급식업체와 학부모회였으며, 내용물은 각각 소고기와 굴비였다. 당장 돌려줘야 할 일이로되 이미 밤이 늦었기 때문에 내일 처리할 도리밖에 없었다. 이튿날 먼저 급식업체 사장에게 전화를 걸어 거두절미하고 되가져갈 것을 요구했다. 사장은 미풍양속 운운하며 받아줄 것을 간청하였으나 나는 단호하게 거절하면서 만약 한 시간 내에 가져가지 않으면 뇌물 공여 혐의로 당국에 고발하겠다고 했다. 그러자 사장은 서운하다느니, 성의를 무시한다느니 하면서 불쾌해 했지만 어쩔 수 없었다. 이로부터 약 30분 후 사장 승용차 기사가 다녀갔다.

다음 차례는 학부모회 회장이었다. 받지 않겠다는 뜻을 분명히 밝히고 되가져갈 것을 요구하였다. 어쩌면 미풍양속일지도 모르는 선물 문화에 대해 이렇게까지 해야 하는 나도 참 괴로웠고, 의례적인 사양쯤으로 알았던 회장도 강경한 내 뜻을 알고는 당혹해 했다. 회장은 성의와 정성을 몰라주는 데 대해 짜증까지 내기에 이르렀고, 급기야 양로원이나 고아원에 희사하면 될 것 아니냐는 등의 무례한 말까지 했다. 이런 우여곡절 끝에 다음날 물건을 가져가기로 약속했다.

그러나 이튿날까지 기다릴 수가 없는 문제가 숨어 있었다. 내용물인 굴비가 이미 상하기 시작하여 액체가 상자 밖으로 번지며 고약한 냄새가 나고 있었다. 하는 수 없이 굴비상자를 냉장고에 넣긴 했으나 못 쓰게 될 것이 뻔했다. 못 쓰게 된 물건을 되돌려 주는 것도 도리가 아니지만 내 집 냉장고에 넣은 그 자체도 접수한 것에 진배없는 것이기에 다른 방법을 강구하지 않을 수 없었다. 즉 성의는 받아들이면서 뇌물은 받지 않는 방법을 강구해야만 했다. 내가 한발 양보한 이유는, 학부모회는 급식업체와는 달리 거래 관계에 있다고 볼 수 없기 때문이다. 그래서 번뜩인 생각이 값을 치르는 것이었다. 마침 며칠 후에 학부모회 연수회가 있으므로 그때 학부모회 발전기금 형식으로 대금을 치르리라 마음먹었다. 실제로 이렇게 처리함으로써 마음이 훨씬 편안해졌을 뿐만 아니라 학부모와의 어색함도 해소될 수 있었다. 어색함과 부담스러움이 빠져나간 빈자리를 홀가분함과 자유스러움이 채워 주었기 때문이다. 나의 이런 조치가 그다지 기분 나쁘지는 않았는지, 실제로 나의 발전기금을 받은 학부모회 간부들은 무척 신선하고 개운하다는 표정이었고, 당신들의 자제가 졸업한 이후에도 당신들의 모임에 나를 간간이 초대하곤 한다.

원로 선생님들

태랑중학교 교장으로 부임하자마자 가장 먼저 한 일이 원로 선생님들을 뵙고 자문을 구하는 일이었다. 원로 교사는 존경받아 마땅하며 또한 교장부터 이분들을 깍듯이 모셔야만 후배 교사들도 보고 배울 것이라는 것이 나의 소신이었기 때문이다. 그분들이 계신 부서로 찾아가야 도리겠으나, 오자마자 설치고 다닌다는 말을 듣기 싫거니와 대화를 자연스럽게 나눌 만한 장소가 교장실만한 곳이 없었기에 무례하나마 교장실로 모셨다. 모두 여섯 분이셨다. 원로 선생님들과의 만남을 통해 학내 사정을 보다 넓고 바르게 알게 되었고, 앞으로 높은 경륜과 지혜로써 많은 도움을 주실 것 등을 부탁드렸다.

얼핏 내 자랑처럼 들릴지 모르겠지만, 나는 공사석을 막론하고 이분들을 극진히 예우하고자 했다. 스승의 날 자축 모임에서는 이분들과 함께 케이크를 자른 일이며, 회식 때 건배 제의를 이분들께 부탁한 일 등이 그 예이다. 그런데 구상만 했을 뿐 실천하지 못한 게 있으니 그게 바로 계기교육 훈화이다. 정기적인 계기교육 일정을 잡아 원로 선생님들께 한 가지씩 훈화를 할 수 있는 기회를 드리고자 했으나, 워낙 학생 조회의 횟수가 적은데다 본인들이 많이 부담스러워 했기 때문이다.

교가 제창

도봉구 창동고등학교 교감으로 재직하던 2003년 가을, 과천 서울대공원에서 열린 제2회 교내 건강마라톤대회 폐회식에서 나는 돌연 교가 제창을 중단시켜 버렸다. 내가 고등학교에 다니던 시절, 안익태 선생님이 부산시립교향악단을 지휘하던 중 갑자기 지휘봉으로 보면대(譜面臺)를 사정없이 두들겨서 연주를 중단시켰던 일이 떠오르는 순간이었다. 이와 같은 해프닝은 교가를 부르는 학생들의 태도가 불량했기 때문임은 두말할 나위가 없다.

폐회식의 맨 마지막 순서인 교가 제창은 반주도 지휘자도 없이 사회자의 선창에 따라 시작되었다. 학교 밖 행사이기 때문에 반주음악도 없는데다 메가폰 소리가 매우 작다는 사정을 감안한다 하더라도 교가의 첫 소절이 채 끝나기도 전에 엉망진창이 되고 만 것이다. 입도 벙긋 않고 장난만 치는 학생이 있는가 하면, 그나마 교가를 부르는 학생들마저 삼중창 사중창도 아닌 악을 쓰거나 키득거리고 있었으니, 불협화음도 그런 불협화음이 없었고 꼴불견도 보통 꼴불견이 아니었다. 차마 눈뜨고 볼 수 없는 추태였고 귀 열고는 듣지 못할 소음이었다.

이 순간 나는 버럭 소리를 질러 교가 제창을 중단시킨 다음 일장 훈시를 했다. 자기 학교 교가를, 특히 신설학교로서 새 역사를 창조한다는 사명감을 가져야 할 1, 2회 학생들이 이런 자세로 교가를 부른대서야 말이 되느냐고 호통을 쳤던 것이다. 채신머리없는 행동이라고 비난하는 선생님들이 있었는지 모르지만, 사회자로 하여금 다시 부르게 함으로써 겨우 교가다운 교가를 부를 수 있었다. 따라서 나는 이때의 처사를 조금도 후회하지 않았다. 우리 학생들은 아무렇게나 장난삼아 부를 정도의 부끄러운 학교와 부끄러운 교가를 가졌단 말인가? 개설 요원들을 비롯한 모든 선생님들이 혼신의 노력으로 새 학교를 열어가고 있는 마당에, 거기에 호응하지는 못할망정 이럴 수도 있단 말인가? 정녕 새 역사와 전통을 창조해야 할 1, 2회 학생들의 애교심이 이 정도란 말인가? 교가(校歌)나 교기(校旗)를 해(害)하는 자는 모교를 해하는 자요, 국가(國歌)나 국기(國旗)를 욕되게 하는 자는 조국을 욕되게 하는 자에 다름 아니지 않겠는가?

나는 교가를 부르거나 교기를 대하는 자세를 이렇게 배우지도 가르치지도 않았다. 국가나 국기만큼 존엄하거나 신성하게 여기진 않더라도 거기에 버금가는 정도로 존중하고 예의를 갖추도록 배웠고 또 그렇게 가르쳤다. 이러한 나로서는 학생들의 자세를 도저히 용인할 수 없었다. 게다가 비록 평준화가 되었다지만 내 모교의 후배들도 이런 모습일지 모른다는 생각에 이르자, 모르면 몰라도 그리고 보지 않았으면 몰라도 내가 알고 또 본 이상은 그냥 넘길 수 없었다. 이게 나를 포함한 내 동문들이 모교에 봉직하시는 선생님들에 대한 기대이며, 내가 지금 역사를 창조해

가는 창동고등학교를 위해 꼭 해야 할 일이라고 여겼기 때문이다. 그래서 채신이고 뭐고를 떠나 소리를 버럭 지르고 말았던 것이다.

나는 그때까지 여덟 개 공립학교를 거쳐 오늘의 창동고교에 이르는 동안 내가 봉직하는 학교의 교가를 따라 부르려고 애썼다. 지금도 경복고등학교의 교가 '대은암 도화동 이름난 이곳…', 신림고등학교의 '관악의 정기 이어온 이곳에…', 창동고등학교의 '북한산 맑은 정기 창동을 굽이 돌아…' 등은 당장 혼자서라도 부를 수 있다. 그러나 떠난 지 오래 된 학교의 교가가 연주되는 경우 혹시 따라 부르지는 못했을지언정 차려 자세로 예는 갖추었다고 자신 있게 말할 수 있다.

교가와 관련하여 매우 감동적인 경험을 한 적이 있다. 대학에 갓 입학하여 혈기방장(血氣方壯)한 시절, 고교 동문끼리의 모임이라면 헤어질 때면 꼭 모교 교가를 불렀는데, 비록 교가를 부르기엔 다소 어색한 대중음식점이거나 주점일지라도 그랬다. 요즈음은 음식점, 주점에서 교가 등 노래를 합창하면 손님들이 눈살을 찌푸리지만 옛날에는 허용된 행위였다. 오히려 젊은 패기에 격려의 박수를 보내기도 했다.

그런 어느 날 제법 넓은 음식점에서 모임을 파하면서 거나한 가운데서도 주먹 쥔 팔을 아래위로 흔들며 힘차게 교가를 불렀다. 이때 저만치 약간 떨어진 곳에서 한 젊은이가 우리의 교가 합창이 끝날 때까지 부동자세를 취하고 서 있는 것이 아닌가! 필시 동문일 것으로 생각한 나는 교가가 끝나자마자 그분에게 다가갔다.

"몇 회십니까?"

"저는 광주일고 출신입니다."

타교의 교가임에도 기립하여 예를 갖춘 이유 등을 더 이상 캐묻지 않았다. 세상이 다 아는 명문고 출신이었다. 감사의 차원을 뛰어넘어 존경스러웠다. 그 젊은이도 존경스러웠지만 그분의 모교가 한없이 커 보였다. 나도 명색이 그분의 모교에 못지않은 고등학교를 나온 사람으로서 내가 살아온 행동과 생각에 대해 부끄러움을 느낌과 동시에 나를 되돌아보는 계기가 되었다.

이상 여섯 편의 글에서 드러난 것을 한마디로 요약하면, '이선주 음주 사건'은 용서의 미덕을 발휘하여 끌어안은 제자 사랑을, '도를 닦다'에선 교육자를 매도하고 폄훼하는 교육 당국에 대한 항거를, '국토순례와 구루 메달'은 공동 운명체인 교사와 학생 간의 끈끈한 애정과 나라 사랑을, '추석 선물 반환'은 청렴이 몸에 배인 대쪽 같은 성품을, '원로선생님들'은 평교사를 고집하며 경륜을 쌓아 오신 연세 많은 선생님에 대한 존중과 예우를 엿볼 수 있다. 그리고 '교가 제창'은 애교심과 애국심이 망가져가는 교육 현장을 신랄하게 꾸짖고 있다. 모두 다 본받을 만한 꾸밈없고 진솔한 전인 교육의 아름다운 내용들이다.

가슴 뜨겁고 눈물 많은 이철원 교장 선생님,

선생님께서는 진정코 전인 교육을 충실히 수행해 오신 아름다운 참스승이십니다. 선생님께서 교단에 뿌린 전인 교육의 뜨거운 눈물을 받아먹고 성장한 제자들은 이제 조국의 한 모퉁이를 굳건히 지키는 역군이 되어 있을 것입니다. 아무쪼록 꽃처럼 피어나는 학생들을 그토록 사랑하는 뜨거운 가슴 오래도록 간직하시기 바랍니다.

이철원

1945년 경남 남해군 서면 노구리 출생
남해중, 경남고, 서울대 사범대 수학과, 단국대학교 대학원 졸업
성동공고, 경복고, 서울여고, 신림고, 반포고, 용산공고, 잠신고 교사
단국대, 서원대 강사
원묵중, 창동고 교감
신도봉중, 태랑중 교장 역임
고입선발고사 출제위원
대입학력고사 출제검토위원
전국학력평가문제 평가위원
중앙교육, 대성학력, 종로학평, 한국일보 교과위원
1급 정교사 자격연수 교육과정 심의위원
인정도서 심사위원 등의 일을 하였고, 저서로는 『주관식문제특강』(동아출판사, 공저), 『Best shop 공통수학』, 『수학1』, 『수학2』(웅진교과서), 『웅진학력평가 수학』(웅진교과서, 공저), 『금성수학』(금성출판사, 공저)
서울특별시장 표창, 문교부장관 표창, 홍조근정훈장 서훈됨

여고 시절의 꿈 '되고 싶었는데'

병상 시인 장민자 여사

1997년 1월 28일 장민자 여사를 만나기 위하여 시외버스에 몸을 실었다. 그녀는 경기도 남양주시 와부읍 율석리에 위치한 '안나의 집' 병상에 누워 있는 환자다. 두 번째 만남이다. 병원에서도 포기한, 오갈 데 없는 환자들의 무료요양기관인 '안나의 집' 원장(조천수, 219면 참조)이 거두어 돌보고 계신다.

안나의 집에 들어서는 순간 벽면에 걸려 있는 시 「안나의 집」이 가슴을 울린다. 장민자 여사가 구술하는 것을 원장이 그대로 받아 적은 시라고 했다. 작년, 노모(老母)와 함께 안나의 집에 입주한 장민자 여사는 류머티즘 관절염이라는 난치병으로 신음하고 있었다. 85세 노모의 보살핌으로 누운 채 음식물을 받아먹는 중증 환자이다. 피골이 상접한 몰골로 침상에 누워 왼손만 간신히 움직거릴 수 있는, 말하자면 온 몸이 마비된 지체부자유 장애인이다.

여고 시절에는 미술 재능이 뛰어났고, 또한 문학 소녀였다. 그동안 틈틈이 써 놓은 시들을 여러 편 보존하고 있다며 노모가 습작 시 노트를 보여 주었다. 몇 편 읽어 보니 어둠의 자아와 빛의 자아가 교차되면서 아름다운 이상향을 꿈꾸는 시구들로 얼룩져 있었다. 서랍 속에서 잠자고 있는 것이 너무 안타까워 초원봉사회 후원으로 시집을 출판해 주기로 약속했다. 장 여사는 쑥스러워하면서도 기뻐하는 모습이 역력했다.

"귀뚜라미같이 슬픈 마음으로 썼어요. 정말 시집이 될 만한 글이 될까요?"

"그럼요. 못다 핀 인생을 얘기하고 있군요. 아름다운 작품들입니다."

"정리도 제대로 못했어요. 부끄러워요."

"이대로가 더 좋아요. 순수가 살아 있거든요."

"여고 시절엔 꿈 많은 소녀였어요."

"어떤 꿈을 그렇게 많이 꾸셨나요?"

"화가가 되는 꿈도 꾸고요, 시인이 되는 것이 소원이었어요."

"시집 출판과 동시에 장 여사님은 시인이 되는 겁니다."

"거짓말 같아요. 시집을 갖게 된다는 것이."

"아름다운 꿈을 꾸며 살아온 민자 님의 눈물 자국 같은 거죠."

"아, 그래요, 저의 처절한 삶의 발자국……."

그날은 장 여사 모녀가 다른 할머니 두 분과 함께 세례를 받는 날이었다. 덕소성당 주임신부의 집전으로 영세식(領洗式)이 끝날 무렵, 벽에 걸린 장민자 여사의 시 「안나의 집」을 영세식에 참여한 수녀가 낭송했다. 식순에 없던 순서였지만 시 낭송으로 인하여 참석한 분들의 가슴을 적시는 감격적인 순간이었다.

▒ 안나의 집

고고한 봉황새 나래 펴고
아픈 영혼들 품어 안은
안나의 집
하느님의 성전

지극한 주의 사랑이
햇살처럼 쏟아지고
자비로운 은혜가
진리의 말씀으로 내리는 곳이어니
아름다운 에덴의 동쪽에서
백일몽을 꾸는
천사들의 몸짓일레라

주야로 소망의 열매를 위해
마음의 밭에 씨를 뿌리고
성령의 생수 길어내어
겨자씨보다 못한 믿음에

사랑의 움을 틔우리니
구원의 향기 그윽한
묵주의 기도 위에
간절한 봉헌奉獻의 영혼 머리 숙여
가장 낮은 곳을 향하는
신비의 가슴 저림이어라

인생은 풀잎에 맺힌 이슬이라
마음이 가난한 행복한 사람들은
물심物心으로 자선의 보따리를 풀어놓곤
티 없이 환한 얼굴로 돌아가는

이곳은
평화의 집
기쁨의 집
사랑의 샘물을 길어 올리는 성소聖所

십자가의 보혈로
천국 낙원 갈망하며
이 세상 끝나는 날까지
이 복된 은총과 영광 받들어
무지갯빛으로 영롱하게 살리니

투명한 영혼으로 눈부시게 하소서
거듭나는 환희로 나부끼게 하소서
성자 그리스도의 이름으로
수호 천사의 돌보심으로.

영세식 사진 피골이 상접한 장민자 여사는 침대에 누워 있다.

그로부터 몇 달이 지났다. 안나의 집 원장이 70여 편의 시 묶음을 가지고 초원봉사회를 찾아왔다. 장민자(엘리자벳)의 병세가 날로 악화되고 있어 세상과 하직하기 전에 시집을 받아보기 원한다고 했다.

그로부터 한 달 후 1997년 6월 2일 비로소 장민자 시집 『되고 싶었는데』가 출간되었다. 초원봉사회 유승룡 회장이 원고를 전달받은 당시 느낌을 시집 머리말에 다음과 같이 밝혀 두었다.

> 〈전략〉 시 묶음을 받아들고 몇 장을 넘기다 「되고 싶었는데」를 읽는 순간 뜨거워지는 나의 눈시울을 주체할 수 없었다. 그녀의 애절한 소원이 내 가슴 깊은 곳에 와 닿는 것 같았다. 26살에 출가하여 1년 만에 난치병으로 인하여 스스로 남편 곁을 물러나, 다시는 만나지 못한 고독한 그녀의 삶의 발자취가 뇌리를 스쳐갔다. 불치병으로 20여 년 동안 누워서만 살아야 했던 통한의 절규가 메아리치는 것 같았다. 못다 한 삶의 꿈을 눈물로 토해낸 구절구절이 나를 감동시켰다. 그리고 사지가 멀쩡한 나를 꾸짖는 듯했다. 나는 얼마나 이웃을 사랑했는가? 얼마나 세상에 감사했는가? 위선과 욕망으로 가득 찬 나를 오히려 부끄럽게 했다. 더 많은 사람들에게 그녀의 못다 한 꿈을 전해 주고 싶었다.

후원자들의 특별성금으로 우선 500부 정도 발행하기로 했다. 반응이 좋으면 앞으로 재판, 3판으로 이어지길 바라는 마음 간절하다. 〈하략〉

시집을 받아 든 장 여사는 고맙다는 인사와 함께 하염없는 눈물만 흘렸다. 못 이룬 옥동자라도 낳은 듯 정말 자기가 시인이 되었느냐며 시집 한 권을 가슴에 안고 그토록 기뻐하던 모습이 눈앞에 선하다. 꿈에서만 그려 보던 꿈 같은 시집이었기 때문이었으리라. 비록 비좁은 방 안이지만 조촐한 출판 기념식도 하고 시 낭송도 해 드렸다. 침상에 누운 채로 고맙다는 인사를 수없이 되뇌었다.

시집 표지

못 이룬 화가의 꿈이 흔적으로 남아 있던 그림 몇 점도 시집 말미에 곁들였다. 모두들 그림 솜씨에 감탄했다. 시구(詩句)마다 한스런 삶을 시의 언어로 아름답게 승화한 시집이기에 독자들의 반응은 대단했다. 한 달 후(7월 1일) 2,000부를 재판 발행하는 베스트셀러 시집이 되었다.

다음은 장민자 여사의 한스런 일대기를 요약한 것이다. 뼈마디를 깎는 통증에다 입이 말라 몇 마디 말을 잇기도 힘든 상태에서 장시간 떠듬떠듬 구술한 것을 초원봉사회 이승민 총무가 받아 적어 정리한 것이다.

장민자 여사가 걸어온 길

해방둥이인 나는 8남매 중 다섯째로 강원도 평창군에서 태어났다. 행정공무원이신 아버지의 근무지를 따라 자주 옮겨 다녔지만 우리 집은 다복한 가정이었다. 강원도 정선에 머물 때 6·25가 터졌고, 전쟁 후 부임한 곳이 울진이었다. 지금은 경상북도지만 그때는 강원도 행정구역이었다. 몇 년 뒤 삼척으로 갔다가 강릉으로 가게 되었다. 강릉이 시로 승격되면서 아버지는 초대 부시장을 지내셨다. 전후이고 경제면에서 어려운 시절이었지만 관사에서 8남매들과 보낸 유년 시절은 아름다운 추억을 간직한 행복의 나날이었다. 이곳은 마치 동화의 세계 같은 곳으로 잊지 못할 내 마음의 고향이었다. 넓은 정원은 나무가 무성했고, 여러 종류의 꽃들이 맵시를 자랑하고, 물고기들이 노니는 연못과 강아지, 토끼, 거위, 오리, 새 등 동물 가족이 어우러진 평화로운 곳이었다. 계절이 바뀔 때마다 달라지는 정원의 모습과 동해바다의 푸른 물결은 어린 소녀의 마음에 문학의 서정을 일렁이게 했다. 강릉초등학교를 졸업하고 우수한 아이들만 합격한다는 강릉사범병설중학교와 강릉여고에서 학창 시절을 보냈다. 나는 문학과 그림을 무척 좋아하여 언젠가는 서울에서 미술대학에 다닐 꿈에 부풀어 있었다. 누구에게 특별히 그림 지도를 받지 않았지만, 그려 놓은 수채화를 보고 탐내어 달라는 사람도 많아 선물하다 보니 지금은 남아 있는 작품이 없어 아쉬울 뿐이다. 소녀 시절은 물 흐르듯 순탄하게 흘러가던 나날이었다.

그런데 5·16 이후 부시장 제도가 폐지되면서 강직하셨던 아버지께서 공직에서 물러나시는 바람에 나의 미술대학 진학은 포기해야만 했다. 내 인생의 첫 좌절이었다. 그러나 현실에 순응하며 6여 년간 공무원 노릇을 하면서 식을 줄 모르는 열정으로 그림도 그리고 독서도 하며 친구들과 우정도 나누면서 나름대로 활기찬 생활을 하였다. 그림 그릴 때는 먹지 않아도 배고픈 줄 모르고, 인기척을 느끼지도 못할 정도로 그 순간에 몰입하는 행복한 시간이었다. 처음엔 수채화를 그렸지만 나중엔 섬세한 인물화도 그려 몇 가지 소품이 아직 남아 있다(88~91면 참조). 그림 다음으로 문학에도 심취하여 글쓰기도 즐겼고, 여고 시절에는 도서위원 일을 하면서 도서실 책 속에 파묻혀 지내기도 했다.

1971년 스물여섯 되던 해에 중매로 결혼을 하였다. 그때만 해도 건강한 편이었고 가끔 손가락 관절이 아프긴 했으나 미미했었다. 그런데 결혼 1년도 채 안 되어 류머티즘 관절염이란 난치병 판정을 받게 되었다. 그렇게 심한 증상은 아니었지만 앞으로 점점 더 악화되어 평생 주부로서의 역할은 불가능하다는 청천벽력 같은 진단이 내려졌다. 한 여자에 대하여 한 남자의 평생 희생은 지극히 어려운 노릇이라는 것을 뼛속 깊이 느끼며 스스로 물러나 결혼 생활을 정리하고 친정으로 돌아왔다. 부모님과 함께 살며 4년간 바깥출입을 하지 않고 거대한 절망의 늪에 빠져 지냈다. 마음의 병은 육체까지 영향을 주어 살아 있는 송장 같은 나날이었다.

그러던 어느 날 서서히 체념을 통해 의식을 찾아갈 즈음 『빠삐용』이란 책을 읽었다. 자유를 얻기 위한 주인공의 불굴의 의지와 필사적인 탈출에 어렴풋한 암시를 받고 조금씩 바깥 산책을 하기 시작하였다. 경희의료원 한의사의 권유로 쑥뜸을 온 몸뚱어리 곳곳에 뜨기 시작하였다. 쑥뜸으로 생살이 타는 끔찍한 고통이 계속되었고 끈질긴 인내가 뒤따라야 했다. 2만여 개의 쑥뜸으로 문신 같은 흔적이 가득했지만 한때는 2~3km 정도는 무난히 걸을 수 있었다.

그런데 1981년 서른일곱 되던 해에는 보행마저도 할 수 없었고 침대에 누워 지내야만 했다. 또다시 좌절한 순간이었다. 생을 포기하고 싶을 때도 많았다. 그저 먹고 자는 동물적인 생활이 싫어 동서양을 막론하고 여러 분야의 책들과 신문, 잡지도 읽고 한자도 배우며 무언가 정신 활동을 하며 의미 있고 보람되게 보내려 애썼다. 지식이 될직한 것은 노트에 메모도 하고, 가끔은 어쭙잖은 글이나마 방송국이나 신문사에 투고도 했다. 내 이름 석 자가 방송 전파를 타거나 신문에서 발견되면 아직 살아 있는 내 존재를 확인하는 하나의 기회도 가져 보았다. 심한 갈등과 고통 속에서 생긴 마음의 응어리들은 글을 통하여 뱉어 놓으면 가슴이 후련해졌다. 그래서 글을 쓰면 내가 아직도 살아 있다고 느껴졌다. 이러한 일상 속에서 부모님과 세 자매들의 사랑과 보살핌으로 지내왔다.

작년 4월에 아버지를 여의었고(1996년, 90세), 성당에 다니는 여동생의 소개로 어머니와 함께 이곳 안나의 집에 입주하였다. 85세 된 노모는 당신의 지병에도 불구하고 딸의 손과 발이 되어 주신다. 주말이나 공휴일이면 찾아오는 형제들과 조카들의 방문은 내 삶의 활력소가 되곤 한다. 금년 1월 28일에 나는 이곳에서 엘리사벳이란 세례명으로 새롭게 태어났다. 마침 그때 초원봉사회에서 오신 유승룡 회장님과 김봉천 선생님께서 내 글을 보시고 과찬해 주시며, 시집으로 내어도 좋겠다는 말씀을 해 주셔서 용기를 내어 시를 추려 보냈다.

2월부터는 몸이 점점 쇠약해지고 있어 TV 보기도 어렵고, 한쪽 손마저도 마비되어 글도 어머니가 대필해 주신다. 입맛이 없어 잘 먹지도 못해 뼈만 남아서인지 푹신한 요에서도 온 몸이 배기고 관절통증이 심하여 너무 고통스럽다. 하느님의 섭리가 무엇인지 모르지만 나의 고통이 누군가를 위한 보속(補贖)이 되는 것이라면 이 아픔도 소중하다 하겠다. 글 솜씨가 많이 부족하지만 이 한 권의 시집이 지난 내 삶의 허송세월 같은 시간을 대신할 수 있다면 그것으로 충분하다.

고통의 암흑 속에서 의식이 살아 있는 것만으로도 보석 같은 인생이 아니던가? 언젠가 침대에 누워 정원에 핀 붉은 장미를 보고 너무나 아름다워 그 꽃을 볼 수 있다는 기쁨에 감사의 눈물을 흘린 적이 있다. 듣고, 보고, 말할 수 있다는 것이 얼마나 고마운 행복인지, 어쩌면 세상사 모두는 생각할 나름인지도 모르겠다. 사람은 누구나 자신이 결심한 만큼은 반드시 행복해질 수 있지 않을까?

장 여사는 입이 말라 더 이상 말을 잇지 못하였다.

–장민자 구술, 이승민 정리

그러나 불행히도 시집 재판이 출판된 지 두 달이 지난 1997년 9월 3일 장민자 여사는 52세의 일기로 조용히 눈을 감았다.

신은 필요한 사람을 먼저 데려간다 하였던가? 시집 한 권을 품고 홀연히 떠나갔다. 모든 아픔 다 내려놓고, 시집 『되고 싶었는데』를 품에 안고 홀연히 하늘나라로 떠나갔다. 유승룡 회장이 '들꽃'이란 호를 지어 주었다. 유골은 안나의 집 인근에 안치했다. 그 둘레를 아름다운 들꽃동산으로 꾸미고, 1997년 11월 16일 그 들꽃동산 입구에 시비(詩碑)를 세워 영령을 추모했다.

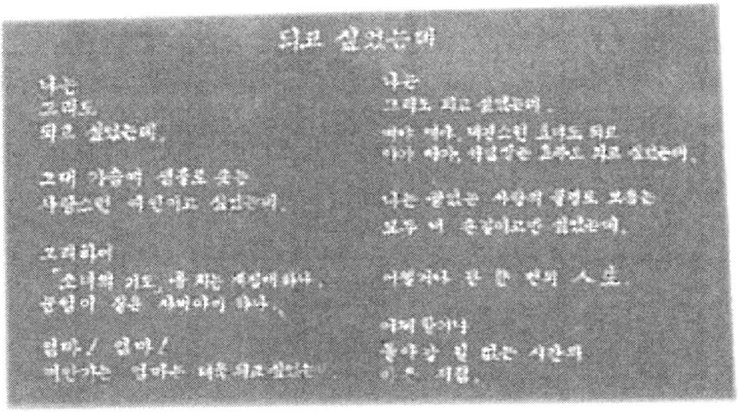

안나의 집 입구에 있는 시비 '되고 싶었는데'

들꽃 시인 장민자, 그녀는 아름답게 살아가고 싶었다. 그녀가 마지막으로 남긴 병상 시집 『되고 싶었는데』는 그녀의 고독한 심정을 오롯이 밝힌 영혼의 자리같이 정결하고 아름답다.

이 글이 그의 맑은 영령에 조금이라도 위안이 되기를 바라는 마음 간절하다. 그녀가 남긴 시 3편을 싣는다.

되고 싶었는데

나는
그리도
되고 싶었는데

그대 가슴에 샘물로 솟는
사랑스런 여인이고 싶었는데

그리하여
소녀의 기도를 연주하는 계집아이 하나
눈썹이 짙은 사내아이 하나

엄마, 엄마,
껴안기는 엄마는 더욱 되고 싶었는데

나는
그리도
되고 싶었는데

얘야 얘야,
대견스런 효녀도 되고
아가야 아가야,
귀염받는 효부도 되고 싶었는데

나는 끝없는
사랑의 물결로 보듬는
모두 내 손길이고 싶었는데

어쩔거나
단 한 번의 인생
어찌할거나
돌아갈 길 없는

시간의
아픈 저림.

▒ 밤기차

젊은 날
난
가끔
밤기차를 탔다.

당연한 자리
내 자리는 늘 차창가
불빛에 투영된 까만 차창 속에
수선화로 피어나던
동그란 한 송이 얼굴

어찌 보면 본 듯도 하고 낯설기도 한
청초한 한 떨기 이슬꽃 때문에
난 어쩔 수 없는 나르시스

오,
달콤한 향기 나르시시즘
어리석은 추억
무상한 허상
잔상이여. (1985년)

컷: 장민자

수녀

단아한 몸매에
난의 향 배어나고
고결한 눈매에
백목련이 화사한데
세속에 묻어 둔 아스라한 꿈들이
꿈결인 양 아롱지며 얼비치누나.

서럽도록 고운 가슴 그대 성처녀
이제사 주님사랑 불사조 사랑
불꽃같은 눈빛에 입맞추었네.

주님의 옷 입은 완전한 사랑
빛 부셔라
드맑아라
초연하여라.
(떠나기 전 마지막 작품이다. 1997년 1월)

다음 소품들은 장민자 여사가 여고 시절 미술대학생을 꿈꾸며 습작으로 그린 영화배우들이다. 그냥 묻어 두기에는 그 섬세한 솜씨가 너무도 아까워 몇 점 소개한다.

장민자

1945년 강원도 평창군 출생

강릉초등학교, 강릉사범병설중학교, 강릉여자고등학교 졸업

강릉시청 공무원

1971년(26세) 결혼

1972년(27세) 류머티즘 관절염으로 난치병 판정받고 결혼 생활 스스로 정리

1981년(36세) 보행 불가

1996년(51세) 안나의 집 입주, 지체부자유장애인(전신 마비)

1997년 6월 2일 병상시집 『되고 싶었는데』 초판 발행

1997년 7월 1일 재판 발행

1997년 9월 3일 타계(향년 53세)

아코디언과 함께 반평생

자유로운 영혼, 낭만파 이수철 선생

이수철 선생은 아코디언 연주로 사람들에게 즐거움을 선사하는 분이다. 공원, 지하철, 등산로, 쉼터 등 사람들이 많이 왕래하는 곳이면 어디서나 신바람나는 아코디언 연주를 하는 분이다. 구립 노원실버카페에서는 송기(아코디언), 송학봉(트럼펫) 악사들과 함께 전속으로 공연하고 있으며, 복지관 등에서도 어르신들을 위하여 음악(6인조 그린실버밴드) 봉사활동을 꾸준히 하면서 노년기의 삶을 보람차고 흥겹게 보내고 있다.

이수철 선생과 나는 2013년 봄 서울 수락산 등산로 쉼터에서 처음 만나 아코디언과 기타 합주를 하여 등산객들로부터 박수갈채를 받으면서 교분이 깊어졌다. 나는 어설프지만 수락산 등산로 쉼터에서 동료들(김정만 외)과 6년간 기타 연주를 하고 있던 때였다. 세칭 '거리의 악사' 노릇을 하고 있었던 것이다.

아코디언 봉사활동

그는 1935년 충북 강경에서 태어나 다섯 살 때 하모니카를 불기 시작하여 성인이 되어서는 피아노를 배웠고, 건반에 대한 자신감이 생기게 되면서, 어릴 때부터 동경하던 아코디언을 구입하는 것이 희망 사항이었다. 아코디언은 멜로디와 반주가 함께 연주되는 전천후 이동식 휴대 악기로서, 매우 유용하게 연주할 수 있는 악기 중의 하나이다. 특히 각종 행사 때 환영받는 악기이다.

1987년 자녀 둘의 대학 등록금 마련도 빠듯하던 서울시 공무원 이수철 선생은 아코디언에 대한 집념을 더 이상 억누를 수가 없어 결국 15만 원짜리 아코디언을 구입하게 된다. 종로 낙원상가에서 악기점을 둘러보던 중, 좋은 조건을 내건 가게가 있었다. 아코디언을 구입하면 수강료 3만 원짜리 교습을 무료로 해 준다는 것이다. 그것이 시작이 되어 그때부터 아코디언에 미쳐 살기 시작한 것이다. 어릴 때부터 갖고 싶었던 아코디언을 52세 때 구입하게 되었으니 감개가 무량하지 않을 수 없었다.

어머니 앞에서 연주를 하면 그렇게 좋아하셨다 한다. 아코디언 연주라도 해 드리는 것이 작은 효도라고 생각하고 어머님께 자주 연주를 해 드렸다. 목포의 눈물, 비 내리는 고모령, 울며 헤진 부산항 등 흘러간 옛노래를 연주하면 어머님은 박수까지 치시며 노래를 따라 부르시곤 했다. 그럴 땐 일찍 돌아가신 아버님이 더욱 그리워졌다.

그로부터 3년 후 어머님께서 갑자기 세상을 뜨시고 나자 자식으로서의 도리를 다하지 못한 죄인이 된 마음에 사로잡혀 있던 중, 궁리 끝에 부모님께 다하지 못한 효도 대신 이웃 어르신들에게 음악으로 즐거움을 선사해 드려야겠다는 결심을 하고 서울 남부노인복지관을 찾아갔다. 어르신들을 위하여 무료 아코디언 음악 봉사활동을 하겠다고 제안하자 복지관에서 쾌히 승낙한 것은 물론이다.

매주 수요일마다 점심시간을 이용하여 12시부터 13시까지 한 시간 동안 아코디언 연주 봉사활동을 하게 된 것이다. 그는 당시 서울시 수도사업소 관리계장 직위에 있었는데, 복지관 어르신들에게 수도사업소 업무에 관한 내용을 소개하기도 하고, 수돗물에 대한 우수성을 홍보하기도 했다. 수(水)요일, 즉 '물의 날'을 택한 이유가 거기 있었다. 우선 수돗물에는 세균이 없고, 미네랄, 칼슘 등 인체에 유익한 물질이 많이 함유되어 있을 뿐만 아니라 물값이 아주 저렴하다는 것을 홍보하여 수돗물에 대한 잘못된 인식을 바꾸는 데 기여했다.

새로운 일의 시작은 매우 작고 어설픈 가운데서 비롯되는 것이다. 타성에 젖은 행정공무원이면서 자유로운 아코디언 연주자, 어찌 보면 전혀 연결이 되지 않을 것 같은 조합이지만 그는 두 가지 일을 자신의 삶 속에서 자연스럽게 녹여내고 있었던 것이다. 부모님 같으신 분들을 대상으로 점심시간을 이용하여 음악을 선사하는 일이, 생전에 부모님께 못다 한 효도를 이웃 어르신들께 대신해 드리는 것 같아 뿌듯한 심정으로 연주할 수 있었다. 어떤 봉사활동이든 한결같은 마음이 중요한 법인데, 그의 수요일 복지관 음악 봉사활동은 중단 없이 계속되었다.

1년이 지나자 점점 입소문이 빠르게 전파되어 다른 곳에서도 아코디언 봉사활동 섭외가 들어오기 시작하였다. 그리하여 이곳저곳에서 연주 활동을 하느라 여념이 없던 차에 급기야 잡지사 '선데이서울' 기자가 찾아왔다. 공무원이 아코디언으로 음악 봉사활동을 하는 것이 매우 이례적인 일이라, 좋은 기삿거리가 되겠다고 판단해서 취재하러 온 것이다. 그 기자가 '딴따라 공무원, 매미 할아버지'라는 제목을 붙여 아코디언 봉사활동 내용을 『선데이서울』에 상세히 게재함으로써 여러 곳에서 공연 요청이 이어져 즐거운 비명을 지르기도 하였다.

그렇게 바쁜 와중에도 매주 일요일에는 동작구 보라매공원에서 산책 나온 시민들을 대상으로 정기적으로 아코디언 연주를 하였고, 기독교방송 '꿈과 음악 사이' PD의 섭외로 라디오방송에도 출연하게 되었다. 방송 전파의 위력이 대단하여 다른 방송국에서도 섭외가 쇄도하였는데, MBC

朝鮮日報

東亞日報

'외로운 노인들의 '영원한 벗' 되고 싶어'

국민일보

"펜레터 공세에 골치 아파요"

중앙일보

연주활동 노익장 과시 올드팬 박수에 신바람

각 일간지에 다투어 보도되었다.

'시사 매거진 2580'에는 미담 사례로 출연하게 되었다. 주로 부정적인 고발 뉴스 두 건에 미담 사례 한 건을 편성하여 한 시간 분량으로 방송하는 프로그램인데 미담 사례로 선정된 것이다. 그런데 봉사활동 현장 촬영 및 인터뷰 등이 모두 끝난 후 작은 해프닝이 발생하고 말았다. '시사매거진 2580'에서 이 선생을 취재해 갔다는 소문이 나자, 이것이 수도사업소에 문제가 발생하여 고발 취재가 된 줄 알고 난리가 났던 것이다. 하지만 방송이 나가자 상황이 반전되었음은 물론이고 갑자기 일약 스타덤에 오르게 되었다. 그 후 KBS, MBC, SBS, EBS 등 지상파 방송 출연 및 조선, 중앙, 동아일보 등 주요 일간지의 취재 기사 등으로 연예인 못지않은 유명세를 타게 되었다. 공무원 신분에 아코디언 연주 봉사활동을 하는 것이 전혀 어울리지 않는 조합이 특이했고, 아코디언 연주가 갖는 매력과 봉사활동으로서의 유용성 등이 결합되어 폭발적인 관심을 불러일으키게 된 것이다.

유명 음악인이 되었다고 해서 이 선생은 연예인 행세를 하며 목에 힘을 주거나 눈에 거슬리는 행동을 하는 일이 전혀 없었고, 오히려 더욱 겸손한 자세로 음악 봉사활동을 열심히 수행하고 있었다. 몸이 두 개라도 모자랄 판이지만 쇄도하는 요청을 함부로 뿌리치지 않고 일정 조율에 의해서 모두 소화할 수 있었다. 퇴임 2년 전에는 공직 생활과 방송 출연 등 두 가지 일을 하여 온 덕분에 '공무원 연예인 탄생'이라는 영광을 가득 안고 더욱 분주한 나날을 보내게 되었다.

이 선생은 건강한 육체에 건강한 정신의 소유자였다. 그렇게 바쁜 일과에 묻혀 살면서도 병원 신세 지는 일이 없었고 짜증내는 일이 없었다. 봉사활동 하는 것이 마냥 즐겁기만 하였다. 잦은 방송 출연으로 인하여 본인이 근무하던 수도사업소에 대해서도 자연스럽게 소개되는 바람에 수도사업소 알림이 역할도 톡톡히 하게 되었다.

돌이켜 보면 모친 사후에 어르신들을 위하여 작은 봉사활동을 하겠다고 시작한 것이 이런 큰 영광까지 얻게 되었으니 이 선생 자신으로서도 얼마나 고마운 일인가? 이웃과 더불어 살아야겠다는 심정으로 겨자씨 같은 작은 씨앗을 삶의 터전에 뿌리면 이런 아름다운 결실로 되돌아온다는 것이 인생의 진리라는 것을 증명하고 있는 것이 아닌가?

이수철 선생은 이윽고 1995년 공무원 생활을 마감하는 정년퇴임을 하게 된다. 어찌 보면 쓸쓸하게 퇴임을 맞이할 수도 있지만, 아코디언이라는 새로운 날개를 달고 보람된 퇴임을 하게 되었으니, 실로 활기차고 아름다운 삶을 영위해 오신 분이라고 해야 옳을 것이다.

대부분 직장 생활을 마감하고 정년퇴임을 하고 나면 무엇을 어찌 해야 될지 몰라 우울감이 찾아오고 무력감에 빠지는 이들이 적지 않다. 직장 생활의 긴장감이 풀려 무료한 시간을 보내게 되면서, 무기력해짐과 동시에 각종 질병에 걸려 고통스런 삶을 살기도 하고, 심지어 일찍 떠나기도 한다. 하지만 이 선생의 경우에는 아코디언 봉사활동으로 인해 오히려 더욱 바쁘고 생동감 있는 제2의 인생을 시작하게 된 것이다.

퇴직을 하고 나니 시간적·공간적 제약을 받지 않게 되자 두 날개를 활짝 펴고 본격적인 아코디언 연주 활동을 하게 된 것이다. 또한 노래에도 일가견이 있어 1977년부터는 구로복지관에서 노래교실 지도강사로 일하게 된다. 드디어 본격적인 전문 연주 활동과 노래 지도강사로서의 삶이 시작된 것이다.

그린실버밴드 창단

아코디언 하나로 혼자 봉사활동을 하다 보니 욕심이 생겼다. 음악 봉사활동의 폭을 더 넓히고 활성화하기 위하여 악단을 만들기로 하였다. 그 동안 연주 활동을 활발하게 해 오다 보니, 과거 젊은 시절에 나름대로 활동하던 전문 악사들을 많이 알게 되었다. 1997년 11월 1일 비로소 6인조 '그린실버밴드'를 결성하게 된다. 아코디언(이수철, 단장), 기타(이경호), 베이스기타(정순만), 드러머(이규채), 트럼펫(송학봉), 테너색소폰(김길재)으로 구성된 소규모 6인조 그린실버밴드가 탄생된 것이

그린실버밴드 창단 멤버(1997) 왼쪽부터 이수철 단장, 이경호, 정순만, 이규채, 송학봉, 김길재

다. 그린은 젊음을, 실버는 어르신을 상징하므로 '젊은어르신악단'으로 풀이할 수 있다. 노인밴드로는 국내 두 번째이며 소규모 실버밴드로는 첫 사례였다.

이수철과 그 악단 '그린실버밴드'가 명성을 얻게 됨으로써 각 복지관, 서울시립양로원, 각종 경로잔치 등 음악 봉사활동의 보폭이 넓어진 것은 물론이다. 퇴직 후 제2의 인생을 음악 봉사활동으로 즐겁게 사는 사람으로 알려지자, 그린실버악단이 조선일보에 기사화되는 것을 시작으로 동아, 중앙, 한겨레신문 등에서도 취재가 이어지고, 각 지상파 방송에도 출연하는 등 폭발적인 유명세를 타게 되었다.

2000년도부터는 지하철 예술무대 시대가 시작되었다. 그때 그린실버밴드가 지하철 예술공연 1호로 인정을 받게 된다. 사당역, 종로3가역, 을지로입구역 등 지하철 공연에서 많은 박수갈채가 쏟아졌고, 은퇴 후 삶이 현역 시절보다 더 바쁜 나날을 보내게 된 것이다. 그런데 세월은 속절없이 흘러 정순만, 김길재 두 분이 세상을 뜨시고, 그 자리에 주한철, 황운현(이상 기타), 남궁기문(테너색소폰) 세 분이 합류하여 노익장을 과시하고 있다.

지하철예술무대 공연(2000) 아코디언 연주자가 이수철 단장

그린실버밴드의 명성이 높아지자 영화 섭외까지 들어오게 되었다. 2005년 영화감독(심광진)이 직접 이수철 단장을 찾아와 '불후의 명작'이라는 영화를 촬영하는데 악단 출연을 요청한 것이다. 박중훈, 송윤아가 주연한 영화로 그린실버밴드가 서커스 밴드로 출연해 달라는 것이었다. 촬영 세트장이 거리가 먼 경남 진해이긴 하였지만 하루 촬영했는데 출연료가 적지 않았다. 봉사활동만 하다가 처음으로 두툼한 출연료를 받게 된 것이다.

영화배우 데뷔

2006년에는 문성근, 지진희, 강성연 주연의 '수'라는 영화(최양일 감독)에 밴드 연주가 아니라 연기자로 출연하게 된다. 이 선생은 재주꾼이었다. 음악 연주뿐만 아니라 연기에도 타고난 소질이 있었던 것이다. 군산에서 2일, 부산에서 3일 촬영에 500만 원이라는 거금의 출연료를 받는 조연급 영화배우로 데뷔하게 된다. 문성근이 깡패 두목으로 출연하고, 이 선생은 문성근의 아버지 역을 맡게 된 제법 비중 있는 역할이었다. 아코디언 봉사활동으로 시작한 이수철 선생이 영화배우로 데뷔할 줄이야 그 누가 알았으랴.

영화 출연 후에는 관악, 서초, 동작구 케이블 방송의 지역 노래자랑 프로그램에 2년간 전속으로 출연 계약을 맺어 노래 자랑 연주자로 활동하기도 했다. 그때 사회자는 이 선생을 '영화배우 이수철 아코디언 연주자'로 소개하기도 했다.

그 외 독립영화 등에서 아코디언 연주자로 출연하기도 하고 CF 촬영도 하게 되는데, 당시 잘 나가던 GOD와 함께 KT 통신 광고에도 출연하게 되었다. 이렇게 활동하다 보니 팬레터도 많이 받게 되고 사인도 해 주는 등 갑자기 하루아침에 연예인으로서의 명성을 떨치게 됨과 동시에 퇴직 공무원 사회에서도 꽤나 유명한 인사가 되어 버린 것이다.

나도 이수철 선생과 음악으로 교분을 맺은 덕분에 뮤지션들을 많이 알게 되었다. 그중 몇 분을 소개하자면, 그린실버밴드 멤버인 송학봉(트럼펫), 남궁기문(색소폰), 구립 노원실버카페에 전속으로 출연하는 송기(아코디언), 거리의 악사 김정만(기타), 유중남(아코디언), 안철회(색소폰) 등이다. 이분들

구립 노원실버카페 공연(2019)
기타 김봉천, 트럼펫 송학봉, 아코디언 송기, 노래 이수철
이수철 선생은 가수로도 활동하는 다재다능한 연예인이다.

도 열심히 음악 봉사활동을 하는 분들로서 유튜브 동영상에서 만날 수 있다. 이분들 공연이 있는 날이면 나도 기타 연주자로 한몫을 하고 있다.

2007년부터는 '이수철 온라인 아코디언 교실'을 개설하여 강의하고 있다. 유명 연주인들의 아코디언 연주 동영상, 아마추어 연주인 동영상, 아코디언 전용 악보 자료실 등 아코디언에 관한 정보들을 서로 나누면서 공유하고 있다.

이렇게 세월 가는 줄 모르고 바쁘게 활동하다 보니 이수철 선생도 이제 80 고개를 넘은 지 오래되었고, 퇴직한 지도 어느덧 26년이라는 세월이 흘렀다. 그나마 건강 관리를 잘하여 요즈음도 지역 축제 초청 공연 등 음악 봉사활동은 계속되고 있고, 복지관 음악교실 지도강사로 활동하고 있는 중이다.

반평생을 아코디언과 함께 살다 보니 보유하고 있는 6대의 아코디언은 이 선생의 분신과도 같은 소중한 가보 목록이 되었다. 이젠 체력적으로 한계가 있어 예전처럼 영화 출연, 등산로 연주 등 활발한 활동은 하지 못하지만 보람되고 자유로운 뮤지션으로서의 낭만을 즐기고 있다. 다시 말하여 아름답게 승화된 노년기의 낭만을 즐기고 있는 것이다. 그리하여 이수철의 아름다운 날갯짓은 아직 멈추지 않았다.

아코디언과 함께 멋지게 살아온 자유로운 영혼, 낭만파 이수철 선생님,

언제 저랑 같이 수락산 쉼터에서 '목포의 눈물' 합주 한 곡 어때요? 옛 추억이 그립습니다.

전국 최초로 결성된 6인조 그린실버밴드 창단 10주년 기념사진(2006)

이수철

1935년 충남 강경 출생

강경상고 졸업

건국대 정치외교학과 수료

한국전력을 거쳐 서울시 공무원 퇴직

그린실버밴드 결성(악단장)

영화배우 데뷔(영화 '수'에서 문성근의 아버지 역할)

한국아코디언협회 사무국장, 동작본동사회복지관, 신목복지관, 남부노인복지관, 관악선의복지관 등에서 노래지도 강사 및 방배노인복지관 아코디언 강사 역임

현재 그린실버밴드 악단장, 구로복지관 노래교실 강사

서울시 우수 공무원 대통령 표창

우수 봉사자 표창(관악구청장)

감사장 수상(서울시 사회복지협의회장, 문교사회위원장)

지하철 예술인 최초 인증(서울지하철공사 사장)

모범노인 표창(관악구청장)

그린실버밴드 단장 표창(보건복지부장관)

건강시민상 수상(서울시장)

호연지기의 기개

히말라야에 서다 정진양 교장

정진양 교장과 나는 막역한 관계이다. 광운전자공업고등학교 평교사 시절, 바로 옆자리에 앉으면서부터 교분이 두터워졌다. 옆자리라고 해서 다 그렇게 친밀한 사이가 될 수 있는 것은 아니지만 대화를 통하여, 교육 활동을 통하여, 생활 신념 등을 통하여 그의 참모습을 알게 되었다. 그의 생활신조는 한마디로 정의(正義)와 지조(志操)였다. 불의를 보면 참지 못하고 정면 돌파하여 굴복시키는 불굴의 의지와 기개는 감히 타의 추종을 불허하는 의로운 사람이었다. 그러한 모습들은 나의 생활관과 일맥상통하여 금방 가까워질 수 있었다.

그는 위당 정인보 선생의 장손이다. 위당 선생은 일제 강점기 한학자, 역사학자, 언론인, 문학가이시다. 연희전문학교에서 강의하였고, 동아일보 논설위원, 초대 감찰위원장, 국학대학장을 역임하였다. 특기할 것은 4대 국경일(3·1절, 제헌절, 광복절, 개천절) 노래를 작사하신 분이다. 일컬어 이광수, 최남선과 더불어 당시 '대한민국 3대 천재'라는 별칭을 얻은 석학이시다.

위당 선생의 유전인자를 그대로 이어받은 정진양 교장은 두뇌가 비상하고, 청렴결백하며, 언변이 청산유수라 거침이 없고, 교육 신념이 투철하고 정의로운 사람이었다. 교육 현장에서 보고 느낀 그의 정의로운 모습은 수없이 많지만 우선 하나만 소개한다.

학교 동아리 컴퓨터연구반 학생들 30여 명이 강원도 홍천강 부근에서 심신 수련 활동을 하고 있을 때였다. 불행히도 학생 한 명이 부주의로 익사 사고를 당하는 일이 발생하였다. 지도교사의 연락을 받은 정진양 학생부장은 현장으로 달려갔다. 변고를 당한 학부형 가족들이 이미 와 있었다. 지도교사들(2명)에게 갖은 욕설에 행패를 부리는 학부형 앞에 나섰다.

"학생부장 정진양입니다. 지도교사들은 죄가 없습니다. 학생 전체 책임을 맡고 있는 학생부장인 제가 죄인입니다. 저하고 얘기하십시다."

"그래, 학생 지도 책임자라고?"

익사한 학생의 삼촌 되는 사람한테 엄청난 구타를 당하였다. 앞니 두 개가 부러지는 무자비한 폭행을 당했다.

사고 수습을 원만히 해결하고 난 며칠 후에 내가 물어봤다.

"천하의 정진양 선생이 고산준령을 호령하던 패기는 어디 두고, 어떻게 고스란히 두들겨 맞고만 있었어요?"

"사람이 죽었는데…… 제자가 죽었지 않습니까?"

"……"

"……"

'그렇지, 사람이 죽었지, 제자가 죽었는데 대항을 하면 안 되지.'

나는 마음속으로 되뇌며 더 이상 말을 꺼낼 수 없었다.

사후 처리도 슬기롭게 마무리지었다. 또 특기할 만한 일은 두 지도교사에게 어떠한 문책을 하지 않았다는 것이다. 그러한 큰 사고 후에는 으레 지도교사에 대한 문책이 따르는 법인데, 재단이사회에 가서 지도교사

정진양 교장 집무 모습

는 잘못이 없으니 차라리 학생부장인 자신을 문책하라고 항변하였다. 결국 재단이사회에서는 아무도 문책하지 않았다.

그의 교육관은 한마디로 말하여 인성 함양, 능력 계발, 기술 연마였다. 그가 교장에 취임한 후 학생은 학교의 주인공임을 자주 주지시키고, 교사와 학생에게 세칭 교장으로서의 갑질을 하지 않았다. 또한, 교장에게 걸려오는 외부 전화는 일단 행정실 직원이 받아, 사소한 전화는 걸러 버리고 꼭 필요한 주요 전화만 교장에게 연결시켜 주는 것이 관례인데, 정 교장은 교장에게 걸려오는 모든 전화를 행정실을 거치지 않고 본인이 직접 받는다. 게다가 교장실을 방문하는 손님에게 차 대접 역시 행정실 직원이 준비하는 것이 모든 학교의 관례인데, 정 교장은 손수 준비하여 접대한다. 행정실 직원의 행정 업무 집중에 방해가 되는 비서 역할을 지양(止揚)하고 교장 본인이 손수 하는 모습은 참으로 아름답다 할 것이다.

설악산 대청봉에서(1986)
왼쪽부터 이성호, 윤호원, 필자

그는 산을 좋아하여 주말에는 전국 명산을 찾아 나선다. 특히 설악산을 좋아하여 설악산은 90번인가 등정하였다고 자랑삼아 얘기하기도 했다. 나도 그의 설악산 산행에 따라나선 적이 있다. 30대 후반 젊은 나이였지만 산행은 난생 처음인데다 설악산에서도 험준하기로 악명 높은 공룡능선을 넘으면서 얼마나 힘들었던지 참 원망도 많이 했다. 등정 지식을 제대로 주지시키지 않고 산행을 권유했다고 불평만 늘어놓은 등정이었다. 그러나 그 공룡능선을 넘으며 조망한, 사방으로 펼쳐진 기기묘묘한 장관은 일생일대의 잊지 못할 큰 경험이었다. 그때 만약 공룡능선에 대한 지식을 사전에 나에게 주었더라면, 극심한 고소공포증 환자에다 약골인 나는 미리 겁을 먹고 절대 동행하지 않았을 것이다. 그것을 그는 이미 간파하고 있었던 것이다.

1987년 11월 28일 그는 학교 산악반 학생들을 데리고 히말라야 고줌바캉봉(7,743m) 등정에 나섰다. 고등학생이 히말라야에 도전한 것은 세계 역사상 처음 있는 일이었다.

그의 기상(氣像)은 레이저 눈빛에서 엿볼 수 있고, 그의 도전 정신은 어느 누구도 말릴 수 없는 저돌적인 산사나이였다.

나의 친구(최용근, 당시 서라벌고 교사)는 "역사에 기록될 대단한 선생님이다. 하지만 그는 독일인보다 더 잔인한 사람이다."라고 말한 것이 지금도 귀에 생생하다. 세계 등반 역사상 최초로 어린 10대 고등학생을 데리고 히말라야에 도전하였으니 그 말이 가장 적절한 표현일 것이라 생각했다.

그런데 귀국해야 될 날짜가 훨씬 지났는데도 귀국은커녕 등정 소식조차 없었다. 날이 갈수록 학교에서는 불길한 예감이 감돌았다. 그런데 정상 등정 예정일보다 20일이 지난 1988년 2월 11일 비로소 정상 등정 소식을 TV 뉴스를 통해 접할 수 있었다. 실로 감격적인 순간이었다. 그때 마침 내가 교지 편집 업무를 맡고 있었는데, 그 감격적인 히말라야 등정 소식을 교지 별책 부록으로 발간했다. 나는 부록 머리글을 다음과 같이 간략하게 썼다.

그들은 히말라야로 떠났다.
그러나 아무런 소식이 없었다.
그래서 불길한 예감이 끊임없이 엄습해 왔다.
등정 일정은 1월 23일 정상 공격, 2월 9일 귀국으로 되어 있는데, 귀국은 고사하고 등정 소식조차 없으니, 아무리 현지 조건에 의한 일정 차질이 빚어지더라도 등정 성공 여부는 이미 네팔 관광성의 발표가 있었어야 했다.
김포공항 환송하는 자리에서 원정대장인 정진양 선생님과 둘이 손을 잡고 내가 물었다.

"우리 다시 만날 수 있을까요?"

"그것은 반반입니다."

그때 남긴 그 처절한 한마디가 절규처럼 뇌리를 스쳤다.

불길한 예감이 들 때마다 눈보라 몰아치는 히말라야 설원(雪原)에서 길을 잃고 헤매는 대원들의 모습이 파노라마처럼 스쳐가곤 했다. 떠날 때 김포공항에서 부디 성공하고 돌아오라고 모두 한마음이 되었던 우리들…….

그런데, 그런데 1988년 2월 11일 저녁 7시 KBS TV 뉴스—

'광운전자공고 원정대원 히말라야 고줌바캉봉 등정 성공, 10대 고교생으로서는 세계 역사상 초유의 일'이라는 신은경 아나운서의 낭랑한 목소리가 우리들의 가슴에 메아리쳤다.

너무 반가우면 멍해진다던가! 히말라야 자료 화면이 TV에서 사라졌는데도 그 감격의 여운은 한동안 남아 있었다. 그뿐이랴? 뒷날 각 일간지마다 등정 내용이 대서특필로 보도되기도 하였으니, 그날은 온통 감격, 감격의 연속으로 제 정신이 아니었다. 정말 그들은 용감하였다. 그리고 장했다.

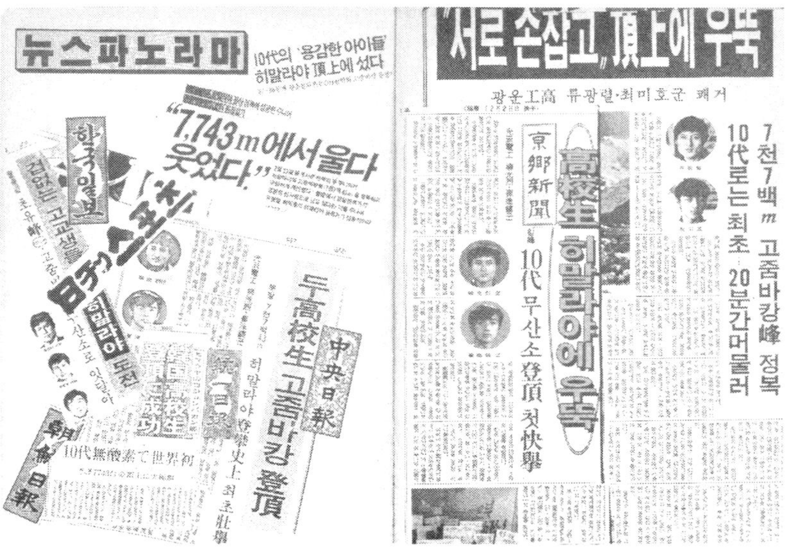

귀국하던 날 김포공항, 7,743m 고줌바캉봉과 악전고투한 흔적이 역력했다. 부르튼 입술, 찌그러진 얼굴들이 그러했다. 그들이 태극기를 앞세우고 개선할 때 우리들의 가슴은 얼마나 요동하였던고.

아! 우리 열 명의 대원들을 지켜주신 히말라야의 신이시여! 감히 인간으로서 히말라야의 신의 영역에 틈입(闖入)한 그들에게 아량을 베푸시어, 10대 고교생으로 세계 신기록 수립에 힘을 주신 신이시여! 세계가 경악한 그날의 그 영광을 오로지 당신의 품속에 바칩니다.

역사적인 등정 성공을 다시 한 번 되새기는 뜻에서, 몇 번이고 듣고 보아도 새롭게 느껴지는 그 순간들의 언론 보도 제자(題字, 110면) 및 등정일지 등을 간추려 소개하는 바이다.

원정대원

단장 조인성(부교장)
대장 정진양(학생부장)
부대장 최상현(산악반OB)
섭외 이창호(산악반OB)
운행 이희봉(산악반OB)
수송 용철호(산악반 지도교사)
기록 · 촬영 임평만(산악반OB)
회계 이용원(산악반OB)
의료 윤석영(산악반OB)
장비 류광열(3학년)
식량 최미호(2학년)

등정 일정

1987. 11. 28.	선발대 5명 출국
1987. 12. 16.	본대 5명 출국
1988. 1. 7.	캐러밴(등반 장비 운반) 시작
1. 21.	베이스캠프 설치(5,100m)
1. 24.	제1캠프(전진캠프) 설치(5,200m)
1. 28.	제2캠프 설치(5,700m)

베이스 캠프에 태극기, 교기와 더불어 휘날리는 깃발들

2. 1.	제3캠프 설치(6,400m)
2. 7.	제4캠프 설치(7,000m)
2. 9.	제5캠프 설치(7,400m)
2. 11. 16:28	고줌바캉봉(7,743m) 등정 성공(류광열 3년, 최미호 2년)

1987. 12. 1.

'겁 없는 고교생들, 겨울 히말라야 도전!'

얼마나 가슴 설레는 말인가? 광운전자공업고등학교 산악반 모두가 그토록 오르길 갈망했고, 히말라야 하얀 설산에 대한 막연한 호기심이 현실로 다가오면서, 과연 우리 힘으로 해낼 수 있을는지, 야심찬 계획으로만 끝날 것인지, 두려움과 설렘 속에 1987년 2월 16일 수많은 광운 가족들의 환송을 받으며 네팔행 비행기에 탑승하고 나니, '비로소 떠나는구나.' 하는 실감이 났다.

돌이켜 생각해 보면 역사적인 용단을 내려 주신 허정섭 교장 선생님, 좌절의 문턱에서 용기를 주신 고제현 교감 선생님, 후원해 주신 모든 분들이 감사할 따름이었다. 원정 성공에 대한 찬반양론으로 염려해 주신 것을 거울삼아, 겨울철 고줌바캉봉(7,743m) 무산소 등정을 목표로 OB－YB 산악부원 모두가 혼연일체가 되어 준비하고 훈련하던 일, 약속했던 후원사가 지원을 번복하여 당황했던 일, 등반 가족들의 설득, 특히 재학생 학부모 설득, 서울교육청 승인, 경비 조달 등 난관에 부닥친 일들이 주마등처럼 스쳐 지나갔다.

오로지 하나의 목표를 향해 전진만을 생각하며 시골 간이역 같은 초라한 카트만두 국제공항에 도착했다. 선발대로 와 있던 대원들(이창호, 윤석영, 임평만, 이용원)의 환영을 받으면서 네팔 땅의 흙냄새를 맡으니 감개가 무량했다. 〈중략〉 오후에는 대사님을 만나 보고를 드리는 등 본격적인 등반 준비 작업에 들어갔다. 〈중략〉

고용이 약속된 셀파(sherpa셰르파, 등반 안내인) 13명(클라이밍 3, 아이스폴 5, 베이스캠프 5)의 보험료와 일당 등을 의논하고 관광성에 들러 입산 허가서에 따른 인터뷰를 마쳤다. 다만 문제는 부산항에서 선적한 화물 통관, 트랜시버(transceiver트랜스시버, 무선통신기) 사용 허가증 발급 등 제반 업무

친근한 교사 몇 분이 히말라야 원정 환송연을 베풀었다(1987)
우리들의 영원한 벗 정진양, 용철호 글씨가 흐릿하다.
왼쪽부터 필자, 정진양(대장), 용철호(대원), 정치덕, 유시훈

를 대행한 현지인과 만나 협의한 결과, 급행료까지 다 받아먹었으면서도 이 핑계 저 핑계 대는 것이 상당 기간 지연될 전망이라 마음이 무겁고 답답했다.

1988. 1. 4.~1. 6.

드디어 부산항을 출발하여 인도 캘커타항을 거쳐 카트만두 숙소에 도착한 화물은 70여 일 만의 긴 여정이었지만, 일부 식량은 부패하였으나 대부분 무사한 것에 안도하면서 숙소 잔디밭에 펼쳐놓고 일일이 30kg씩 포장하고 플라스틱 드럼통에 차곡차곡 쌓는 작업에 일찌감치 대원들의 진을 빼버렸으나, 오랜만에 한마음이 되어 한국 소주와 얼큰한 고추장찌개를 곁들여 셀파들과 어울려 흥겨운 파티를 열어 즐겁고 오붓한 시간을 가졌다.

이제부터 2,000kg 장비와 식량을 캐러밴(caravan, 짐운반)용, 베이스캠프용, 고소캠프용으로 분류하여 캐러밴을 시작하는 것이 등반 성패를 좌우하는 매우 중요한 사항인 것이다. 출발 전에 전 대원에게 다음과 같은 사항을 당부하였다.

첫째, 포터(짐꾼) 60명의 우두머리 '나이케'를 잘 조정할 것

둘째, 셀파와 원정대원 간의 유대 관계를 돈독히 할 것

셋째, 짐이 분실되지 않도록 수시 점검할 것

넷째, 트랜시버(무선통신기)의 호출부호는 '돌하나~돌여섯'으로 정한다.

1988. 1. 7.~1. 14.

새벽부터 분주하다. 컵라면으로 이른 아침을 때우고, 2,000kg의 짐을 버스에 싣고 나니 셀파 아내들이 어쩌면 다시는 못 볼지도 모를 남편 환송 모습은 참으로 거룩하기까지 하다. 〈중략〉 점심때쯤 캐러밴 중인 대원을 트랜시버로 불러 보니 반갑게도 통화가 되어 트랜시버를 신뢰하게 되었고, 한국전자(주) 양동유 사장님과 건전지 500벌을 지원해 준 경인전자 이경인 동문에게 다시 한 번 감사의 마음이 들었다.

대원들 모두 건강하게 어려운 캐러밴을 무사히 수행하였다. 특히 재학생 류광열, 최미호 대원이 자랑스러웠다. 모험을 넘어 만용이라고 항변하며 염려하던 얼굴들이 오히려 나의 마음을 위로해 준다. 〈중략〉

1988. 1. 15.~1. 17.

〈전략〉

굽이굽이 산길을 돌아 숨이 턱에 닿을 때쯤 '남체'의 모습이 눈앞에 펼쳐졌다. 히말라야 원정의 전진기지답게 카트만두를 떠난 지 10여 일 만에야 사람 사는 마을을 보았다. 포터들의 짐을 확인한 후 일당을 지불하고, 파손된 짐도 재포장하고, 야크 26마리, 포터 6명을 재고용하는 등 바쁜 일정을 보냈다. 원래 이곳에서 3~4일 고소 적응을 위해 머물 예정이었으나,

일정에 여유가 없어 강행군하기로 하고 남체(3,400m)의 첫 밤을 보냈다.

1988. 1. 18.~1. 22.

고도가 높아지면서 기온 차가 제법 심해진다. 대원들에게 24시간 모자를 쓰게 하여 고산병 예방에 각별히 주의를 주고 캐러밴을 독려하다 보니 은령(銀嶺)의 세계가 눈앞에 펼쳐진다. 멀리 꿈에도 그리던 에베레스트, 아마다블랑 등 그림에서만 대하던 영봉(靈峰)들을 직접 눈으로 확인하는 순간 조물주의 위대함을 피부로 느낄 수 있었다. 지금까지 고생했던 역경들이 한꺼번에 사라지고, 대원들 모두 동심에 젖어 기념 촬영도 하고, 한없이 펼쳐진 대자연의 신비로움에 넋을 잃고 있었다. 그러나 대자연은 우리의 이러한 달콤한 낭만을 가만히 즐기게만 하지 않았다. 포리체(에베레스트와의 갈림길)까지 잘 걷던 최상현 대원이 서울에서 훈련 중 다친 다리가 말썽을 부려 어쩔 수 없이 하산시키는 아픔을 감수하였으며, 야크몰이꾼의 실수로 김치 한 드럼을 잃어버리는 등 말로 형용하기 어려운 고난이 한둘이 아니었다. 그러나 우리는 목표를 눈앞에 상기(想起)하면서 베이스캠프를 향하여 발걸음을 재촉할 뿐이었다. 〈중략〉

마찰마를 조금 지나면서 초오유, 고줌바캉의 웅장한 자태를 대할 수 있었으며 앞으로 3일 후면 베이스캠프에 도착되리라 예상하였다.

히말라야산맥을 둘러보는 정진양 대장
저 멀리 하얀 산이 고줌바캉봉이다

해발 고도가 높아지면서 대원 모두가 고산증세에 시달리게 되었다. 대원들을 일단 쉬게 하고 일정에 쫓기는 나는 강행군을 계속 할 수밖에 없었다. 베이스캠프(5,100m)에 도착하였으나, 많은 적설량과 고줌바캉 빙하에서 불어오는 세찬 바람으로 정신을 차릴 수 없었고, 두통과 판단력의 결여(缺如) 현상까지 나타났다. 대장밖에 없는 베이스캠프에서 2,000kg의 화물 정리를 대충 끝내고 취사용 텐트 및 창고용 텐트를 설치하였다. 아직 도착하지 않은 대원들에게 베이스캠프 설치 완료를 트랜시버를 통하여 알리고, 야크맨의 일당 등을 지불한 후 고소캠프(1~5캠프)에 따라 장비 및 식량을 분배하고 나니 그런대로 베이스캠프의 모습을 갖추게 되었다. 〈하략〉

베이스캠프 설치 준비

1988. 1. 23.

약간의 고소증세는 있으나 정상 공격을 위한 전진기지(1캠프) 루트 공략을 위해 아이젠 끈을 단단히 조이고 모레인지대(암석과 토사지대)를 지나 고줌바캉 빙하지대에 도착했다. 5,200m 지점에 제1캠프(전진기지)를 설치하고 베이스캠프로 내려왔다. 재학생 광열, 미호 대원이 걱정이나 일보 전진을 위해 일보 후퇴할 수 있다는 다짐으로 좋은 결과가 있을 내일을 위해 마음 편히 먹고 1주일 만에 이를 닦으니 날아갈 것 같은 기분이었다. 낮에는 그런대로 견딜 만한데 일몰 후에는 정말 추웠다. 베이스캠프가 냉동실에 바람까지 몰아치는 석빙고라 하면 상상이 되리라. 잠자리에 들면 잠을 자고 있는지 깨어 있는 것인지 명확히 구분할 수 없는 비몽사몽이라 할까?

제1캠프(전진캠프)
대장의 자신에 찬 모습

1988. 1. 24.

눈보라 몰아치는 상황 속에 제단을 설치하고, 등반대원의 무사 성공을 기원하는 '라마제례 의식'을 올리는 모습은 경건하기까지 하다. 이들은 철저한 프로 의식을 갖고 있음을 알게 되었다. 국기를 게양하고 애국가와 교가를 힘차게 부르니 가슴속에 뭉클한 그 무엇이 솟구쳤다. 〈중략〉

그러나 기분 가지고 정상에 가는 것은 아니다. 두 개조(A, B조) 편성을 확인하고 정상 공격조에는 재학생인 류광열, 최미호 대원으로 정함에 있어 OB대원들의 헌신적인 배려와 격려가 있었다. 〈하략〉

1988. 1. 25.~1. 29.

변칙적인 운영이기는 하지만 윤석영 대원에게 베이스캠프를 장악하게 하고 대원들 모두 1캠프에서 2캠프 루트 공략에 나섰으나, 설상가상으로 엄청난 크레바스(빙하 갈라진 틈)를 만나 전진이 불가능하였다. 눈물을 머금고 철수하다 보니 장비 손실은 물론 대원들 사기 또한 최악의 상태였으나, 이 정도의 시련에서 물러선다면 아예 이곳에 오지도 않았으리라! 기가 꺾인 대원들과 셀파를 독려하면서 대장인 내가 직접 새로운 루트 공략에 나서게 되었다. 일본 및 프랑스 원정대들이 실패했던 아이스폴(폭포 같은 빙하) 지대에 정면으로 도전하여 이창호 대원과 교대로 고정자일 2동을 설치하고 나니 상당한 체력 소모와 계속되는 낙석, 낙빙으로 인하여 고전했다. 그러나 빙질 상태는 비교적 양호한 편이었으며 피켈보다는 아이스해머가 유용하게 사용되었고, 아이스 스크루(screw지지대)와 암벽용 하켄(haken쇠못)이 예상 외로 많이 소용되어 베이스캠프에 긴급 수송을 의뢰하였다. 아이스폴, 모레인지대, 암벽, 빙벽을 거쳐 우여곡절 끝에 2캠프(5,700m) 설치를 완료하고 1캠프로 철수하고 나니 체력은 완전히 소진되었다. 대원들에게 루트 개념도를 설명

2캠프 루트 공략 및 제2캠프

하고 피곤한 잠자리에 곯아떨어졌다.

1988. 1. 30.~2. 1.

대원들도 어느 정도 고소 적응에 단련되었고 체력도 거뜬하여 식량 및 장비들을 2캠프에 올리는 작업에 총력을 다하였다. 간간이 쏟아지는 낙석과 낙빙을 헬멧으로 받으면서 힘든 전진을 멈추지 않았다. 75도 정도의 설사면을 직등하여 오우버행을 넘어 스노우바를 때려막고 고정로프를 설치하고 나서 대설원을 바라보니 실로 공격 1주일 만에 비로소 초오유, 고줌바캉이 바로 눈앞에 펼쳐지는 것이다. 3시간 정도 설원을 더 지나서야 3캠프(6,400m)를 설치할 수 있었다.

목표의 반은 성공했다는 생각에 안도감이 들었다. 지금까지의 캠프 설치로 난코스는 한 고비 넘겼다. 다음 날 계속하여 미호와 함께 4캠프 루트 공략에 나서 약 7,000m 지점에 고정로프를 설치하고 4캠프를 완성하고 나니 자신감이 생긴다. 이제는 B조에 인계하기로 하고 최미호 대원에게 정상에 올랐을 때 해야 할 일 등을 다시 한 번 상기시켜 주고 나는 베이스캠프로 철수할 것을 결심하게 되었다. 〈하략〉

3캠프 루트 공략 및 제3캠프

4캠프 루트 공략 및 제4캠프

1988. 2. 2.~2. 4.

그렇게 좋던 날씨가 변덕을 부리면서 콩알만한 얼음 조각들이 어지럽게 난무하는데, 정신은 고사하고 순식간에 텐트를 날려버릴 것만 같았다. 미호와 둘이 찌그러진 4캠프 텐트를 부여잡고 씨름을 하였다. 한 발짝도 움직일 수 없는 지경에다 물 한 모금 끓여먹을 수 없는 최악의 상태였다. 그런데 자연의 조화일까? 한동안 훼방을 놓던 하늘은 청명하고 고요한 적막이 감싸는 순간 트랜시버가 울렸다. 2캠프 이용원 대원의 행방불명을 알리는 다급한 목소리였다, 이미 날은 저물고 어떻게 손을 쓸 수 없었다. 발만 동동 구를 뿐 별다른 대책 없이 오만 가지 상념에 사로잡혔다. 2캠프를 관리하고 있던 대원을 원망해 본들 무슨 소용이 있으랴. 밤은 또 왜 그리 긴지. 영하 40도를 넘나드는 혹한에 무사하기만을 간구한 덕분인지 길을 잃고 헤매던 이용원 대원이 제2캠프 바로 밑 아이스폴 지대에서 비박(biwak비바크)을 하고 무사 귀환했다는 트랜시버 소식에 '하느님 감사합니다'를 수없이 되뇌었다. 그 동안 루트 공략에 체력 소모가 많은 최미호 대원을 3캠프에 혼자 남겨 두고, 2캠프 유광렬 대원은 체력이 아직 건재하다는 걸 확인한 후 베이스캠프로 하산했다.

1988. 2. 5.~2. 9.

베이스캠프로 하산하면서 계절이 바뀌는 것을 눈으로 확인할 수 있었다. 군데군데 입을 쩍 벌리고 있는 크레바스가 수없이 산재해 있었고, 10여 일 만에 보는 베이스캠프 주위에 낀 파란 이끼도, 탐스러운 에델바이스도 나를 반기는 것 같았다.

이제 최종 5캠프는 3학년 류광열 대원의 노력으로 7,400m 지점에 설치했고, 오로지 정상을 향하여 나머지 젖 먹던 힘까지 다 쏟아부을 일만 남았다. 이때 3캠프에 있어야 할 대원이 허락도 없이 4캠프에 가서 두문불출 소식이 없다. 죽었는지 살았는지 불안이 엄습해 왔다. 허가된 등반기간은 일주일뿐이라 2월 15일이 지나면 모든 것이 수포로 돌아간다는 생각에 이젠 오로지 등반 기간과의 처절한 싸움이 시작되었다.

이젠 정상 공격조 3학년 류광열 대원과 2학년 최미호 대원이 최종 5캠프에서 대장의 지시만 기다리는 상황이었다. 숨가쁜 순간이었다.

2월 10일 1차 공격, 2월 11일 2차 공격 예정일로 잡았다. 2월 9일 20시 정규 교신 시각에 정상(頂上) 도전에 필요한 사항을 다시 한 번 각인시키고, 충분한 휴식과 최선을 다할 것을 류광열 대원에게 강조하였다. 최미호 대원과 둘이 손에 손잡고 오를 것을 당부하는 순간 가슴 뭉클한 흥분을 가라앉힐 수 없었다.

5캠프 루트 공략 및 제5캠프
류광열 대원(3학년)

1988. 2. 10.~2. 14.

비로소 2월 10일 1차 공격, 날씨는 맑고 쾌청한데 운명의 장난인지 정상 공격조에서 소식이 두절되었다. 전혀 생사를 알 수 없는 상황은 만 하루를 넘겨도 계속되어 하늘이 무너져 내리는 것 같았다. 일단 예기치 못한 불귀(不歸)의 사고를 당한 것으로 간주하고, 남은 대원만이라도 동요 없이 안전하게 철수시켜 더 이상의 사고를 미연에 방지하기 위하여 모든 캠프에 철수 명령을 내렸다. 단, 각 캠프에 남은 식량은 그대로 두고 철수하라 했다. 만약의 경우 살아 있을 것에 대한 대비였다. 동요하는 대원들에게 "모든 책임은 대장이 진다. 현 위치에서 최선을 다하라."라고 지시했다. 머릿속을 맴도는 수많은 얼굴들이 어른거리고, 특히 학부모 가족들이 크게 부각되어 왔다. 만감이 교차하는 그때의 절박한 심정을 필설로 어찌 다 표현하랴. 또한 그 당시 행방불명

여기는 정상, 더 오를 곳이 없다 류광열(3년), 셀파, 최미호(2년)

자만 해도 4캠프 대원 1명, 5캠프 셀파 3명, 정상 공격 대원 2명 등 모두 6명이나 잃었으니 실로 히말라야 대참사를 예견할 수밖에 없었다.

그나마도 행방불명되었던 OB대원 1명과 셀파 3명이 눈보라를 헤치며 베이스캠프로 돌아왔다. 이제 정상 공격조 2명은 아무런 소식이 없어 거의 포기 상태였다.

아, 그런데, 그런데 트랜시버 신호음이 울렸다.

"대장님, 정상 등정 성공했습니다. 성공하고 하산하려 합니다, 대장님!"

류광열 대원 목소리였다. 울컥 말문이 막혔다.

"살아 있었구나, 성공했구나."

드디어 환희와 만감이 교차하였다. 대한민국 역사에, 아니 세계 등반사에 영원히 남을 금자탑을 쌓고, 그토록 가슴 조이며 갈망하던 일을 우린 해낸 것이다. 히말라야 등반 사상 최연소 기록을 류광열 대원과 최미호 대원이 세우는 순간, 1988년 2월 11일 오후 4시 28분 히말라야 고줌바캉봉(7,743m) 정상에 무산소 동계 최초 등정이라는 세계 기록을 기어이 광운의 건아들이 해낸 것이다.

일본, 프랑스, 영국의 성인 원정대원들이 그토록 도전했으나 실패하고 결국 우리에게만 정상을 내준 것이다. 13시간의 사투 끝에 인간의 한계에 대한 도전을 류광열, 최미호 두 학생이 해낸 것이다. 성원해 준 많은 분들과 대원 모두에게 감사하고, 특히 OB대원들의 헌신적인 노력이 없었다면 과연 오늘의 영광이 있었겠는가?

돌이켜 생각해 보면 약 38시간의 교신 두절, 13시간의 사투 끝에 성공하고 그들이 5캠프에 귀환했을 때는 연료는 물 한 모금 끓일 정도밖에 남아 있지 않았으며, 기상 상태는 완전히 앞을 볼 수 없을 정도의 강풍과 눈보라가 휘몰아치는 상황이었다. 호사다마라던가? 하산 길에 최미호 대원이 탈진하여 생사의 갈림길에서 사경을 헤매는 처절한 순간, 류광열 대원의 절규가 가슴을 때렸다.

"대장님, 살려 주세요. 미호가 탈진하여 죽습니다."

청천벽력, 하늘이 무너지고 땅이 꺼지는 듯한 안타까움만이 가슴을 쥐어뜯을 뿐 어찌할 도리가 없었다. 히말라야 도전이 이토록 변화무쌍한가? 다행히 사력을 다한 광열 대원과 동료 셀파들의 도움으로, 구사일생으로 기력을 회복하여 베이스캠프에 귀환한 그들을 부둥켜안고 축배의 잔을 높이 들었다. 세계 통신망을 통한 우리의 성공 소식은 불안에 잠겨 있던 모든 분들의 귓가에 울려 퍼졌으리라.

맺는 말

'고난은 즐기려 하나 위험은 자초하지 않는다.'라는 우리들의 좌우명 속에 광운의 역사에 한 페이지를 장식하고, 우리도 할 수 있다는 가능성을 보여 주게 하신 광운 가족 여러분, 특히 물심양면으로 도움을 아끼지

귀국 보고(김포공항) 왼쪽부터 정진양 대장, 최미호 대원, 류광열 대원

않으신 조인성 단장 내외분께 다시 한 번 감사의 말씀을 전하고 싶다.

불확실성에 대한 불안, 번뇌, 자신감 결여, 기대에 대한 중압감으로 점철된 순간들이 모여 거대한 금자탑을 쌓고 말았다. 마니석(瑪尼石, 부처의 말씀을 새긴 돌)을 돌면서 읊조렸던 '옴마니밧메훔', 나약해지던 나의 마음을 달래 주던 웅얼거림, 촉박한 일정, 부족한 경비, 부족한 경험, 어느 것 하나 여유라곤 없었던 순간들, 학생 대원 둘의 생사를 몰랐던 이틀간의 온갖 번민, 절규, 처절하게 울부짖고 몸부림치던 그 모두가 summit(최고봉)라는 단어 하나에 홀연히 흩어지고, 이젠 가족의 품안으로 돌아가고 싶었다.

우리는 영원한 산사나이, 언젠가 다시 돌아올 히말라야의 영봉들을 영원히 기억하리라. 우리를 부르는 어떤 곳에도 거기 우뚝 솟아 있으리라.

– 원정대장, 학생부장

정진양 대장,

감히 말하건대, 그는 세속의 인간을 초월한 또 다른 외계인 같은 존재가 아니던가! 장하도다, 굳세도다, 아름답도다, 원정대원들이여!

다음은 류광열(3학년) 대원의 등정 일기초이다. 간명한 글 솜씨가 뛰어나 토씨 하나 손대지 않고 그대로 싣는다. 이 일기는 인간의 한계를 넘나드는 고난 속에서도 그때그때 상황을 각 캠프에서 간략하게 기록한 것이다. 만약을 대비하여 틈틈이 기록한 것이라 한다. 숙연해진다.

여기는 고줌바캉봉 정상 7,743m

류광열 대원(3학년)

1987년 12월 16일

드디어 거대한 동체가 김포공항을 이륙한다. 광운인들의 땀과 눈물로 이룩한 지난 1년간의 시간들, 정진양 대장님을 비롯한 많은 선배님들, 재학생들의 적극적인 성원이 없었더라면 우리의 등반 목적은 달성할 수 없었을 것이다.

사비를 털어 한 푼 두 푼 모은 눈물겨운 고마움과 냉혹한 현실에 안타까워하던 정진양 대장님의 한숨이 떠오른다. 이제 개인적인 희생을 감수해서라도 등반을 성사시켜야 한다는 결의로 뭉친 이상 꼭 성공해서 돌아오리라. 〈중략〉

1988년 1월 20일

기대하고 기대하던 베이스캠프로의 도킹이다. 서두르지 않고 차근차근하게 대자연과 만나야겠다. 오만과 이기를 버리고 오직 모든 것을 배우는 겸손한 자세로 등반하리라 다짐해 본다.

1월 24일

컨디션이 좋지 않다. 미호도 잘 걷지 못한다. 증상이 50여 가지 나타난다는 고산병, 바로 눈앞에는 초오유와 고줌바캉이 입김을 뿜으며 웅장하고 거대한 자태를 드러내고 있다. 짐승 울음소리와 같은 눈사태 소리가 요란하다.

1월 27일

베이스캠프를 떠나 전진캠프(1캠프)에 도착한 대원들은 오늘 일찍 아이스폴 적응에 나가 처음으로 빙벽을 찍어 보았다. 재수가 없어 피켈이 빠지는 바람에 허벅지가 약간 찍혔다. 다리에서 자꾸만 피가 흐른다. 하지만 절대 대장님께 알려서는 안 된다. 분명히 쉬라고 하거나 베이스캠프로 돌아오라고 할 테니까. 이럴 때일수록 정신을 바짝 차려야 한다.

1월 29일

아침에 일어나 보니 다리가 조금 나은 듯싶다. 다리에 무리가 안 가니 정말 다행이다. 오늘은 변경 루트, 아이스폴 적응이 있는 날인데, 외국 성인팀들도 실패한 루트라고 한다. 왠지 겁이 나지만, 난 산사나이이니깐 꼭 성공하리라.

1월 30일

A조는 전진캠프로 출발. 날씨는 계속 좋다. 보석을 박아놓은 듯한 아이스폴, 온 산에 흰 물감을 칠해 놓은 것 같은 히말라야 영봉, 꼭 동화책

속에 빠진 기분이다. 땅거미가 지는데 아침에 떠난 A조는 연락이 없다. 왜 이렇게 불안한 예감이 들까? 오후 5시, A조 정진양 대장님으로부터 두 대원은 아직도 올라오지 못했다고 연락이 왔다.

2월 2일

셀파의 떠드는 소리에 잠을 깨어 보니 물을 찾고 야단이다. 아래쪽을 보니 행방불명되었던 용원이 형이 비틀거리며 걸어온다. 보온병을 가지고 뛰어 내려가자 "광열아, 죽을 뻔했다." 하며 빙그레 웃는 얼굴엔 눈물이 고여 있었다.

길을 잃고 5,400m에서 그 무서운 비박(biwak 비바크, 한데서 밤을 보냄)을 했다니 전율이 느껴진다. 더구나 크레바스(빙하 갈라진 틈)에 빠졌을 때 배낭이 걸려 극적으로 살아났기 망정이지, 인간의 모습은 자연 앞에 무력함을 실감했다.

2월 5일

우리 B팀은 3캠프를 향해 떠났다. 올라갈수록 산소가 희박하여 무척 숨이 가쁘다. 더구나 가도가도 직벽의 연속, 한 로프에 여럿이 매달려 산을 오를 때면 생명의 끈이 같이 연결되어 있는 듯한 묘한 느낌이 온다. 아마도 이런 동료 의식이 우리 광운인의 맥을 이어 주는 것 같다. 저 위에 조그만 테라스(평지)가 보인다. 고투 끝에 겨우 찾은 평지, 그 평지엔 대장님이 미리 설치한 3캠프가 있는 곳이다. 정말 눈물겹도록 고맙다.

제5캠프 루트 공략(수직빙벽)
류광열 대원(3학년)

2월 7일

4캠프를 향해 떠났다. 4캠프 역시 대장님이 설치하셨다. 넓은 설원을 지나면 다시 빙벽, 몇 시간 만에 4캠프에 당도해 위를 보니 정상이 바로 눈앞에 보인다. 하지만 희박한 산소는 너무 숨가쁘게 한다. 가만 서 있기만 해도 숨을 헐떡여야 했다. 한 걸음이 몇 천 리나 되는 느낌이다. 3캠프에서 연락이 왔다. 미호가 지금 올라가고 있는 중이니 기다리라고 한다. 미호가 빠른 속도로 회복되어 올라온다는 소식은 더없이 좋았지만, 그냥 서 있기도 힘든 지금 안타까움이 복받쳐 오른다. 고소(高所)에서는 시간이 지날수록 체력이 급속히 떨어지는데, 미호가 오는 동안 체력이 다 소진해 버릴 것만 같다. 하지만 사력을 다하여 5캠프를 설치하였다.

2월 10일

셀파가 잠을 깨운다. 벌써 오전 10시다. 새벽 2시에 일어나서 정상을 향해 떠날 계획이었는데 너무나 고단하여 세상모르고 잠에 취해 버린 나 자신이 얄미워진다. 대장님한테는 야단맞을까 봐 연락하지 않았다. 재빠르게 등반 개시, 록밴드로 루트를 개척하고 중간 정도까지 휙스로프를 깔고 돌아왔다.

하지만 절벽은 힘들다. 이젠 식량도 연료도 다 떨어졌는데 저녁부터는 굶어야 한다. 힘들고, 춥고, 모든 게 걱정투성이다. 갑자기 집 생각, 친구들 생각이 간절해지며 눈물이 치솟는다. 그나마 옆에 후배인 미호가 있다는 생각에 굳은 마음을 먹어 보지만, 이러한 극한 상황 속에서는 나약하게 무너져 내리는 것 같다. 난 산사나이, 난 산사나이, 자꾸만 마음속으로 외쳐 본다.

2월 11일

새벽 4시, 미호와 나는 5캠프를 떠나 정상으로 향했다. 이젠 대원은 오로지 나하고 미호밖에 없다. 어제 저녁부터 아무것도 먹지 못해 무척 배

여기는 고줌바캉봉 정상 7,743m 정상에서 교기를 펼쳐 들고, 류광열(3년), 최미호(2년) 대원

가 고프지만 클라이밍을 해보니 컨디션은 괜찮은 것 같다. 어제부터 대장님께 교신을 하지 않아 걱정을 많이 하실 텐데, 죄송스러워 정상을 밟은 후에 해야겠다. 해발 7,600m, 눈보라가 너무 심해 눈앞이 잘 안 보인다. 손발이 얼어붙어 몸이 제대로 말을 듣지 않는다. 트랜시버는 계속 울린다. 배낭 뒤쪽에 장착해 놓은 트랜시버에 손이 닿칠 않는다. 교신할 힘도 없다. 몸조차 가누기 어려울 정도로 눈보라는 계속 몰아친다. 트랜시버 꺼내다가 휘청하면 끝장이다. 숨을 헉헉 헐떡인다. 대장님이 항상 말씀하시던 강인한 정신력, 정신력으로 버텨야 한다. 미호는 잘 따라오고 있는지, 헉헉거리는 미호의 숨결이 들리는 듯하다. 조금만 더, 조금만 더 힘을 내자. 머리에 닿을 듯한 고줌바캉봉 정상이 눈앞에 어른거린다.

아! 정상이다. 드디어 정상이다.

하오 4시 28분, 해발 7,743m 고줌바캉봉, 드디어 정상이다.

무서운 회오리바람과 끊임없는 눈보라, 눈을 뜰 수가 없어 앞이 잘 안 보인다. 정상에 올라서면 큰 소리로 "야호" 하고 외치고 싶었는데, 우선 무서운 느낌뿐 이곳이 정상이라는 것이 실감이 나지 않는다. 정말 우리가 세계 처음으로 해낸 것일까? 태극기와 교기를 꺼내어 펼쳐들었다. 이젠 빨리 대장님께 이 소식을 전해 드려야겠다. 트랜시버를 꺼내 들었다. "여기는 정상, 여기는 정상, 성공했습니다. 대장님!" 대장님이 울먹인다.

2월 12일

하산 중에 미호가 정신을 잃었다. 너무 지쳐 감각이 없고 자꾸 눈물이 나온다. 한걸음 한걸음 걸을 때마다 지옥에 빨려 들어가는 것 같이 숨이 막혀 온다. 잠들면 죽는데, 뺨을 때려도 미호가 자꾸 잠을 자려 해서 나는 눈물을 흘리며 구조를 요청했다.

"대장님, 미호가 죽어요. 살려 주세요."

100m쯤 미호를 끌고 내려오니 4캠프에 대장님께서 남겨 두신 비상식량이 있었다. 눈물이 날 정도로 고마웠다. 허기진 배만 채우면 살 수 있겠지. 미호를 눕히고 한동안 마사지를 한 후 음식을 먹였더니 약간 기력을 차린 듯했다. 다시 하산을 해야 되는데 날씨가 매우 불규칙하다. 이젠 무

등정 성공 후 4캠프에서 왼쪽부터 류광열, 셀퍼, 최미호

감각한 나머지 두려움마저도 없어진다. 휘몰아치는 눈보라, 해발 7,500m에서 크레바스를 만났다. 내 피켈이 미끄러지는 바람에 크레바스 속으로 빠져 버렸다. 이제 죽는구나! 하지만 감각이 없다. 생에 대한 애착도 사라지고 이대로 잠들어 버렸으면 하는 생각이 들었다. 위에서 셀파와 미호가 나를 끌어당긴다. 그래, 살아야지, 이를 악물고 사력을 다해 크레바스를 벗어나자 눈물이 복받쳤다. 살았구나. 살아났구나. 어서 이 지옥 같은 시간들이 끝나 버렸으면…….

2월 15일

추위와 배고픔에 지쳐 아이스폴 지대를 내려오자 3캠프에서 대장님과 선배님들이 우리를 반겨 주신다. 죽은 줄 알고 헬리콥터까지 요청했단다. 너무나 고맙다. 일생에 딱 한 번 있는 기회를 미호와 나를 위해 희생하셨다. 이분들의 도움과 헌신이 없었더라면 결코 성공할 수 없었으리라, 생각하면 미안하고 오히려 죄스런 마음 금할 길 없다. 아, 비로소 행복감이 밀려온다. 이 맛있는 과자와 커피! 이제야 성공하고 돌아왔다는 통쾌함이 온 몸을 감싼다.

귀국 인사(김포공항) 교장 선생님께 경례! 왼쪽부터 류광열, 최미호, 정진양 대장

2월 23일

드디어 서울 도착!

비행기표 값이 없어 돈을 마련하느라 귀국 시간이 늦어졌다. 손발은 동상이 걸려 무척 괴롭지만, 김포공항에 나온 허정섭 교장 선생님, 조인성 단장님, 여러 선생님들, 부모님을 보고 눈물을 왈칵 쏟을 뻔했다. 너무나 감회가 깊다. 얼마나 보고 싶던 얼굴들인가. 여기저기 취재 카메라 셔터 소리가 요란하다. 우리는 다만 젊은 패기로 모든 젊은이들에게 꿈과 이상을 심어 주고자 하는 순수한 마음으로 정상을 밟았는데, 사회의 요란한 취재 모습을 보니 약간은 씁쓸한 기분이 든다. 화려한 귀환의 이면에 숨어 있는 우리의 남모르는 고통과 극한의 노력을 과연 그들이 얼마나 이해할 수 있을는지? 하지만 난 언제나 변함없는 산사나이로 남고 싶다.

세계사에 영원히 빛나는 알피니스트로.

이상이 히말라야 등정에 관하여 당시 교지에 게재되었던 내용들을 간추린 것이다. 대장의 '등정 일지' 및 재학생 대원의 '등정 일기초'가 장황한 것처럼 보이지만 읽어 보면 가슴을 두근거리게 하는 위급한 상황이 연속하여 등장한다. 대장의 베이스캠프부터 아이스폴, 모레인 지대, 수직빙벽들을 넘고넘어 제4캠프까지 설치한 역경이라든지, 눈보라 세차게 몰아치는 해발 7,700m 고지에서 산소는 점점 희박해지는데, 숨을 헐떡거리며 한 발 한발 내딛는 두 학생 대원의 사투는 상상을 초월한 극한 상황이었음을 생생하게 기록하고 있다.

다시 한 번 되뇌인다. 장하도다, 굳세도다, 아름답도다, 광운전자공업고등학교 히말라야 원정대원들이여, 영원하라!

등정 과정 사진은 30여 년 전 출간한 교지에서 복사한 것이기에 선명하지 못한 점이 심히 유감이다. 당시 여러 언론기관 및 잡지사에 제공하여 보도된 사진을 반환받지 못하여, 대원들 모두 원본사진 1매도 보존하고 있지 못한 것이 안타까울 따름이다.

정진양

1947년 서울 출생
광운전자공업고등학교 졸업
광운대학교 전자공학과 졸업
미국 알버트로이데이브스연구소 초청 연구원(바이오일렉트리닉 연구원, 2년)
광운전자공업고등학교 교사
히말라야 고줌바캉봉(7,743m) 등정(1988년 2월 11일, 세계 최초)
광운전자공업고등학교 교감
광운중학교 교장
광운전자공업고등학교 교장 역임
현재 동래정씨문익공파종친회장

아름다운 사람을 만나고 싶다

롱펠로우

아름다운 사람을 만나고 싶다
항상 마음이 푸른 사람을 만나고 싶다
항상 푸른 잎새로 살아가는 사람을
오늘 만나고 싶다

언제 보아도 언제 바람으로 스쳐 만나도
마음이 따뜻한 사람
밤하늘의 별 같은 사람을 만나고 싶다

온갖 유혹과 폭력 앞에서도 흔들리지 않고
언제나 제 갈 길을 묵묵히 걸어가는
의연한 사람을 만나고 싶다

오늘 거친 삶의 벌판에서
언제나 청순한 마음으로 살아가는
사슴 같은 사람을 만나고 싶다

모든 삶의 굴레 속에서도 비굴하지 않고
언제나 화해와 평화스런 얼굴로 살아가는
그런 세상의 사람을 만나고 싶다

아름다운 사람을 만나고 싶다
오늘 아름다운 사람을 만나서
마음이 아름다운 사람의 마음에 들어가서
나도 그런
아름다운 마음으로 살고 싶다

아침 햇살에 투명한 이슬로 반짝이는 사람
바라보면 바라볼수록 온화한 미소로 답해 주는
마음이 편안한 사람을 만나고 싶다.

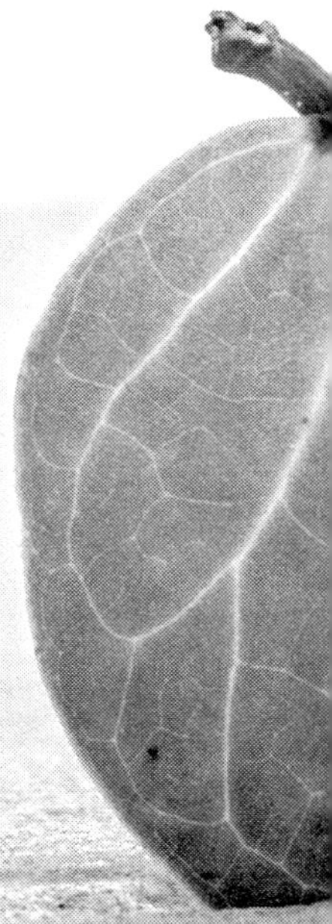

형수님, 나의 어머님

형수의 아들 남 군

이 글은 1988년 5월 8일 어버이날을 맞이하여 고등학교 3학년 학생이 쓴 편지글이다. 내용이 진솔하고 생각이 깊어, 감성이 메말라가는 현대인에게 조금이라도 위안이 될 것 같아 소중하게 간직하고 있던 그 편지글을 공개한다. 간혹 서툰 표현도 있지만 다듬지 않고 그대로 올린다. 혹시 본인과 그 가족의 삶에 누가 될까 봐 학교와 이름을 밝히지 않기로 했다. 32년 전 일이라 남 군과는 연락이 두절된 지 오래 되어 본인의 동의를 받지 못하고 공개하게 됨을 이해해 주리라 믿는다.

형수님께

신록이 우거진 싱그러운 5월, 따사로운 햇살, 티 없이 맑은 하늘, 싱싱한 꽃향기, 봄으로 둘러싸인 아름다운 학교, 이 모든 것이 나 자신의 마음을 활짝 열게 해 주는 시간입니다. 이 모든 만물을 보고 느낄 수 있게 만든 따사로운 정이 어디서부터 온 것일까요? 물론 나를 낳아 주신 부모님이십니다. 그러나 나에게는 부모님이 안 계십니다. 하지만 결코 슬퍼하거나 외로워하지 않습니다. 나는 부모님의 정을 아예 느껴 보지 못했습니다. 그러나 두 살 때부터 형수님의 따사로운 품속에서 어머니의 정을 느끼면서 자랐고, 심지어는 형수님의 가슴까지 먹고 자랐다는 것도 친척들로부터 들어서 알고 있습니다. 나보다 두 살 위인 조카딸과 그 밑에 4명의 많은 조카들을 두시고 한 지붕 밑에서 어렵게 생활해 가면서도 웃음을 잃지 않았고, 어머니의 정을 형수님에게서 느낄 수 있었습니다.

형수님은 언제 불러 보아도 다정함을 느끼게 하는 사랑의 원천이요, 스스럼없는 마음의 고향이 되어 버렸습니다. 또한 나의 안식처이며, 등불이며, 샘물이 되어 주신 분이십니다. 어릴 때는 형수님의 회초리가 두려웠습니다. 잘못을 저지를 때마다 올바른 길로 잡아 주기 위해 종아리를 치는 회초리가 두렵고 고통스러웠습니다. 하지만 지금은 결코 두렵거나 고통스럽지 않습니다.

"고등학교 3학년이고 하니 자아 성취를 위해서 스스로 노력하라."고 가끔 꾸중하시는 형수님에게 분명히 말씀드립니다. 형수님께서 내리시는 꾸중과 회초리라면 나 자신을 자책하고 반성하면서 스스럼없이 달게 받겠습니다. 그것은 형수님의 회초리가 나의 어머니를 느낄 수 있는 오직 유일한 증거물이 되어 주었기 때문입니다. '횃대 밑에 더벅머리 셋이면 날고뛰는 놈도 별수가 없다.'라는 말이 있습니다. 이 말은 어린 자식이 셋이나 되면 그 치다꺼리에 얽매어 꼼짝도 못한다는 뜻이라는 걸 학교에서 배워서 잘 알고 있습니다. 형수님은 하물며 조카 5명에다 저까지 치다꺼리의 대상이 되어 20여 년의 힘든 세월을 살아오시면서 불평 한 번 안 하시고 조카들과 저를 함께 이끌어 오셨습니다. 그 고마움을 어딘가에 털어놓고 싶었는데, 마침 어버이날을 맞이하여 어머니 같은 형수님이 여기 계시다고 5월 하늘을 향하여 외쳐 봅니다.

새벽같이 일어나셔서 고2, 중2, 국3·6의 조카들과 고3인 저를 위해서 아침밥을 차리시고, 조카들과 저의 도시락 다섯 개를 준비하시는 형수님은 내 마음의 기둥이요 표본이 되어 버렸습니다. 항상 대가족의 옷을 일일이 손으로 빨고 계시는 형수님의 모습에서 평온함을 느낄 수 있었고, 학교 준비물로 인해서 손을 내미는 다섯 명의 손에다 일일이 준비물을 쥐어 주시는 형수님의 얼굴에서 인자함과 온화함을 느낄 수 있었습니다.

그리고 어릴 때부터 저의 다리 문제로 인하여 업고 다니면서 고쳐 보겠다고 노력하시는 모습을 되새겨 볼 때마다, 나는 나 자신이 신체 장애인이라는 꼬리표가 따라다니지만 결코 원망하거나 탓하지 않습니다. 그것은 형수님의 따뜻한 사랑을 느꼈기 때문입니다. 학교에서 있었던 좋은 일을 형수님께 말씀드릴 때면 형수님께서는 티 없는 어린아이와 같은 맑은 얼굴로 자신의 일처럼 기뻐하셨습니다. 그것 또한 형수님과 정이 쌓였기 때문입니다. 서로의 기쁨을 주고 나눌 수 있는 정이야말로 참된 정이라 생각합니다.

저는 가정생활에서 조카들과 함께 "엄마"라고 부르는 것이 부끄럽지 않습니다. 친구들한테도 떳떳하게 이야기합니다. 낳으시지는 않았지만 엄마라고 부르는 떳떳함이란 왠지 자랑스럽습니다. 그것 또한 어머니와 조금도 다름없는 따스한 형수님의 사랑을 먹고 자랐기 때문입니다. 그리고 앞으로도 계속 이야기할 것입니다. 나의 엄마라고.

형수님!

형수님의 보살핌 속에서 정만을 따뜻하게만 느끼고 사는 어리석은 제 자신이 안 되도록 노력하겠습니다. 형수님의 티 없는 정신을 내 마음의 표본으로 삼고 사회에 나가서도 성실하게 살아나갈 것입니다. 그리고 제가 다른 길로 빠지거든 언제든지 바른 길로 인도하여 주십시오. 어디를 가든 모든 면에서 조금이라도 나아지도록 노력했으면 했지 후퇴하지는 않을 것을 형수님과 약속합니다. 그리고 한번 실패했다고 해서 결코 좌절하거나 자책하지도 않을 것입니다. 그것은 형수님의 아름다운 생활 모습에서 배웠기 때문입니다. 오히려 실패란 낱말을 성공으로 바꾸어 나가는 과정이라 생각하고 항상 노력하며 살아갈 것입니다.

형수님, 아니 나의 어머니,

언제나처럼 현실이 암담하다 하여 쓰러지지 마시고 꿋꿋하게 일어서십시오. 저 자신 또한 어머니의 기대에 어긋나지 않는 사람이 되겠습니다. 그리고 어머니, 오래오래 건강하게 사십시오. 건강도 오복의 하나입니다. 건강을 잃으면 온갖 재물이 다 필요 없는 것입니다. 가정의 달 5월, 어버이날을 맞이하여 진정코 다시 한 번 불러 봅니다.

"어머니!"

저의 깊은 속마음의 아주 작은 표현을 줄이면서 이만 펜을 놓을까 합니다.

어머니!

1988년 5월 8일

형수님의 아들 남○○ 올림

생각이 깊다. 그리고 아름답다. 길러 주신 형수님의 사무치도록 고마운 은혜를 잊지 않고, 어버이날을 맞이하여 정성을 다하여 편지글로 써 보낸 그 갸륵한 정신이 아름답다.

학교에서는 가정의 달을 맞아 남 군의 형수님을 초청하여 '장한 어머니상'을 수여하였다.

졸업한 지 30여 년이 지나 연락이 두절되어, 그동안 행적에 대한 정보를 얻지 못하여 프로필을 기록하지 못하고 공란으로 두게 되는 것이 못내 아쉽다.

그토록 아픈 눈물, 그 아름다운 손길

요양보호사 오순자 여사

그녀와 나는 같은 대학 같은 학과 입학 동기생이다. 동기생이기는 하지만 나는 1학년을 마치고 군 복무 후 다른 대학으로 편입학했기 때문에 그녀와 말 한마디 나눈 기억조차 없다. 그런데 그녀의 인상에 대한 기억은 선명하다. 아담한 외모에 얼굴이 인형처럼 깜찍하였다. 사람의 모습이 아니라 영락없는 인형의 모습이었다. 그 인형한테 말 한마디 건네고 싶어도 남해에서 갓 올라온 촌놈이라 숫기가 없어 입을 닫고 지냈다.

30년의 세월이 흘렀다. 동창회 나오라는 전갈을 받았다. 졸업하지 않았더라도 입학생이면 동창 자격이 있다는 것이었다. 별로 내키지 않았지만 그 인형이 궁금했다. 넌지시 인형에 대한 근황을 물어봤다. 동창회에 자주 참석한다 했다.

30년 만에 본 인형은 그때 그 인형이 아니라 비로소 사람의 형체를 하고 있었다. 완연한 사람이었다. 세월이 사람을 만들어 주었다. 옛날 인형 얘기에 꽃을 피우다가 '오무짜'라는 별칭 하나를 지어 주었다. 경상도 지방에서는 인형을 '오무짜'라고 하기에 흔해빠진 인형이라는 말보다 서울에서는 생소한 말이지만 오무짜가 더 정감이 있고 참신해 보이고 어감도 괜찮았다. 본인도 흔쾌히 받아들였다. 동창회에 몇 번 나가다가 사정에 의하여 못 나가게 되었다. 그로부터 또 20년이 흘렀다. 동창이 운영하는 한의원(韓醫院)에서 우연히 동창들을 또 만나게 되면서 오무짜 소식을 듣게 되었다. 서울을 떠나 천안에서 미술학원을 운영한다 했다. 미술에 대한 재능이 출중한데다 미술학원에 다니면서 미술 공부를 열심히 하여 내공을 쌓았다고 했다.

어느 날 오무짜가 책 두 권을 보내왔다. 그의 부군(夫君) 김정희가 쓴 책이었다. 『뿌리에서 꽃을 보다』와 『스승은 붓다이시다』라는 불교 수행 서적이었다. 읽어 보니 수행 정도가 대단히 깊은 도인 같은 사람으로 인식되었다. 김정희는 역시 같은 학과 출신의 클래스메이트인데, 과묵하고 반듯한 인상의 옛 얼굴이 어렴풋이 떠올랐다. 책에서 저자 프로필을 보고

문예창작과 학우들과 함께(1학년, 1968)
앞줄 왼쪽부터 유인기, 김석환, 둘째줄 왼쪽부터 홍성환, 김봉천, 김종철, 끝줄 왼쪽부터 김정희, 조승기, 이종옥, 이덕진, 한 사람 건너 최용근, 신용삼

대강 이력을 알 수 있었다. 경북대학교 교육대학원에서 국민윤리교육 석사 학위(불교의 호국 사상에 대한 논문)를 취득하고, 육군대학 수료 후 전투부대 지휘관으로 근무하다가 정년퇴임했다. 퇴임 후 웰다잉 강의와 호스피스 봉사활동을 하던 중, 세계적인 명상지도자 파욱 사야도를 만나 붓다의 수행법을 알게 되었다. 그는 자신의 수행으로 도(해탈)와 과(열반)를 터득하고 나서 남을 위해 봉사하는 것이 올바른 순서라 생각하고 하던 일을 모두 접었다. 그리고 6년 동안 미얀마의 파욱명상센터를 오가며 초기불교 수행법인 사마타 위빠사나를 배우고, 생활 수행에 전념하고 있는 신실한 불자임을 알 수 있었다.

몇 달 후 동창 모임에서 오무짜로부터 살아온 얘기를 대강 들을 수 있었다. 그녀는 여고 시절부터 학생 모델로 활동한 얘기부터 털어놨다. 대학 졸업 후에는 아동미술자격증을 취득하여 아동미술교습소 운영, 교회

여고시절
(학생모델, 1966)

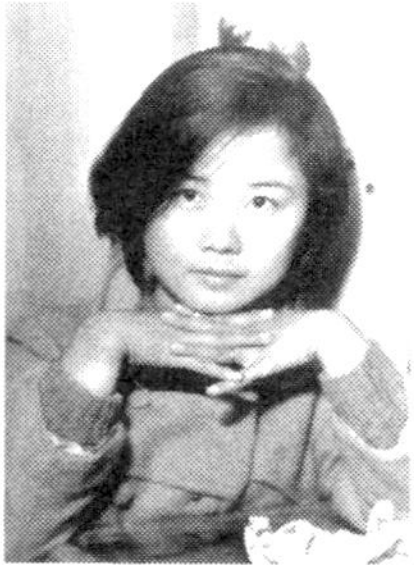

여고시절
(학생모델, 1967)

대학시절
(학생모델, 1969)

어린이 돌보미, 보육원 미술 재능 기부, 합동미술전시회 작품 발표, 시나리오 신인상 당선 등 왕성한 활동을 하던 중, 장성한 동생 행방불명, 갑자기 모친 별세 등 겹친 불행으로 정신적 충격을 받아 극심한 우울증에 시달리게 되어 모든 활동을 중단하였다고 한다. 친구의 권유로 10여 년간 요양보호사 봉사활동을 함으로써 이제는 완전히 치유되어 정상적인 생활인이 되었다고 한다.

며칠 후 오무짜의 부군 김정희가 쓴 책 두 권을 나에게 보내 준 답례로, 내가 쓴 수필집(『이별 연습』)을 우편으로 보냈다. 그런데 독서감상문을 매일 써서 보내기 시작하는데 그 정성에 놀라고 말았다. 글 소제목(30여 편)마다 한 편씩 독후감을 써서 계속 메일로 보내는 것이 아닌가? 그것도 큰 감명을 받았기에 소제목마다 따로 써서 보낸다는 것이었다. 그 정성이 고마웠고, 그렇게도 풍부하고 아름다운 감성에 놀랐다. 그녀가 보낸 독후감을 나의 이메일 속에 그냥 묻어 두기에는 아까운 글들이라, 감히 몇 편을 공개하여 그 순수하고 아름다운 감성을 같이 공유하고자 한다. 내용이 길어 30편 중 일부만 요약하여 싣는다. 또한 요양보호사 봉사활동을 하면서 수혜자들에 대하여 쓴 글들이 너무나 진솔하고 아름다워 진한 감동으로 다가왔기에 함께 싣는다. 읽는 이로 하여금 감정 정화가 될 줄로 믿는다.

이별 연습 독서감상문

책이 손에 들어왔을 땐 다 읽고 나서 독후감을 써서 보낼 생각이었지요. 그런데 읽는 내내 가슴이 먹먹하고 크고 작은 감동의 물결들이 마음을 훑고 지나갔습니다. 진실이 살아 있는 보석 같은 내용들이었습니다. 책 머리말부터 가슴이 시큰했습니다.

나의 보물

15년 전에 가르친 제자의 간곡한 부탁으로 결혼 주례를 하신 선생님으로선 더 바랄 것이 없는 성공한 삶이라고 생각하면서 읽었지요. 이 글을 읽으면서 육군 장교로 전역한 남편이, 전역한 후배 병사들의 주례를 하던 생각이 났지요. 김 선생님께서 주례를 하시던 도중 나의 보물이라면서 꺼내 든 만년필, 15년 전 제자(신랑)가 선물한 만년필 이야기는 정말 압권이었습니다. 가슴까지 뭉클하였습니다. 그 만년필을 보물로 여기고 고이 간직하며 사용해 온 선생님도, 그 가르침을 받은 제자 신랑도, 그 선생님의 그 제자이며 소중한 보물이란 생각으로 덩달아 많이 흐뭇했습니다.

내가 쫓아낸 맨발의 철학가

우선 제목이 맘에 들었습니다. 초등학생 자녀 둘을 거느린 11평 소형 아파트에서 오갈 데 없는 장성한 제자를 거두어 함께 기거하며 돌봐 주셨네요. 어느 누구보다 훌륭한 부인이 대단합니다. 당연히 남편의 영향을 받았겠지요. 아이들까지 그리 착하구요. 인성이란 게 꼭 배워서만 되는 게 아닌 듯싶습니다. 유전자의 흐름이겠죠.

▒ 아름다운 촌지

'교육은 거울같이 맑은 호수에 잔잔한 감동의 물무늬를 일구는 텃밭이라야 한다. 교사는 저기서 달려오는 학생 곁에서 시린 겨울 저 너머 아지랑이를 지피는 사람, 찬연한 여명을 위하여 새벽종을 울리는 사람이어야 한다. 그러기 위하여는 교사 자체가 교육이어야 하고, 교육 현장은 교사의 땀에 젖은 육성과 영혼의 울림이 가득 차야 한다.'

이 두어 문장에서 김 선생님의 교육관이 얼마나 거룩한지 감히 함부로 평가를 내릴 수 없었습니다. 어느 교사가 이토록 맑고 드높은 교육관을 갖고 가르치겠는지요? 김 선생님의 제자들은 행운아였습니다. 아름다운 촌지를 준 연상(年上)의 제자도 선생님의 지극한 가르침으로 행복했을 겁니다. 이 글은 단막극으로 만들어서 방영하여도 감동받을 것 같네요. 긴 여운이 남는 글이었습니다.

▒ 이별 연습

이 글을 읽으면서 가슴이 뜨끈해 오는 까닭이 무엇인지를 생각해 봤습니다. 아마도 그 소중한 시절을 나도 같이 지나가고 있었던 기억을 떠올려서 그런가 싶네요. 대학 1학년 시절이었죠. 길음정 우동집, 밀리언 찻집, 미아리고개 등을 몰려다니던 기억이 아련하게 스쳐갔습니다. 기억에도 퇴색된 50년 전 낭만을 이야기하고 있군요.

육군 일등병 계급장을 달고 연인과 함께 덕수궁 돌담길을 걸었군요. 왜 그 연인하고 헤어졌을까요? 하지만 그 여인은 귀부인이 되어서도 그 옛사랑을 못 잊어서 태평양 상공에 뿌렸던 눈물을 찾으러 다시 왔네요. 캐나다에서도 옛사람 이름을 찾아서 전전긍긍하던 그 여인이 결국 귀국하여 극적으로 만나고 갔군요. 상처 없는 영혼이 어디 있겠습니까? 이제 와서 뭘 어떻게 할 것도 아니고 길은 나뉘었지만 잘은 살고 있는지 궁금

했겠지요. 아마 그 여인은 마음속에 김봉천이라는 나무 한 그루를 심고 매일 물을 주고 햇볕을 쪼여가며 지금도 가꾸고 있을 겁니다.

바닷가 여인

이 수필은 TV문학관에서나 볼 수 있는 감동 그 자체의 작품입니다. 아직 어린 중학교 1학년 소년 시절에 그냥 지나쳐 버릴 수도 있는 50여 년 전 남해 바닷가 여인 이야기를 그렇게 생생히 기억해 내셨군요. 옛날 '갯마을'이라는 영화가 생각나는 소재이기도 합니다. 그 섬에서 그렇게도 세차게 불던 바람이 지금도 80세가 된 새댁을 향하여 불어오고 있겠지요.

사람은 자기 속에 소설도 시도 수필도 몇 편씩 들어 있다고 합니다. 마음속에 가득하게 차고 넘쳐 더 이상 참지 못하고 토해 내는 것이 작품이겠죠. 김 선생님이 토해 낸 내밀한 세계 안의 소년은 60년이 빗겨간 세월 속에서도 여전히 감성 많은 소년이었습니다. 바닷가에 선 채로 망부석이 될 뻔한 여인, 아주 신선한 충격을 받았습니다. 바닷가 여인!

전선에 오고 간 세월

김봉천 선생님,

형님을 어찌해 드려야 이 마음이 풀릴 것인지요? 형님께서 동생에게 보낸 열다섯 편의 편지글은 동서고금을 통해서 찾아볼 수 없는, 어떤 값비싼 보석 따위와도 비교할 수 없는, 읽는 이의 가슴을 울리고 쓸어내리는 빛과 소금입니다. 모태 신앙인 제게는 더 말할 나위 없이 은혜롭고 빅뱅처럼 마음을 소용돌이치게 하는 진리의 말씀이었습니다. 제 남동생이 미국에서 목회를 하고 있지요. 그 어느 설교보다 진한 형님의 편지글 속에 늘 언급해 주시는 주님은 그 어려운 군 생활을 지켜 주시는 마음의 행로가 되셨을 겁니다. 문장력은 어찌 그리도 좋으신지요. 아, 감탄입니

전선에 오고간 세월, 1,050일 여정은 길었다
전역한 날 형과 함께(1972. 4. 7.)

다. 그냥 던지시는 듯하면서도 읽는 이로 하여금 가슴을 울리게 하고 삶의 지침서가 되는 주옥 같은 글이었습니다. 미쳐버릴 것 같아요. 어찌 이런 형님의 아우가 되셨습니까? 축복입니다.

형님의 아우를 향한 사랑의 지침서 같은 열다섯 편의 편지글을 다시 읽고, 도저히 참을 수가 없어 또 메일 문을 열었습니다. 형님 존함과 저서들을 알려 주시면 고맙겠습니다. 구입해서 딱딱하게 굳은 마음에 윤활유로 활용하고 싶네요. 편지글의 힘이 이렇게 큰 줄 예전에 미처 몰랐습니다. 그 어느 베스트셀러를 읽었을 때보다 몇 배의 감동으로 기억될 것입니다.

'1971년 2월 1일 오전 9시 5분, 자애롭고 훌륭하신 어머님이 64년의 막을 닫으셨다.'는 편지글 한 토막을 읽고 또 가슴을 쓸어내렸습니다. 모든 자식들은 그 어머니의 아픔이요, 모든 어머니는 그 자식의 고향이니까요.

'아픔을 가라앉히기 위해 우리에겐 세월의 노래가 필요하다.'

숙연해집니다.

'창밖 푸나무 송이져 5월은 한껏 익었나 보다. 너를 보낸 마음 하늬바람에 뜬 구름 조각, 이제 세 차례의 글 받고 뛰노는 5월을 회복한다.'

이런 문체는 배운다고 해서 나오는 것이 아닙니다. 모태에서부터 흐르는, 어머니에게서 받은 예술이며 낭만이 아닐는지요?

'모든 것은 지나가는 현상이요 바람이니, 하찮은 현상에 마음 쓰는 어리석음에서 벗어나라.'

맞습니다. 지금은 벗어나라, 이 또한 지나가리라…, 죽을 것 같았던 나의 지난날이 언제 그리도 빨리 지나갔는지, 그때 그 처절함은 이제 보이질 않네요. 그 모든 일들이 지나가는 현상이었나 봅니다. 형님 말씀처럼.

'아무쪼록 몸 키우고 마음 가붓이 지니기 바란다.'
명언입니다. 표현도 어찌 그리 말끔하게 잘 하시는요?

겨울 나그네 - 인목왕후와 영창대군을 그리며

'겨울 한철만이라도 나그네로 살고 싶었습니다. 그래서 겨울 나그네가 되었습니다.' 도입부 좋아요. 너무 멋져요. 선생님의 문장을 살펴보면 표현을 함축시켜 정확하면서도 서정을 곁들여 표현하시더라고요.

오래 전, 겨울 나그네의 발걸음이 머문 안성 '웃는돌마을' 홍신자 공연을 갔었지요. 남편에게 초대장을 보내 줬더라구요. 홍신자의 알 수 없는 음악과 전위무용도 봤습니다. 별이 빛나는 노천 야간무대가 좋았지요. 특별공연 잉카인들의 음악이 연주될 때 흥이 넘치는 홍신자 부부가 참지 못하고 뛰어나와 춤을 추던 기억이 아직도 남아 있습니다.

'어디를 눈여겨보아도 웃음 머금은 돌멩이는 찾아볼 수 없었습니다.' 저와 똑같은 생각을 하셨네요. 칠장사도 들르셨네요. 부처님 오신 날이면 남편 따라가서 비빔밥 같이 먹었습니다. 칠장사 주지 송암 스님과 남편과는 친밀한 사이라 자주 만나고, 저서도 서로 주고받더라고요. 겨울 나그네가 칠장사에 대하여 자세히 기록해 놓으셔서 공부가 많이 됐습니다. 조선 역사 중에 가슴 아픈 비극 중의 하나인 영창대군 증살(蒸殺) 얘기는 언제 들어도 가슴을 찢습니다. 인목왕후의 친필 족자의 기막힌 심경을 빼놓지 않고 쓰셨네요. 따로 기록해 놨습니다. 역사는 왜 그리 모질고 아픈 것들이 많은지…….

김 선생님의 여리고 순수한 마음을 엿보면서, 이미 알고는 있었지만 오늘따라 유난히 깊은 감성으로 다가왔습니다. 고등학교 때 국사 선생님을 찾아 헤매는 모습이 그랬고, 저 세상으로 가면 꼭 만나고 싶은 여인 다섯 분을 열거한 그 순백의 마음이 너무 감동적이라 가슴 아팠습니다. 그래서 혼자서 울었습니다. 작품입니다, 선생님 자체가.

슬프디슬픈 사랑

이런 참척(慘慽)의 비극이 현실에 정말 존재하네요. 다섯 살 아들을 놓치고 다시 강물 속으로 빠져 들어간 엄마의 처절한 그 상황을 어찌하면 좋을까요? 아무리 인명은 재천이라지만 이런 어처구니없고 가슴을 치는 일이 실제로 일어났군요. 아울러 참담한 것은 사랑하는 아들과 아내를 한꺼번에 잃은 덕수상고 영어 선생님의 자살입니다. 더 골수를 쪼개는 아픔은 그분이 남겨 놓은 유서였습니다.

'생사의 차이가 이리도 간결한 것을, 그 동안 무던히도 애를 쓰며 살았습니다. 하늘이 지워 준 짐의 무게와 고뇌의 깊이를 용케도 감내하더니, 자그만 행복의 기억들과 함께 이제는 모든 짐을 벗겨 주십니다. 험한 삶을 위로하던 처자는 모질게 살다가 희망의 입구에서 스러지고 차마 간직할 수 없는 가없이 고운 추억들만 남겨 주었습니다. 세상을 붙잡으려다가 처자를 버렸고, 이제는 처자를 부여안기 위하여 세상을 버리려 합니다. 저희가 이 땅 위에서 못다 이룬 사랑을 하늘나라에서 길이길이 사랑하며 살겠습니다. 저의 세 식구의 주검은 가운데에 아들, 아들 왼편에 아내, 오른편에 저의 순서로 나란히 관 하나에 넣어 묻어 주시고…….'

영어 선생님의 골수를 쪼개는 아픔이 마음에 사무쳐서 혼자 울었어요. 가장 편한 시간에 글을 읽고, 그 감정이 사그라들기 전에 바로 독후감을 써서 보내기 때문에 두서없는 글이 되었습니다. 살펴 읽어 주십시오.

아들은 보아라

'실로 긴 시간이었다. 너를 보내고 나서 가슴 조이며 날짜를 헤아리던 열흘은 순간순간들이 모두 너를 향한 설렘이었다.'

어느 새 장성하여 국방의 의무에 돌입한 김 선생님의 아들, 남과 북의 분단만큼이나, 아들을 군대에 보내고 가슴 아픈 아버지의 심경이 절절하게 담겨진 편지글을 읽고 또 읽었습니다. 내 살과 뼈의 분신인 아들의 군 입대는, 어쩌면 사는 동안 부모에게도 가장 큰 의무이며 보람이 아닌가 생각됩니다.

'떠나는 날 아빠를 안아 보고 싶었다는 너의 솔직한 심정에 동감하며…'

표현에 익숙지 못한 우리네 아버지들, 그 순간만큼은 일심동체가 되었던 부자지간의 마음이었을 겁니다.

'하나의 인간이 되는 길도 험난하다는 것쯤은 다 알고 있듯이, 하나의 군인이 되는 길은 더욱 세찬 역경이 있느니라.'

이 글은 또 하나의 명언으로, 아들의 가슴을 명중시킨 아버지는 최고의 명사수십니다.

'이제 너는 IMF 몸살을 앓고 있는 조국의 간성으로서, 아버지 어머니의 아들이라는 천륜을 초월하여 크나큰 임무를 띤 우리의 조국 대한민국의 아들이라는 긍지와 자부심을 가져야 한다.'

가능하면 아들을 군대에 안 보내려는 힘 있는 자들의 비리가 매스컴에 자주 등장하지만, 푸른 바다를 벗삼아 섬마을에서 나고자란 고결한 아버지는 아들에게 천륜마저 초월하여 조국을 우선으로 가르친 선생님이셨네요. 이런 아버지를 둔 아들이 조국의 간성으로서 어찌 소홀함이 있겠는지요. '초월적 정신을 발휘하여 모든 훈련에 열심히 임하라'는 아버지의 높고 깊은 충언을 한시도 잊지 않고 땀 흘리며 조국을 위하여 충성을 다하였으리라 믿어 의심치 않습니다.

'부정과 모정의 감상적인 낭만은 잠시 접어두고, 너 한 몸 조국의 방패가 되기 위한 엄청나게 큰 과제에 돌입하였음을 명심하고 열심히 땀 흘리거라.'

스무 살 펄펄 끓는 피를 가슴에 가득 품고 조국의 아들로서 나라를 사수하는 대한민국의 아들들이야말로 진정한 방패가 아닐는지요? 정말 감동적인 편지글이었습니다. 몇 번이나 읽고 또 읽었습니다.

다음은 오순자 여사가 10여 년간 요양보호사 봉사활동을 한 사례 3편이다. 내용들이 순수하고 아름답고 눈물겹다. 읽는 이로 하여금 작은 위로가 될 줄로 믿는다.

글머리에

요양보호사 도우미는 봉사하는 마음이 결여된 사람은 천만금을 줘도 못하는 사람이 있는가 하면, 자신의 주머니를 털어서도 하는 사람이 있다. 취약한 환경에서 몸과 마음이 병들고 지친 사람들의 고통을 함께 나누고 돌봐 주는 일이 결코 쉽지는 않았지만, 10년간의 세월을, 그들과 함께한 시간을 돌이켜보니 돈을 주고도 못 사는 값진 삶이었다.

어느 날 친구를 만나러 나간 나의 20대 중반의 남동생이 행방불명이 되면서 친정 집안은 온통 쑥대밭이 되었다. 막내아들을 기다리며 현관문 앞에서 밤을 지새던 친정어머니는 동생이 행방불명된 지 5년 만에 결국 뇌출혈로 돌아가셨다.

맏이인 나는 커다란 눈에 유난히 정이 많아서 자식같이 사랑했던 막냇동생을 잃고, 어머니마저 한 많은 삶을 사시다가 눈도 차마 못 감고 돌아가신 후, 급기야 말로만 듣던 우울증이라는 덫에 걸리고 말았다.

밝은 빛이 싫어서 온 집 안 창문마다 암막커튼을 쳐놓고 어둠 속에서 방바닥을 기어 다니며 3년 내내 울었다. 퇴근길에 간식을 사들고 온 남편이 커튼을 젖히면서 말했다. 사람의 몸에 눈물이 저렇게 많은 줄 몰랐다고. 먹지도 못하고 불면증에 시달리는 나의 모습은 피골이 상접했고, 취미생활로 운영하던 미술교습소도 접고 동생을 찾기 위해 사방으로 뛰어다녔다. 누군가의 전화를 받고 신발도 짝짝이로 신고 뛰어나가던 어머니처럼 나도 그랬다.

정상이었던 혈압이 160~200에서 내려가지를 않았고, 결국 정신과에 입원을 시켜야 한다는 지경까지 되었을 때, 소문을 들은 대학 동창이 찾아왔다. 적수단신(赤手單身)의 고아로 보육원 생활을 해온 동창은 봉사활동을 해 보라는 말을 했다. 천애고아로 자수성가하여 성실한 삶을 살고 있는 동창의 말은 누구의 위로보다 진정성이 있었다. 그 친구는 어머니 같은, 동생 같은 수혜자를 위해서 성심껏 봉사활동을 해 보라고 했다. 그래서 나는 천만금을 줘도 못한다던, 말로만 들어오던 극한의 환경에서 버텨내는 영세민 수혜자를 돌봐 주는 자원 요양보호사 돌보미가 되었다.

결국 나의 마음도 서서히 안정을 되찾았으며, 앓고 있던 우울증도 말끔히 치유되었다. 다음 몇몇 사례들을 추억하는 것만으로도 나의 일생일대의 큰 보람으로 여기고 있다.

이별보다 더 슬픈 것

수혜자 지성미(29세, 가명)

수혜자 집을 찾아가는 언덕마루에 키 낮은 병아리색 민들레꽃이 군락을 이루어 노랗게 뭉쳐 있었다. 나는 발밑에서 쳐다보는 민들레꽃을 미안한 마음으로 꺾어서 꽃다발을 만들었다.

여고 1학년 때부터 전신에 류머티즘이 퍼져 송장처럼 누워 있는 29세의 젊은 여자(지성미)는 대소변을 받아내고, 건드리면 부러질 듯한, 가시처럼 마른 뼈를 덮은 살갗 위로 푸르스름한 실핏줄이 엉켜 있었다. 이가 다 빠져 죽으로 연명을 하고 있지만 성격이 명랑하고 말을 무척 예쁘게 하는 고운 얼굴의 아가씨였다. 그래서 나는 섬세한 감성의 무명시인 지성미에게 민들레꽃 한 다발을 만들어 안겨 주고 싶었다.

한 줄기 여릿한 풀잎 같은 여자이지만 만면에 웃음을 담고 나를 반갑게 맞이했다.

"어서 오세요. 어머나! 민들레꽃이네."

활짝 웃으면서 힘없는 작은 소리로 인사를 한 여자는 다급하게 다시 말했다.

"저, 소변이 급한데요."

나는 얼른 민들레 꽃다발을 방바닥에 내려놓고, 구석에 있는 플라스틱 소변 통을 들고는 덮고 있는 얇은 면이불을 들쳤다. 비릿한 냄새가 콧속으로 훅 들어왔지만 느낄 사이도 없이 벌거벗은 여자의 하체에 소변 통을 갖다 댔다. 머리를 삭발했지만 이목구비가 수려한 여자는 참 잘 웃었다. 어쩌다 소리 내어 웃기도 했다.

"여사님, 커피 드시고 싶으시면 한 잔 타드시고요. 저 목욕을 좀 하고 싶어요."

"아, 커피는 마시고 왔으니깐 목욕할까요?"

"부엌에 가면 언니가 솥에 물을 올려놓고 갔을 거예요."

거동할 수 없는 상태라서 누운 채로 목욕을 시켰다. 워낙 가늘고 얇은 살갗이라 부드러운 천에 물을 묻혀 손에 힘을 빼고 천천히 닦아 내야만 했다. 조금만 힘이 들어가도 아프다고 했다. 손톱과 발톱 밑이 노랗게 곪아서 닦아 낼 때마다 부러질 것 같고 찢어질 것 같아서 무척 조심스러웠다. 무엇보다 조금만 힘을 주어 닦으면 통증을 호소했다. 손가락 하나하나 씻기는 데도 몇 분이 걸렸다. 씻기는 나도 수혜자도 땀이 비 오듯 흘렀다. 세상에 이런 삶을 사는 여자도 있구나, 나는 너무 안일했고 교만했고 복에 겨워 세상 물정도 모르고 까불거리며 살아왔다는 생각이 머릿속에 가득 차올라 미안한 마음이 들었다. 동생을 잃은 고통, 자식을 가슴에 묻고 가신 어머니의 고통이 지성미의 고통과 엇갈리면서 유리조각에 베인 것처럼 가슴이 쓰리고 아팠다.

치아도 다 빠진 지성미는 미음 한 숟가락 삼키는 데도 한참을 기다려야 했다. 딸 간병을 하다가 먼저 가신 어머니 대신 언니가 보살피고 있었다. 약해질 대로 약해진 살갗에 옷깃이 스치면 통증을 심하게 느끼기 때문에 벌거벗은 채 가벼운 이불을 덮고 있었다. 고등학생인 남자 조카가 방에 들어올 때도 소변이 마려우면 무조건 소변 통을 갖다 대라고 하는, 한계를 넘어선 지성미의 삶이었다.

머리맡에 있는 습작공책을 나에게 겨우 건네 줬다. 그 습작공책이 일상을 누워서 사는 수혜자 지성미가 유일하게 소통할 수 있는 공간이라고 했다.

“부끄럽네요. 여사님이 글을 잘 쓰신다고 센터장님이 말씀하시더라고요. 한번 읽어 보시고 느낀 마음을 듣고 싶어요.”

나는 습작공책을 펴 보았다. 손에 힘이 없어 겨우 적어 내려간 삐뚤빼뚤하게 쓴 글의 제목은 ‘이별보다 더 슬픈 것’이었다.

만날 수 없어서 슬펐다.
이별보다 더 슬픈 것은 만날 수 없어서다.
나의 아름다운 시절은 소녀와 함께 땅거미 속으로 묻어 버렸다.
나와 함께 걸었던 바닷가에서 검정 교복을 입은 소년이 울고 서 있었다.
나의 영혼 안에 들어온 소년의 눈물이 강물처럼 내 안에서 흐른다.
그림자처럼 따라다니던 기억 저편의 소년이 그립다.

뜨거운 물을 삼킨 듯 가슴속이 찌리릿 따가웠다.

“부끄러워요, 괜히 보여 드렸나 봐요, 글 같지도 않은 것을.”

“글을 잘 쓰고 못 쓰는 게 어디 있나요, 자기 생각은 자기만의 소중한 보물인데.”

나는 버스를 두 번씩 갈아타고 그녀의 집에 처음 갈 때만 해도 후회를 했고, 내가 어떻게 이런 일을 할 수 있을까 하고 반문도 했다. 차라리 후원금 쪽으로 마음을 돌려 볼까, 민들레 꽃다발을 만들면서도 이 생각 저 생각으로 무게가 한 짐이었다. 그러나 집으로 오는 길은 알 수 없는 불꽃 같은 뜨거움이 마음을 달궈 주고 있었다. 딱딱하게 뭉쳐 있던 내 마음이 녹아내리고 있었다.

그녀는 내가 요양보호사 도우미를 그만둔 후에도 계속 연락을 주고받았는데, 안타깝게도 몇 년 전 하늘나라로 가고 말았다.

생(生)은 무엇인가요

수혜자 장수혁(38세, 가명)

잔설이 하얗게 나뭇가지마다 붙어 있었다. 수혜자의 집은 언덕마루 가까이 있는 빛바랜 허름한 빌라였다. 영세민들은 대체로 눈이 오면 걷기가 불편하고 미끄러질 수도 있는 언덕 위에 살고 있었다. 다행히 누군가 언덕길에 연탄재를 뿌려 놓아서 조심스럽지만 걱정하던 것과는 달리 거뜬하게 올라갔다.

교통사고로 하반신 마비가 된 수혜자는 휠체어로 거동하는 인터넷 음악방송 '생(生)은 무엇인가'의 대표였다. 마이크 장치도 해놓고, 교통사고 후유증으로 떨리는 손목이지만 회원들과 어렵게 문자를 주고받으며 신청곡을 받고 들려주기도 했다. 수혜자 장수혁은 전문대 실용음악과를 나왔고, 사고 이후 실용음악과 동문이었던 아내는 두 아이를 데리고 친정집으로 가 버렸다고 했다. 사랑은 변하는 것이니깐.

거동이 불편한 수혜자의 집 현관문은 항상 잠겨 있지 않고 열려 있기 때문에 언제나처럼 조심스럽게 문을 열고 들어갔다. 소음에도 예민한 수혜자는 문을 열고 들어가도 무관심했고 아무런 말 한마디 없었다.

나는 담배꽁초와 가래침으로 뒤범벅이 된 재떨이를 비우면서, 음악방송 대화방만 응시하고 있는 장수혁에게 말을 건넸다.

"커피 한 잔 타 드릴까요?"

눈은 계속 화면을 보면서 들릴 듯 말 듯한 목소리로 "네" 하고 대답을 했다. 나는 커피를 타서 책상 위에 올려놓고 다시 말을 건넸다.

"장수혁 씨, 얘기 좀 하고 싶은데요."

"……"

"사람이 말을 하면 얼굴이라도 돌려야 되지 않나요?"

"하실 일만 하고 가세요."

컴퓨터 자판을 어설프게 두드리면서 가라앉은 작은 목소리로 말했다. 이해하고 싶었다. 그 심정을 다독거려 주고 싶었다. 요양보호사가 할 일은 밥을 해 주고 청소를 해 주는 물리적인 일도 좋지만, 굳게 닫힌 마음의 문을 열어 주는 일도 해야 할 일이라고 생각했다.

그는 음악대학을 나온 음악인이고 나는 문예창작을 전공한 사람으로서 적어도 생각의 흐름은 같지 않을까, 하는 마음으로 다시 한 번 말을 건넸다.

"장수혁 씨, 음악을 전공하셨다구요? 저는 예술대학에서 문예창작을 전공했어요."

그제서야 얼굴을 돌려 내 얼굴을 쳐다보았다. 장수혁의 집에서 돌보미를 시작한 지 3개월 만이었다. 항상 눈길을 피하던 그가 나를 바라보며 소리 없이 웃었다. 웃는 소리까지는 바라지도 않았지만, 이 정도만으로도 오늘 나의 할 일은 성공적으로 끝났다고 생각했다.

목욕을 시켜야 하는 날인데 또 안 하겠다고 했다. 솔직히 나도 거북스런 일이었고 이 부분만은 정말 하고 싶지 않았지만 나는 계속 설득을 시켰다.

"수혜자는 수혜자일 뿐 남자도 여자도 아닙니다. 나는 장수혁 씨를 돌봐 주는 돌보미일 뿐이에요."

장수혁은 가뭄에 콩 나듯 휴일이나 방학이면 한 번씩 온다는 중학생 아들이 대충 씻겨 준다고 하면서 머리만 감겨 달라고 했다. 머리를 감기는 과정은 밥을 먹게 해 주는 과정보다 더 힘들었다. 휠체어를 욕실까지 밀고 가서 머리를 앞으로 숙여 놓고 샤워기로 비눗물을 씻어 내렸다. 순간, 앞으로 상체를 숙인 수혁이 중심을 잡지 못하고 내 앞으로 넘어지면서 나를 덮쳤다. 비눗물에 미끄러지면서, 나도 수혁도 쏟아지는 샤워기 밑에 엉켜 꼼짝도 할 수가 없었다. 결국 서로 받쳐 주고 밀어 주고 잡아 주면서 구사일생으로 살아났다. 그 후로부터 수혁이 나를 부르는 호칭은 누님이었다.

세상을 산다는 것은 결코 거저 얻어지는 것은 아니었다. 나는 많은 것을 지불한 후에야 사는 법을 알았다. 절실하게 배우고 절실하게 깨달으면서 서럽고 애잔한 그들에게 다가가고 있었다.

겨울을 재촉하는 가을비가 조용하게 온 누리를 적셨다. 그래서 나는 가을비를 좋아한다. 장수혁도 가을비를 좋아하려나, 숨소리도 숨길 만큼 조용한 사람이니깐.

주홍빛 감이 여러 개 달린 감나무 가지를 들고 장수혁의 현관문을 열었다. 순간 나는 깜짝 놀라 감나무 가지를 던지고 항상 열려 있는 방으로 뛰어 들어갔다. 이 시간쯤에는 휠체어에 앉아서 음악방송을 하고 있는 시간인데 장수혁이 방바닥에 엎어져 널브러져 있었다.

"수혁 씨, 왜 이래요? 왜 여기 이러구 있어요?"

수혁은 웃는 건지 우는 건지 컥컥하며 어깨를 들먹거렸다. 나는 죽을 힘을 다해서 수혁을 일으켜 세우고 겨우 휠체어에 앉혔다. 팔목이 시큰거리고 허리도 삐끗했는지 통증이 제법 심했다. 휠체어에 앉은 수혁도 숨을 헐떡거렸다.

"침대 위에 올라가다가 그만 발에 중심을 잃고 바닥으로 떨어졌어요."

나는 아무 말도 안 나왔다.

"손을 뻗을 수가 없어 긴급 전화기도 잡을 수가 없었어요."

나는 너무 마음이 아팠다. 어디서부터 어떻게 위로를 해 줘야 될지 생각이 안 났다.

"밤새 엎드려서 날이 밝기만을 기다리는데……."

장수혁은 말끝을 잇지 못하고 울기 시작했다. 나도 같이 울었다. 기관에서도 나는 눈물이 너무 많아서 탈이라고 했지만, 울어야 될 땐 우는 것도 치유가 된다는 것을 아마 그들도 알 것이다.

상황을 정리해야 할 요양보호사가 상황에 빠져 들어가서 수혜자와 같이 울고 있는 것도 금지해야 할 수칙 중의 하나였기에, 나는 분위기를 바꿔 보려고 장수혁이 일상적으로 하는 일인 음악 한 곡을 신청하기로 했다.

"나, 신청곡 있는데, 지금 받아 줄 수 있어요?"

수혁은 얼른 눈물을 훔쳐내더니 휠체어를 밀어 컴퓨터 앞으로 다가갔다.

"누님 좋아하시는 '부모' 보내 드리겠습니다."

밤새 엎어져서 날이 새기만을 기다렸다는 수혜자 장수혁은 어디로 가버리고 음악방송 대표 장수혁이 얼굴에 화색을 띠더니 신청곡에 마우스를 힘 있게 눌렀다. 가슴을 긁는 전주곡이 흘러나왔다. 혼혈가수 유주용의 부드럽고 금속성 섞인 목소리가 한순간 울적했던 분위기를 감미롭고 따뜻한 카페 분위기로 바꿔 놓았다.

낙엽이 우수수 떨어질 때
겨울에 기나긴 밤 어머님하고 둘이 앉아
옛이야기 들어라 나는 어쩌면 생겨나와 이 이야기 듣는가.
묻지도 말아라 내일 날에 내가 부모 되어서 알아보리라.

"우리 모닝커피 한 잔씩 할까요?"

분위기가 그랬다.

"오케이~"

장수혁의 입에서 영어가 튀어나오는 날은 최상의 기분이라는 뜻이기도 했다. 김이 모락모락 올라오는 커피 잔에 수혁이 좋아하는 계란 노른자를 띄우는데 수혁이 물었다.

"누님, 생은 무엇인가요?"

"음, 생이란 태어난 김에 사는 것."

"아하, 맞아요, 태어난 김에 사는 것."

생각할수록 두고두고 가슴이 아팠던 기억의 장수혁 수혜자였다.

두 팔 없는 미녀 수혜자 강홍자(40세, 가명)

시인의 계절, 가을바람이 들킬세라 조심스럽게 살랑거리며 목덜미에 날아와 앉았다. 나는 모든 것을 잊기 위해 자학하듯 후미진 마을 자갈밭

언덕을 걸었다. 버스가 지나갔다.

수혜자 강홍자가 멀리서 뛰어왔다. 두 팔이 없는 사람이라 분홍색 티셔츠의 빈 팔 자락을 흔들거리며 웃는 얼굴로 뛰어왔다. 내가 도착할 즈음이면 마을 어귀에서 기다리다가 내가 보이면 마라톤 선수처럼 달려왔다.

"넘어지려고 왜 그렇게 뛰어와요?"

"성님, 마중 나왔지여."

숨을 헐떡거리며 누런 이빨을 드러내고 웃었다. 손이 없어서 마음대로 씻지도 꾸미지도 못하는 꼬지지한 그녀를 내가 미인이라고 부르는 것은 항상 활짝 웃는 모습이 예뻤기 때문이다. 웃을 땐 두 눈이 다 없어졌다. 웃을 땐 나뭇가지에 앉았던 새가 놀라 달아날 만큼 큰소리로 웃었다. 나는 항상 내 가슴속에 박혀 있는 대못 때문에 고통스러워했는데, 두 팔 다 잃은 그녀가 내겐 없는 웃음보따리 하나를 들고 나타났다. 수혜자 강홍자는 결혼 초기에 방앗간 혁대에 손이 말려서 결국은 두 팔을 절단하게 되었다고 했다. 그나마 수발을 들어주던 남편이 먼저 세상을 떠나던 날, 두 팔 없는 아내 소맷자락을 잡고 슬피 울었다고 했다.

돌보미인 내가 하는 일은 손이 없는 수혜자 홍자에게 밥을 먹여 주고, 목욕도 시키고, 무엇보다 대소변을 볼 땐 같이 따라가서 팬티까지 내려 주고, 용변이 끝나면 닦아 주고, 옷을 추켜올려 주는 것이었다. 솔직히 남의 대소변 뒤처리를 해주는 일은 쉽지가 않았다. 구토가 나왔고 당장 그만두고 싶은 적도 많았다. 그러나 팔이 없는 수혜자의 입장으로 돌아가서 생각해 봤다. 팔이 없어도 사는데 팔이 있어서 도와 줄 수 있다는 것만으로도 감사하자. 팔이 없어서 나의 치부를 남에게 보여 주는 비참한 인생보다는 팔이 있어서 돌봐 주는 인생이 백 배 낫지 않은가. 같은 여자로서 비움과 나눔으로 돌봐 주고 싶었다.

팔 없이 혼자 사는 법을 나름대로 터득한 홍자는 물그릇을 식탁 위에 놓아 주면 물그릇을 입으로 물고 턱을 약간 치올려서 물을 벌컥벌컥 마셨다. 먹고 싶다는 물국수를 해 줘도 입으로 그릇을 물고 턱을 치올리고 후루룩 마시곤 내려놨다가 다시 마시곤 했다. 내가 질색을 하고 먹여 주겠다고 해도 자기가 할 수 있는 일은 스스로 했고 생각도 긍정적인 성격의 소유자였다. 나의 식사량보다 3배 정도는 되는 대식가라서 몸도 튼튼하고 성격도 활발했다.

어느 날, 학교 문 앞에도 못 가 봤다는 홍자가 내게 물었다.

"성님, 피할 수 없으면 즐기라는 말이 무슨 뜻이라요?"

나는 수혜자 홍자가 씩씩하게 큰소리로 웃고 재미있게 사는 예를 들어가면서 설명을 해 줬다.

"잉, 쉽네요. 고거이 뭐 어렵다고, 별거 아니구만, 난 뭔 소린가 했네."

두 팔이 없어서 아무것도 할 수 없는, 용변 처리마저도 남의 손으로 해결해야 되는 비참한 삶의 강홍자를 도와주면서 한때, 우울증에 신경치료까지 받았던 나 자신에게도 변화가 오게 되었다. 봄날, 땅에서 나오는 생기를 받아 뿌리에서 뻗어 나오는 나무줄기처럼 신선하고도 충격적인 변화가 오게 되었다. 어둠 속에서 쌓아 놓았던 담벼락의 돌멩이가 하나 둘 빠져나가고 있었다. 숨어 있던 아픔이 조금씩 흐르는 강줄기를 따라 떠나가고 있었다. 나의 이기적인 자아가 팔 없는 미녀 홍자 앞에서 무너져 가고 있었다.

요양보호사라는 도우미의 소중함을 다시 한 번 깨달으면서 나는 생각했다. 불우한 삶의 과정을 거치면서 비록 다듬어지지 않은 육신과 마음의 소유자인 강홍자에게 내가 할 수 있는 무엇인가를 가르쳐 주고 싶었다. 왜냐하면 두 팔 없는 미녀 강홍자의 적극적이고 긍정적인 자기만의 세상이 확실했기 때문이다. 그녀의 세상은 두 팔이 있는 사람보다 더 넓고 높았다.

나는 수혜자 강홍자에게 그림을 가르쳤다. 입이 발달된 팔 없는 미녀는 물그릇을 물 듯 붓을 물고 하얀 도화지를 채워나가기 시작했다. 두 팔이 있는 어느 수강생보다 열의가 있었고 행복해 했다.

"성님, 나는 입으로 하는 것은 다 자신 있다요."

퀴퀴한 입 냄새를 풍기면서 홍자는 또 큰소리로 웃었다. 마음이 울컥했다. 나는 와락 그녀 홍자를 끌어안았다. 내가 가장 힘들 때 그녀가 내 앞에 있었다. 팔 없는 미녀, 잡초 같은 수혜자 강홍자가 비어 있는 나의 창자를 가득 채워 주었다.

홍자의 그림은 아직은 보잘것없지만 그림을 향한 불타는 열정만은 피카소 빰치는 수준이었다. 목욕을 시키고 양치질을 해 주는데 홍자가 신음소리를 냈다. 입안이 헐어서 곪았다. 붓을 물고 얼마나 그림을 그렸으면 이토록 상처가 깊어졌을까, 나는 안쓰럽기도 하고 곰탱이처럼 행동한 홍자가 답답했다.

"이렇게 되도록 왜 말을 안 한 건데, 무슨 대단한 화가라고?"

연고를 발라 주면서 나는 홧김에 통박을 줬다.

"성님이 그림 고만 그리라고 할까 봐서……."

가련한 수혜자 홍자는 말끝을 잇지 못하고 목이 메었다. 나도 눈물이 나오려는 것을 억지로 참고 비닐장판이 벗겨져라 걸레질을 했다.

"성님, 나 배고픈디."

몸에서 자유롭게 쓸 수 있는 다리 한쪽으로 내 허벅지를 쿡 찌르면서 홍자가 말했다. 몸을 비비꼬면서 겸연쩍은 얼굴로 나를 쳐다보는 눈에는 미처 닦지 못한 눈물 자국이 맺혀 있었다. 팔 없는 미녀가 눈물을 흘린 것에 대한 미안한 마음이 오랫동안 떠나지를 않았다.

집에 있는 꿀을 작은 병에 덜어서 가방에 챙겨들고 버스를 탔다. 입안이 헐은 곳엔 꿀이 명약이라고들 하니깐 빨리 가서 발라 주고 싶었다. 항상 잘 돌봐 주신다는 이웃집 할머니에게 특별히 부탁을 하고 왔지만, 평소 출근 시각보다 좀 더 일찍 도착해서인지 홍자는 아직 마을 어귀에 나오지를 않았다. 나는 빠른 걸음으로 걸어가는데 멀리서 홍자가 빈 팔을 흔들면서 뛰어오고 있었다. 나도 같이 뛰었다. 입이 찢어질 듯 웃으면서 뛰어오는 팔 없는 미녀 홍자가 나보다 더 잘 뛰었다. 내 마음이 뭉클했다.

그녀, 팔 없는 미녀 몸에선 항상 땀 냄새가 났다. 호탕하게 웃는 입안에선 충치 썩는 것 같은 냄새가 났다. 그런데 나는 해를 따라가는 해바라기처럼 그녀 홍자의 몸에서 나는 냄새에 자꾸만 이끌려 따라가고 있었다. 그녀의 어지러운 삶의 파장 안으로 돌보미가 아닌 수혜자로 흡수되어 가고 있었다. 두 팔 없는 홍자는 오히려 두 팔 있는 나의 돌보미였던 것이다.

눈물 많은 오순자 여사는 앓고 있던 자신의 우울증을 결국 눈물로 치유하였다. 값진 눈물이었다. 그냥 마구 흘린 헤픈 눈물이 아니라 돌보미 요양보호사의 아픈 눈물이었다. '눈물 젖은 빵을 먹어 보지 않은 사람은 인생을 모른다'는 말이 있듯이, 오 여사는 서러운 사람들을 향하여 아픈 눈물을 쏟으며, 오히려 자신의 아픔을 치유한 것이다.

대견하다, 아름답다, 수혜자의 눈물을 어루만져 준 그 손길이 더욱 아름답다.

오순자

1949년 서울 출생

한의사인 아버지와 초등학교 교사인 어머니의 슬하에서 유복하게 자랐다.

인천 인성여고, 중앙대 문예창작과를 졸업하였다.

여고시절부터 학생모델로 활동했고, 그림에도 소질이 있어 미술대학에 못 간 아쉬움을 떨치지 못해 아동미술자격증, 예쁜손글씨자격증을 취득하여, 아동미술교습소를 운영하면서 교회 어린이 돌보미, 보육원 미술 재능기부, 합동미술전시회 작품 발표 등 활발한 사회 활동을 했다.

또한 문학에 대한 뜻을 접을 수 없어, '현대시선'에서 공모한 신인문학상 시나리오 부문에서 최우수상을 수상하였다.

단편소설 발표 등 왕성한 활동을 하던 중, 장성한 남동생 행방불명, 비명에 가신 어머님 등 정신적 충격을 받아 극심한 우울증으로 모든 사회 활동을 접었다.

친구의 권유로 10여 년간 자원 요양보호사의 삶을 영위하면서 보람찬 나날 속에 우울증도 어느덧 깨끗이 치유되었다.

현재 아동미술교습소 운영 등 분주한 사회 활동을 하고 있으며, 중편소설 「제7계명」 집필 중이다.

은혜로운 법정(法情)

아름다운 포용 김상환 검사

잊혀지지 않는 검사 한 분이 있다.

내가 1985년 광운전자공업고등학교 2학년 담임을 맡고 있을 때 이야기이다. 박길수(가명) 군의 결석 3일째 되는 날 아침, 길수의 어머니가 나를 찾아왔다. 먹구름 낀 얼굴이 경직되어 있었다.

"길수가 구속되었습니다. 이 일을 어찌하면 좋죠?"

길수 어머니는 고개를 떨군 채 더 이상 말을 잇지 못하였다. 가정환경 극빈, 과묵한 성격, 웃지 않는 녀석으로 기억되는 학생이었다. 신학기 초라 내가 길수에 대하여 아는 것이라고는 고작 이것뿐이었다.

"누구와 크게 싸운 모양이죠?"

"싸운 게 아닙니다, 선생님, 도둑질을 하였습니다."

자정이 넘어 동네 부근에 있는 서점 출입문을 부수고 들어가 책 한 아름을 안고 나오다가 순찰 경찰에게 붙잡혀 경찰서를 거쳐 검찰에 넘어갔다는 것이다. 그리고 구속적부심에 회부되었으며, 청소년선도위원장도 힘을 쓰고 있어 잘 해결될 것 같으니 제발 퇴학만은 시키지 말아달라는 것이었다. 순간 나는 제자 하나를 잃게 되는구나 하는 허탈감 때문에 말문이 막혀 버렸다.

며칠 후 길수 어머니가 또 찾아왔다. 구속적부심에서 기각되었다는 것이다. 길수는 예전에도 다섯 번이나 그 서점에서 책을 훔쳤다고 자백했기 때문에 더 무거운 벌을 받을 것이라 했다. 죄명은 '상습 특수 절도죄.'

이제는 검사의 처분만 바랄 뿐이었다. 학생 신분이라 정상 참작이 된다고 하여도 구속적부심에서 기각된 사건이기에 용서를 받고 풀려난다는 것은 도저히 기대할 수 없었다.

"담당 검사는 뭐라시던가요?"

"용서해 달라고 몇 번이고 빌어 보았지만 소용없는 일이었습니다."

제자의 담임으로서 검사를 한번 만나 뵙고 싶기도 하였지만, 검사라 하면 비정하게만 느껴 온 나의 고정 관념에서 벗어날 수 없었고, 또한 검사의 권위 의식 앞에서 죄인처럼 머리를 조아려야 할 것을 생각하니, 교사로서의 자존심이 도저히 허락지 않았다. 그래서 조금이라도 가벼운 벌이 내려지기를 바라며 간곡한 편지를 써서 길수 어머니 편에 보냈다.

검사님께 올립니다

검사님께 올립니다.

공사다망하신 검사님께 몇 자 글월 올리오니 통독(通讀)하시고 지성의 첨단에서 샘솟는 의지와 아량을 베풀어 주소서.

저는 서적 절도죄로 구속된 박길수 군의 담임교사로서, 직접 찾아뵙지 못하고 감히 서신으로 저의 소견을 피력(披瀝)하게 된 점 혜량(惠諒)하여 주시기 바랍니다.

우선 박길수 군을 가르치고 있는 교사로서, 또한 학생 개개인의 일거일동에 세심한 관심을 기울이고 있는 담임교사로서 이러한 불미스러운 일을 야기시킨 제자를 두게 되어 가슴 저리는 고충 이루 헤아릴 수 없으며, 자랑스럽게 지켜온 10여 년 교단의 성스러운 빛이 사라지는 슬픔에 감싸입니다.

꽃처럼 피어나는 청소년을 올바른 길로 인도하지 못한 저의 교육의 길을 다시 한 번 되돌아보고 자성(自省)의 큰 기회가 됨을 절감하며, 교육의 금자탑을 다시 쌓는 자세로 길을 밝히려 합니다.

한 청소년을 계도함에 있어서 경우에 따라 훈계와 용서를 병행하여야 함은 자타가 공인하는 이치일 것이며, 법치주의 국가에서 사회 규범에 위배되는 행위는 준엄한 법의 심판을 받아야 하는 것도 당연한 귀결이겠지요마는, 사람이 만든 법에 의하여 무참히 처단되어, 한 젊은 꽃봉오리가 피지도 못하고 한이 되어 시들어 버리는 것보다는, 기성인들의 손길로 다듬고 가꾸어 활짝 핀 한 송이 꽃이 사회를 향하여 향기를 뿜어 낼 수 있는 지성어린 보살핌이 더 소중한 것이 아니겠습니까?

학생이 실형을 받게 되면 당연히 퇴학입니다. 학교에서의 퇴학 처분은 가장 무거운 벌로서 법정에서의 사형 선고에 버금가는 것입니다. 육법전서에는 '사랑 愛애'자와 '어질 仁인'자가 없다는 말도 들었습니다만 사람의 현철한 통찰력으로 만든 법이기에 조문(條文)마다 생활의 진리와 인간 본연의 정이 잠재해 있을 것이며, 그 법을 운용하시는 검사님의 논고 속에도 심연에서 솟구치는 엄숙한 사랑의 정이 범람(氾濫)하리라 믿습니다.

검사님! 이 학생 죄인을 다스리시되 앞으로 창창한 청춘의 청량제가 될 수 있는 교훈을 주시고, 고귀한 용서의 미덕을 베푸시어 학생이 감동하여 검사님의 은혜가 가슴 깊이 새겨질 수 있는 길을 열어 주소서. 그리하여 이 학생이 다시 책가방을 들고 교문을 들어서는 기쁨이 충만되게 하시고, 얼마 후에는 졸업의 영광된 자리에서 감격의 눈물을 쏟게 하여 주소서. 아무쪼록 검사님의 넓은 아량 속에 사제(師弟) 동행할 수 있는 날을 기다립니다.

끝으로 글재주 없어 행문(行文)에 미숙함이 있더라도 덮어 이해하시고 검사님의 서 계신 법정이 신의 은총 아래 찬연히 빛나시길 기원합니다.

1985년 4월 9일

광운전자공업고등학교 2학년 9반

박길수의 담임교사 김 봉 천 올림

이틀 후 담당 검사한테서 전화가 걸려 왔다.

"편지 잘 받았습니다. 길수의 학교생활은 어떠하였습니까?"

"과묵하고 평범한 학생입니다."

"학교에서 다른 비행으로 처벌받은 적은 없습니까?"

"네, 그런 적 없습니다."

"만약 집행 유예가 내려진다면 학교에서는 어떤 벌을 받게 되는지요?"

"당연히 퇴학입니다. 교칙에 퇴학 유예는 없으니까요."

검사는 '잘 알았다'는 말을 남기고 전화를 끊었다. 검사의 질문 내용으로 보아 상당히 호의적이라는 것을 직감하고 조심스런 기대를 하고 있었다.

과연 이튿날,

"길수가 풀려났어요. 이렇게 고마운 검사님이 어디 있겠어요? 감사합니다, 감사합니다, 선생님……."

전화기에 대고 울음보를 터뜨려 버린 길수 어머니는 더 이상 말을 잇지 못하였다.

김상환 검사, 그는 정말 용기 있는 분이었다. 넓은 인정의 도량(度量)을 넘치도록 발휘한 것이다. 은혜로운 법정(法情)을 베풀어 청소년의 삶의 길을 열어 준 것이다. 눈물겹도록 고마우신 분이다.

길수가 학교에 왔다. 고개를 푹 숙이고 눈물을 흘리며 내 앞에 섰다.

"에이 못난 녀석, 도대체 어떻게 된 거야?"

나의 다그치는 말에 길수가 울먹이며 대답했다.

"공부를 하고 싶었습니다. 정말 열심히 공부하고 싶었습니다… 돈이 있어야죠. 돈이 있어야 책을 사죠."

"그래, 어떤 책을 훔친 거야?"

"국어 영어 수학 과학 참고서, 문제집, 안병욱 교수님의 수필집……."

서러운 감정이 북받쳤는지 말을 채 끝맺지 못했다.

갑자기 길수가 불쌍해졌다. 책을 많이 사 주고 싶었다. 그래서 책 도둑은 도둑이 아니라고 했던가!

나는 김 검사에게 전화를 걸었다. 고마운 인사를 해야 했다.

"고맙습니다, 검사님, 기소 유예 처분을 내리셨군요. 정말 어려운 결정을 하셨습니다."

"선생님의 편지글 역할이 컸습니다. 심금을 울리는 글이었습니다. 그래서

두발 및 교복 자율화 시대 수업 장면(1985, 광운전자공고 2-9)

신문 조서에 선생님 편지글을 첨부하여 두었습니다. 보존하고 싶었거든요."

"에이, 부끄럽습니다."

"선생님의 제자 사랑이 그토록 높고 깊다는 걸 실감하였습니다. 자랑스런 교단 굳건히 지키도록 하십시오."

김 검사와 나는 직접 대면한 적은 없다. 전화 목소리로 두 번 만난 분이다. 하지만 교외별전(敎外別傳), 불립문자(不立文字)의 교감(交感)은 열 번 백 번 실제 만남보다 더 고귀한 만남이었다.

학생 죄인을 포용(包容)하시어 아름다운 사랑 베풀어 주신 법정(法情)의 푸르름이여!

거듭거듭 사무치도록 고맙습니다. 김상환 검사님!

벌써 35년이 지난 일이라, 김 검사의 연락처가 묘연하여 사진 및 프로필 정보를 얻지 못한 것이 아쉽다.

나의 힘으로 남을 위하여

나의 죽마고우 김동석 선생

김동석은 나의 고향 친구이다. 같은 갯마을에서 태어나 초·중·고등학교를 같이 다닌 죽마고우(竹馬故友)이다. 그는 중학교 졸업 후 고등학교 등록금을 마련하기 위하여 1년간 전어잡이배 선원 노릇을 하였다.

16세의 어린 나이에 고향 친구 아버지가 선주인 전어잡이배 선원이 된 것이다. 한번 조업을 나가면 1년에 두어 번 마을로 돌아오는 원정 어업이었다. 선원 10명 중 그의 역할은 화장(火匠)이었다. 요리를 담당하는 선원을 화장이라고 한다. 1년 동안 돈을 얼마를 벌어왔는지 모르지만, 그는 나와 같이 고등학교를 다니게 되었다. 나도 집안 사정이 여의치 못하여 1년을 쉬었다가 다녔기 때문에 고등학교도 같은 학년이었다.

섬 학교라 한 학년이 한 개 학급밖에 안 되는 아주 작은 고등학교인데 고향 마을에서 20리를 걸어야 했다. 그런데 나는 집안 사정이 어려웠다지만 김 형은 아니었다. 170가구가 족히 되는 큰 마을인데 몇째 가는 부자였다. 그의 아버지께서 장남인 김 형이 중학교만 졸업하고 종가의 가업(농업)을 이어받기를 원하였다. 김 형은 평생 농사일에 묻혀 살기 싫어 고등학교에 진학하여 대학을 가는 것이 꿈이었는데, 아버지와 의견 충돌로 학비를 직접 마련하기 위하여 전어잡이배 선원이 된 것이다.

여름방학 때, 고1(1964)
왼쪽부터 필자, 김동석, 하찬명(부산고, 초등동창)

4H클럽 조직

김동석은 이웃을 위하여 사는 것을 좋아하는 사람이었다. 고등학교 1학년 때 '4H클럽'을 조직하여 마을 발전에 기여하였다. '4H'란 두뇌(Head, 과학적인 머리), 마음(Heart, 성실한 마음), 손(Hand, 일하는 손), 건강(Health, 튼튼한 몸)을 말한다. 실천을 통해 배운다는 취지 아래 설립된 세계적인 청소년 단체이며, 창의적인 사고와 과학적인 행동 양식을 갖추고 친환경적인 체험으로 농심(農心)을 함양하여 청소년들을 건전한 미래세대로 키우는 동시에 지역 사회와 국가 발전에 이바지함을 목적으로 하는 단체이다. 나도 친구가 하는 일이니까 회원으로 가입하여 멋모르고 활동한 적이 있다.

김 형은 아주 열심이었다. 면사무소건 군청이건 도청이건 4H와 관련된 일이라면 열심히 뛰어다녔다. 자신이 조직한 단체인데다 회장까지 맡고 있었으니 열정을 쏟을 수밖에 없었다. 1년에 한 번씩 남해군농촌지도소에서 '4H경진대회'를 개최하는데 우리 마을 회원들도 농산물, 뜨개질, 서예 등 우수한 작품을 출품하여 상장을 받은 회원들이 여럿 있었다. 그런데 김 형은 4H에만 집착하지 않았다. 야심찬 사람이었다.

진동고등공민학교 설립

어느 날 하굣길에 내게 이러한 제안을 하였다. 중학교 진학을 하지 못한 후배들을 위하여 야간고등공민학교를 만들어 후배들을 가르쳐 보자는 것이었다. 참말로 기발한 생각이라고 쾌재를 불렀다. 나도 장래 교사 지망생이었고 진학하지 못한 마을 후배들이 안타깝기 그지없었지만 감히 엄두를 내지 못하고 있던 터였는데, 김 형이 그런 제안을 하는 것이 아닌가? 1964년 고등학교 1학년 어린 학생이던 가을이었다. 당시에는 어려운 시절이라 초등학교 졸업생 중에 20% 정도만 중학교 진학을 하였기 때문에 무료로 가르치는 고등공민학교가 절실하던 때였다. 고등공민학교란 중학교에 진학하지 못한 사람들에게 중학교 교육 과정을 운영하는 미인가 중학교를 말한다. 우리 마을은 172가구의 제법 큰 마을이었다. 하지만 마음만 가지고는 안 되는 일이었다. 초라하고 작은 규모지만 학교랍시고 하나 마련한다는 것이 쉬운 일이 아니었다. 우선 건물이 있어야 되고 교사가 확보되어야 했다. 또한 교과서도 마련해야 되는데, 돈에 대한 부담을 덜어 주기 위해 우리 용돈을 아껴 헌 교과서를 구입하여 나누어 주기로 했다. 장소는 고향 마을 초등학교(진동국민학교)를 빌려 쓰기로 계획하였지만 교장 선생님이 허락하지 않았다. 운영자가 어린 소년인데다 야간이라 학생들의 흡연 등으로 인한 화재 위험이 있다는 것이었다. 실의에 차 있던 중 김 형이 한 번 더 애걸해 보자는 것이었다. 김 형이 자기 밭에서 캔 고구마 한 자루를 둘러메고 왔다. 교장 선생님은 우리들의 진정성에 감탄한다며 결국 허락해 주었다.

"불조심 하고, 정리 정돈 잘하고, 화장실 깨끗이 사용하고, 기자재 조심스럽게 다루어야 하네."

"네, 고맙습니다, 고맙습니다, 교장 선생님!"

우리는 엎드려 큰절을 올렸다.

"고구마 포대는 도로 가져가게. 고구마 뇌물 받고 허락해 주었다고 오해할 것이 아닌가?" 하고 껄껄 웃으셨다.

"이웃끼리 나누어 먹는 시골의 인정으로 알고 받아 주십시오."

우리는 고구마 포대를 억지로 구석에 밀쳐놓고 교장 선생님 댁을 나왔다. 온 세상이 마치 우리 세상이 된 듯 뛸 듯이 기뻤다. 둘은 바닷가에서서 가곡 '가고파'를 힘차게 불렀다.

교과서(2학기) 구입 후 삼천포 노산공원에서
김동석은 나보다 키가 훨씬 컸다(고2, 1965).

김 형은 겨울방학을 이용하여 고등공민학교 설립 계획에 몰두하였다. 고등학교를 졸업한 마을 선배들을 찾아다니며 학과목 수업을 부탁하였다. 교과서는 삼천포시(현 사천시) 헌책방(학우사)에 연락선을 타고 나가 구입하였다.

김 형이 수학, 생물, 농업을, 내가 국어, 영어를, 선배 두 분(박화식, 박국필)이 사회, 국사를 수업하기로 하고 시간표 구성을 하였다. 그리고 학생 모집 안내문을 프린트하여 집집마다 배부하고, 담벼락 여러 곳에 광고지를 붙였다.

학생 모집

지원 자격: 국민학교 졸업생 누구나

교과목: 국어, 영어, 수학, 생물, 사회, 국사, 농업

개교일시: 1965년 3월 2일 19시

장소: 진동국민학교

교사: 김동석, 김봉천, 박화식, 박국필

교과서: 무료 제공

준비물: 공책, 필기도구, 초롱불

1965년 2월 15일

진동고등공민학교장 김 동 석

등교할 때 초롱불을 반드시 들고 오도록 했다. 당시에는 고향 섬마을에 전기가 들어오지 않았기 때문에 초롱불을 각자 책상 위에 놓고 공부를 해야 했기 때문이었다. 칠판 상단에는 초롱불 다섯 개를 걸었다.

드디어 3월 2일 개교하는 날 저녁, 땅거미 짙어오는 섬마을에 초롱불이 줄을 이었다. 삼삼오오 모여든 학생들이 50여 명, 교실이 가득 찼다. 오로지 배워야겠다는 신념으로 모여든 것이다. 김 형은 감개무량하여 눈물을 글썽였다.

한 달이 지나고 두 달이 지나도 그만 두는 학생이 없었다. 논밭에서, 고기잡이배에서 하루 종일 노동일에 지친 10대 소년 소녀들이 피곤한 몸을

김동석과 진동고등공민학교 여학생 일부(1965) 전체 학생 사진을 찍지 못한 것이 못내 아쉽다.

이끌고 배움터로 모여들었다. 심지어는 높은 고개를 하나 넘어야 되는 이웃 마을(대곡리)에서도 모여들었다. 수업이 모두 끝난 캄캄한 밤에 고개를 넘어가는 초롱불 행렬이 장관이었다. 고등학생이 고등공민학교를 세워 운

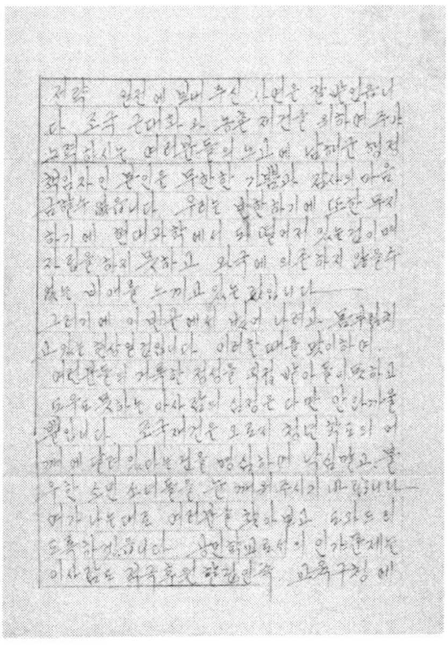

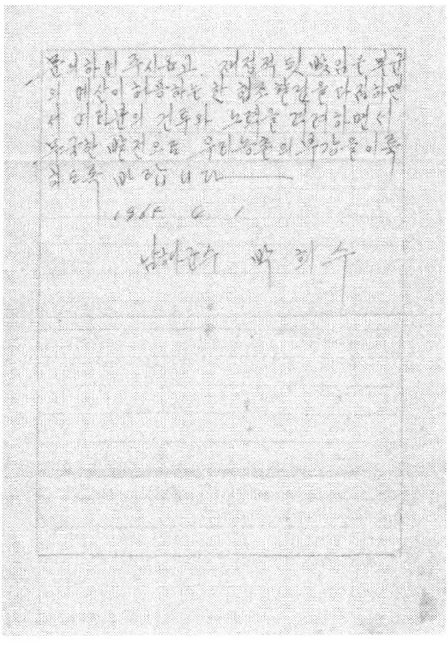

1965. 6. 1

남해군수 박희수

박희수 남해군수 친필 사신

고향 앞바다 수우도 해변을 산책하다가 갯바위를 배경으로 김동석(왼쪽)과 필자(1972)

영한다는 소문이 빠르게 퍼져 담임선생님께서도 격려 말씀을 해 주셨고, 남해군 박희수 군수(2015년 작고)님으로부터 격려 친필 사신을 받기도 했다.

김 형과 내가 대학 진학으로 인하여 고등학교 졸업과 동시에 후계자가 없어 아쉽게도 문을 닫게 되었지만, 후배들을 위해서 헌신하는 김 형 덕분에 나로서는 참 행복한 고교 시절이었다.

둘은 청운의 꿈을 품고 고향을 떠나 서울로 유학하게 된다. 나는 국어 선생 되는 것이 꿈이라 국어국문학과에 진학하고, 그는 축산학에 대한 관심이 많아 건국대학교 축산대학 축산학과에 진학하였다.

이스라엘문제 연구소 창립

김 형은 고등학교 때부터 이스라엘 문화에 대하여 연구를 많이 하였다. 마침 건국대학교에 이스라엘문제연구소가 창립되어 있었다. 김 형은 신입생 때부터 회원으로 가입하여 전국대학생연합회장 직

창립총회를 마치고 임원들과 함께(1973.1.5.)
앞줄 왼쪽부터 두 번째가 김동석, 그 옆이 주한 이스라엘 대사

을 맡아 열심히 활동하였다. 나는 이스라엘 문제에 대하여 문외한이라 여기에 상세하게 기술하지 못하는 것이 안타깝다. 내가 아는 것이라고는 전쟁이 났을 때 외국 유학생들이 전부 귀국하여 총을 들고 전쟁터에 나가 조국을 위하여 싸웠다는 정도밖에 몰랐다. 김 형을 만나면 이스라엘에 대한 얘기를 가끔 한 적이 있지만 건성으로 들었기 때문에 기억에 남아 있는 것이 별로 없다. 단, 우리나라가 안고 있는 문제들을 환경이 비슷한 이스라엘과 접목하기 위하여, 상호 이해 증진과 문화 교류를 통하여 발전 방향을 모색하고, 저널리즘과 아카데미즘을 바탕으로 합리적이고 이상적인 건설 방안에 기여하기 위한 협의와 세미나를 개최하며, 새로운 인재를 육성하여 낙후된 농촌의 근대화와 세계 평화에 이바지할 수 있는 지성인으로 거듭나기 위한 취지에서 대학생들로 결성된 순수 연구 모임이라는 말을 들은 기억이 난다.

일요대학 설립

대학 졸업 후 김 형은 중학교 교사 및 축산에 관한 회사에 입사하여 다니다가 사정에 의하여 제약회사로 전직(轉職)한다. 나는 5년간의 서울시 공무원 노릇을 그만두고 고등학교 초년병 교사로 근무할 때였다.

어느 날 김 형이 나에게 또 기상천외(奇想天外)한 제안을 했다. 나로서는 도저히 상상도 할 수 없는, 도저히 불가능한 일을 제안한 것이다. 가정 형편이 어려운 회사원들을 위하여 일요일에만 강의하는 무료 '일요대학'을 만들자는 것이었다. 그런 농담 하지 말라고 해도 김 형은 아주 적극적이었다. 자기 출신 대학인 건국대학 야간부 캠퍼스(종로 3가) 건물 한 동을 무료로 빌려 사용할 수 있다는 것이다. 봉사 정신으로 강의할 교수들도 확보할 수 있다는 것이다. 장황하게 설명하는 그의 말을 다 듣고 보니 전혀 불가능한 일도 아니었다. 강의실이 해결되고 교수 확보가 된다면 큰 어려움은 없었다. 여하튼 김 형은 성격이 활달하여 교제 범위가 넓었다. 김 형을 아끼는 교수들도 많았는데, 특히 이대위 교수(부총장 · 법학박사)는 김 형을 수제자로 삼고 끊임없는 사랑을 베풀었다. 강의실 한 동을 무료로 사용할 수 있도록 주선하신 분이 이대위 박사였다는 것도 나중에 알게 되었다.

비록 인가받지 못한 교육기관이지만 '일요대학'이라는 간판을 내걸고 학생 모집 광고지를 만들어 담장, 건물 벽, 전신주 등에 여러 장을 붙였고, 또한 종로, 광화문 일대에서 전단지를 나누어 준 것도 수백 장은 될 것이다. 특히 회사원들을 겨냥하여 여러 회사 정문에서도 많이 나누어 주었다. 개강에 대한 교무기획은 주로 김 형이 하고 나는 행정사무를 맡았다. 친구가 좋은 일을 하는데 동참한다는 생각으로 열심히 준비하였다.

일요대학 학생 모집

모집 기간: 1977년 2월 10일~2월 28일

모집 대상: 고등학교 졸업, 또는 동등한 학력을 가진 자

강의 일시: 매주 일요일 10시~14시

강의 과목: 교양 강좌(국어, 영어, 역사, 철학, 생물, 문예창작)

개강 일시: 1977년 3월 2일 10시

선발 인원: 선착순 200명

등록금: 무료

일요대학 위치: 종로 3가 건국대 야간 캠퍼스(파고다공원 옆)

*자세한 사항은 본교 교무처에 문의바람

1977년 2월 10일

일요대학장 김 동 석

향학열에 불타는 젊은이들이 엄청나게 몰려들었다. 비록 인가받지 못한 학교였지만 등록금을 내지 않고 대학 과정 강의를 듣는다는 것이 꿈같은 일이기도 했던 것이다. 수백 명이 몰려들었지만 선착순으로 마감할 수밖에 없었다. 지원자는 주로 롯데백화점, 화신백화점, 은행원, 중소기업 직원들이 많았다. 한 강좌에 100명씩, 같은 시간에 2강좌를 강의하는 소규모 대학이었지만 인기는 대단하였다. 김 형과 나도 두 강좌씩 맡았다. 김 형이 역사, 생물을 강의하고 내가 국어국문학, 문예창작을 강의하였다. 영어와 철학은 건국대 교수 두 분이 수고해 주셨다. 남해 촌놈 둘이 서울 중심지인 종로에서 일요대학을 만들어 운영한다는 것은 참으로 신

일요대학 야유회(철학 수강생 일부, 1977) 앞줄 왼쪽부터 세 번째가 김난아 철학 교수

기한 일이었다. 건국대 총장, 종로구청장, 국회의원 등 여러 고위직 관리들도 방문하여 운영비에 보태 쓰라고 격려금을 내어놓기도 했다.

이렇게 10년을 운영하다가 나라 경제가 발전되고 전문대학(주·야간)이 우후죽순처럼 생겨, 회사원 대부분이 국가에서 인가한 정규 야간 전문대학에 진학하는 바람에 일요대학 지망생은 30명도 안 되어 1987년 결국 문을 닫게 되었지만, 이렇게 보통사람은 상상도 할 수 없는 일을 고안해 내어, 학업에 목마른 이웃을 위하여 큰일을 하며 살아온 김 형은 참으로 아름다운 사람임에 틀림없다.

한국자활회 창립

김 형은 나에게 국민학교 교훈을 자주 얘기했다. 그 교훈은 1학년 때 박찬동 교장 선생님께서 제정한 것이다.

'나의 힘으로 남을 위하여 힘껏 일하자'

아침 전체 조회 시간에는 교훈을 소리 높여 외치는 순서가 있었다.
'나의 힘으로 남을 위하여 힘껏 일하자'

한국자활회 창립총회를 마치고(1970)
앞줄 오른쪽부터 세 번째가 김동석 회장, 한 사람 건너 이대위 박사(건국대 부총장)

김 형은 살아오면서 그 교훈이 뇌리에서 떠난 적이 없다고 했다. 그 교훈 속에 담겨 있는 진리는 쉽게 말해서 이웃과 더불어 살자, 즉 '나보다 어려운 처지에 있는 사람들을 보살피며 살자'라는 뜻이라고 자주 내게 말하곤 했다. 김 형은 평생을 이웃과 더불어 사는 삶을 살아왔다. 그러한 삶이 더욱 발전되어 스스로 살아갈 수 있는 능력을 길러, 국가 발전에 기여할 수 있는 '자활(自活)'이라는 어휘 하나에 집착하게 된다.

그 누구의 도움에 의지하는 삶이 아니라, 움직일 수 있으면 스스로 삶을 해결할 수 있는 능력을 계발하는 데 힘을 길러 주어야겠다는 결심을 하고, 김 형의 주변 젊은 친지 20여 명과 규합하여 '한국자활회'라는 단체를 조직하게 된다.

낙후된 지역 사회 개발을 위하여 도시와 농촌 간의 균형 있는 발전을 도모하고, 자주적인 정신 함양과 부국으로 가는 기술 개발을 통하여 혁신적인 사회를 선도하기 위한 모임이었다. 한 마디로 요약하면 기술 혁명과 정신 혁명을 병행하는 단체라 할 수 있다.

몇 년 후에는 전국적으로 확산되어 1만 명이 넘는 회원을 확보한 거대한 조직으로 확대되었다. 각 지역 사회를 찾아다니며 창의적인 농산물 생산, 수공업의 기반, 가내 부업 등 다양한 강좌를 열어 자활의 보람과 즐거움을 심어 주었다.

갈 곳 없는 여아 양육

나의 군 제대 후 회사 일에 적응하느라 김 형과 나는 서로 적조(積阻)하였다. 1년 만에 만난 김 형은 또 기상천외한 얘기를 늘어놓았다. 오갈 데 없는 여아(女兒)를 데리고 있다는 것이다. 친지가 맡아서 길러 달라고 부탁을 했다는 것이다. 초등학교 2학년인데 뒷바라지하며 함께 살고 있다는 것이다. 혼자 자취하는 20대 젊은 회사원인 김 형이 아홉 살 여아를 딸처럼 여기고 생활한 지가 벌써 여섯 달이 지났다는 것이다. 하도 기이한 일이라 내가 물었다.

"부탁한 친지는 어떤 사람인데?"

"목회자인데 먼 친척이라고 하더군."

"그럼 자기가 기르지 않고 왜 친지한테 큰 짐을 지워?"

"안 그래도 자신이 보살피다가 미국으로 목회를 떠나게 되었대."

"아이 부모는?"

"다섯 살 때 교통사고로 세상을 떠났나 봐."

"그렇다면 고아원 같은 델 보내지 않고 친지한테 짐을 떠안길 게 뭐람?"

"고아원엔 자유가 구속되고 학대가 심하거든."

"넌 학대 안 한다고 장담할 수 있을까, 껄껄."

"그런 아량 없으면 아예 맡지를 않았지. 부모 잃은 애처로운 아이 아닌가."

"한 사람 생활하기도 빠듯한 박봉에 두 사람 생활비가 만만치 않겠네."

"절약해야지. 학교 뒷바라지도 신경 많이 써야 돼. 준비물에다, 학부모

상담에다, 졸지에 젊은 총각 학부모가 돼 버렸으니 기분이 묘해."

"아이는 착해? 속 썩이는 일 없어?"

"외로운 아이야, 눈물 짤 때도 있고, 부모 없는 설움이 오죽하겠어?"

"이왕 맡아 뒷바라지하기로 했으니 애정 잃지 말게."

김 형은 정이 많은 사람이었다. 그 여아에게 부모처럼 애정을 쏟는다고 했다.

그로부터 몇 달 후 나의 숙소가 여의치 못하여 김 형과 함께 자취를 하게 되었다. 자그만 단칸방에 여아와 셋이서 생활하게 된 것이다. 그 여아는 예쁘장한 얼굴에 아담한 모습이었다. 김 형을 오빠라고 했다. 나보고도 오빠라고 했다. 일가친척 하나 없는 외로운 아이라서 그런지 나의 가르침도 잘 따랐다. 천자문, 논어, 명심보감 같은 것도 가르치면 제법 열심이었다.

이렇게 초등학교를 졸업한 후 기숙사가 있는 공장에 취업을 주선하여 자립할 수 있도록 해 주었다. 근무를 잘하고 있다는 소식은 김 형을 통하여 듣고 있었으나 바삐 살다 보니 한동안 만날 기회를 갖지 못했는데, 몇 년 만에 내 앞에 나타났다. 몰라보게 성숙한 숙녀였다.

"누구시던가?"

"오빠, 저예요, 경자(가명)예요."

"아, 경자, 그래그래 경자로구나. 처녀가 다 됐네그려."

"저, 시골 공장으로 가요."

"시골이라, 왜 시골로 가?"

"공장 확장으로 시골에도 공장이 새로 생겨 계장으로 승진하여 가요."

"어, 계장? 높은 직위로 승진하였구나, 김경자 계장니임~."

"하하하, 그냥 경자라고 불러 주세요."

시골로 간 이후 가끔 전화 연락은 있었지만 만날 기회는 없었다. 김 형은 양육한 정을 떨치지 못하여 이따금 찾아가서 격려하기도 하며 성장하는 모습을 멀리서 지켜봤다. 같은 회사에 다니는 사람과 결혼하여 김

형에게 가끔 부부 동반 문안 인사를 오곤 했는데, 이젠 소식도 끊어지고 어디서 무얼 하며 사는지 알 길이 없다고 했다. 혹시 잘못되지나 않았는지 걱정이라 했다. 살기 바빠 길러 준 옛정은 서서히 희석되고 말았는지, 아니면 변고가 생겼는지 모를 일이다. 여하튼 서러운 이웃을 끌어안고 살아온 김 형의 아름다운 가슴속이 어느 정도 깊은지 친구인 나도 가늠하기 어렵다. 단지 그 아름다운 삶에 감복할 따름이다.

장한 어버이상 수상

김 형은 정신력도 대단하였다. 성격 차이로 인하여 혼인 12년 만에 서로 갈라섰다. 8살, 10살 두 아들은 김 형이 부양하기로 했는데, 재혼하지 않고 두 아들을 훌륭하게 길렀다. 30대 젊은 나이인데도 재혼하지 않은 이유는 세간에 흔히 있는 새엄마의 자녀 학대에 대한 염려 때문이었다.

엄마 역할까지 감당하느라 아침 일찍 일어나 아침밥을 해야 하고 두 아들 도시락 준비를 해야 했다. 도시락은 자그마치 각각 세 개씩 여섯 개를 준비해야 했다. 아침, 점심, 저녁을 학교에서 먹어야 했기 때문이다. 아침 도시락은 아침 보충수업 후 몫이고 저녁 도시락은 야간 자율학습용이었다. 매일 반찬 메뉴를 달리 하느라 여간 신경을 많이 쓰는 것이 아니라 했다. 김 형은 사교 범위가 넓어 주석 모임이 많았는데, 아무리 과음한 뒷날 아침에도 자녀 둘이 고등학교 졸업할 때까지 한 번도 도시락 준비를 못해 준 적이 없다고 나한테 자랑처럼 얘기하곤 했다. 그 소문이 널리 퍼져 어버이날을 맞이하여 참가정실천운동본부에서 '장한 어버이상'을 수여하기도 했으니(1998), 자녀 양육에 대한 본분을 소홀하게 한 적이 없고, 자식에 대한 애정이 깊은 결과물이라는 것을 알 수 있다. 장한 어머니상을 수상한 분에 대한 얘기는 더러 들어 보기는 했지만 어머니도 아닌 아버지가 '장한 어버이상'을 수상한 사례는 처음 접하는 일이었다.

자녀 둘은 대학을 졸업하고, 그 아버지에 그 자식이라는 옛말대로 엄마 없는 서러움을 딛고 반듯하게 성장하여 어엿한 회사에서 열심히 근무하며 아버지를 지극정성으로 받들어 모시는 효자라는 것을 이웃들이 증언한다.

유산 상속 포기

1988년 김 형의 아버님께서 돌아가셨을 때, 시골 남동생한테 유산 일체를 모두 상속하도록 하고 본인은 상속 일체를 포기했다. 대궐 같은 집에다 전답, 임야 등이 수십만 평이라 고향 마을에서도 몇째 가는 부자라는 얘기는 서두에서 언급한 바 있다. 그렇다고 해서 김 형이 경제적으로 넉넉한 사람이 아니었다. 월급쟁이 회사원인 소시민인 데다 재산이라야 30평짜리 빌라 하나가 전부였다. 유산 일체를 동생한테 모조리 다 주고 말았으니 이런 아름다운 사람이 또 어디 있을까? 전답 한 뙈기, 임야 몇 평 정도는 가질 만한데도, 장남인 형을 대신하여 대학 진학도 포기하고 종가를 지키며 홀어머님을 봉양하는 동생이 그지없이 고마웠던 것이다. 그 깊은 뜻이 아름답지 아니한가?

김동석,

그는 이기심을 버리고 '나의 힘으로 남을 위하여 힘껏 일하자'라는 초등학교 교훈을 실천하며 아픈 이웃을 위하여 살아온 아름다운 사람이다.

김 형,

70평생 이웃을 위하여 헌신하며 살아온 나의 친구 김동석이 곁에 있어 나도 행복했다네. 언제 고향 한번 방문하세. 고향 친구들이 그리워지네 그려.

추억 어린 얼굴들 – 진동국민학교 제6회 졸업 기념 사진(1959)

앞줄 왼쪽부터 강수원, 박종선, 강재민 교장, 이삼윤, 김기문 선생님

둘째줄 왼쪽부터 유일심, 김소금녀, 하상엽, 박미애, 김권순, 김옥례, 정금순, 하길순

셋째줄 왼쪽부터 박춘애, 김선자, 김인숙, 정행자, 김혜자

맨 뒷줄 왼쪽부터 김봉천, 하찬명, 유재옥, 최개동, 김동석, 박종포, 하춘남, 강상길, 김수원

교훈

나의 힘으로
남을 위하여
힘껏 일하자

박찬동 교장선생님 제정

김동석

1946년 경남 남해군 창선면 진동리 장포마을 출생
진동초등학교, 창선중·고등학교 졸업
건국대학교 축산대학 축산학과 졸업
진동고등공민학교장, 일요대학장 역임
곡성농업기술학교 교사 및 교장 직무대리
광문중학교 교사
소신종계원 제1농장장(캐나다 합자회사)
제1농산파주농원 농장장(농림부 기업농원) 역임
극동제약 퇴임
현재 이스라엘문제연구소 소장, 한국자활회 회장
국민문화연구소 연구원, 제약회사 영업 프리랜서

3학년 8반 그들만의 약속

4대 신화를 창조한 김대식 군

김대식 군은 고등학교 때 나의 담임 학급 반장이다. 지금은 쉰 살이 넘은 장년이지만 제자이기 때문에 존칭어를 붙이지 않고 김 군이라 하는 것이 자연스러울 것 같다. 김 군은 내가 광운전자공업고등학교 3학년 8반 담임이었을 때(1986년) 학급 반장이었다. 요즈음은 반장을 회장이라고 한다. 학급회의를 진행할 때는 반장이라고 하지 않고 회장이라 하지만 그 학급의 장(대표)은 반장이라고 해야 옳다는 것이 나의 견해이다.

그건 그렇고 김 군은 내실이 견고하고 품행이 방정하여 나무랄 데 없는 학생이었다. 또한 맡은 책임을 충실히 수행하고 학급을 위해서라면 총력을 다하는 멋진 학생이었다. 게다가 진두지휘하는 능력이 탁월하였다. 그리하여 김 군은 1985년 3학년이던 그해 어느 누구도 감히 흉내도 내지 못할 네 가지 기적 같은 일을 해내었다. 학급 학생들이 3학년 8반의 '4대 신화 창조'라고 이름 붙였다. 김 군이 이룩한 그 기적 같은 아름다운 네 가지 추억을 더듬어 보고자 한다.

당시 내가 근무하던 광운전자공업고등학교는 전자과 6학급, 전자통신과 2학급, 전기과 2학급을 운영하는 학교였다. 기술 산업의 급진적인 발달로 산업 역군의 부푼 꿈을 안고 중학교 성적 상위권 학생들이 광운전자공고를 지원하지만, 개중에는 적성에 맞지 않아 공업 교육에 적응을 하지 못하여 공부에 아예 담을 쌓아 버리고는 문제 학생으로 전락하는 녀석들이 더러 있어 학습 지도 및 생활 지도에 여간 애를 먹는 것이 아니었다. 게다가 그 녀석들은 지각, 결석을 밥 먹듯이 해대고, 선생님 지도에 불응하는 문제아들도 가끔 있었다.

그해 나에게 전자통신과 3학년 담임이 배정됐다. 교직 경험을 살려서 슬기롭게 지도하면 큰 문제는 없겠지만 워낙 몸집이 우람한 3학년 억센 학생들이라 '이 녀석들을 어찌할 것인가?' 하고 처음에는 고민에 빠지기도 하였다. 그때는 두발 및 교복 자율화 시대였기 때문에 더벅머리에 요상한 복장을 한 녀석들을 보면 이건 학생이 아니라 대학생인지 사회인인지 구분하기도 어려울 정도였다. 그러나 용기를 갖고 우선 나의 평소 교육 신조를 바탕으로 그네들 지도에 적합한 담임 지침부터 마련하였다.

첫째, 난폭한 녀석들은 역으로 부드럽게 대하고, 인격을 최대한 존중하여 인성 교육을 실시한다.

둘째, 어떠한 경우에도 체벌을 하지 말고 대화로써 감동적인 교육을 한다(그때 나는 3년째 체벌을 하지 않고 있었다).

셋째, 조회 종례 시에는 상투적인 지시(용의 단정, 지각 결석 금지, 청소 철저 등)는 가급적 피하고 명언이나 교훈적인 일화 소개로써 신선한 충격을 주도록 한다.

넷째, 종례 시에는 반드시 노래를 합창하게 하여 공동체 의식과 일체감을 갖도록 하고 피곤한 심신을 달래어 일과를 즐겁게 맺도록 한다.

다섯째, 꾸중보다는 칭찬을 많이 하여 자신을 인정한다는 신뢰도를 높이도록 하고 성취감을 갖도록 한다.

여섯째, 무단결석은 자신의 인생을 낭비하는 가장 어리석은 행위로서 자멸하는 첩경임을 자주 인식시킨다.

일곱째, 학급 운영은 담임이 이끌어 가되 학급의 대표자는 반장이니, 반장 및 각 부장들을 중심으로 자율적인 학급이 운영되도록 한다.

여덟째, 교과서 등 수업 도구는 학생의 생명임을 인식하게 하고 수시로 점검하여 진지한 학습 태도를 갖도록 유도한다.

아홉째, 기능사 자격증을 1인 1종목 이상 취득하도록 하고, 대학 진학 희망자에게는 자율 학습을 철저히 하게 하여 문제집 학습 진도를 매일 확인한다.

열째, 급훈 '한결같이'를 생활의 지표가 되도록 자주 환기시켜, 한결같이 등교하여 한결같이 갈고 닦으면 성공할 수 있음을 강조한다.

이렇게 10대 경영 지침을 세우고 처음 대면하던 날, 나의 첫 인상을 강렬히 심어 주기 위하여 준엄한 어조로 몇 가지 사항을 강조하였다.

"내가 제일 싫어하는 것은 결석이다. 다른 잘못은 다 용서할 수 있어도 무단결석하는 놈은 절대 용서하지 않는다. 거짓 핑계를 대고 결석하는 놈도 절대 용서하지 않는 것이 나의 교육 신념이다. 증빙 자료를 제출하지 않고, 결석을 3일 이상 하면 무조건 퇴학 조치한다. 그리고 몸이 아플 경우 병원 신세를 안 져도 될 정도이면 일단 등교하여 조퇴를 맡아라."

무거운 침묵 속에 녀석들은 나의 얼굴만 쳐다볼 뿐 아무런 말이 없었다.

"교실 청소 당번은 3명씩이다. 교실 하나 청소하는 데 10여 명의 많은 인원을 투입하는 것은 생활의 낭비다. 3명이 하더라도 10분이면 끝낼 수 있다. 그러기 위해서는 교실을 깨끗이 사용해야 한다. 주위를 청결하게 유지하고 종례 때에는 자기 주위에 휴지 한 조각 있어서도 안 된다. 환경부장은 다음과 같은 표어를 써서 붙여라. '학교는 나의 집이요, 교실은 나의 방이다'라고."

1·2학년 때에는 10여 명이 떼거리로 청소하는 바람에 몇 명은 도망가기 일쑤고, 몇 명은 하는 둥 마는 둥, 제대로 하는 녀석은 두어 명밖에 안 되었기 때문에 그 못된 습성을 고치기 위함이었다. 나는 마지막 당부를 엮어나갔다.

"복장은 현란한 무늬나 영문자가 뚜렷한 옷은 착용하지 말 것이며, 두발은 귀, 옷깃, 눈썹을 덮지 않도록 하여 학생으로서의 용모 단정한 품위를 잃지 않도록 하라. 그리고 앞으로는 이러한 기본적이고 유치한 얘기는 안 할 작정이다. 왜냐하면 나는 너희들의 인격과 양심을 믿기 때문이다. 너희들은 성인의 문턱 앞에 선 고3이다. 정당하게 행동하고, 올바르게 표현하고, 진실을 사랑하고, 정의로운 사람이 되도록 하라. 너희들의 인격을 최대한 존중할 테니까 너희들도 나의 인격을 믿어 달라. 그리고 우리 반은 자율 학급으로 운영할 계획이다. 자율 학급으로 정착될 때까지 3월은 내가 운영하지만, 한 달 후 4월부터 조회는 내가 하고 종례는 일주일에 세 번은 반장이 할 것이다. 여러분들이 스스로 운영하는 자율 학급이기 때문이다. 나는 자율 학급 운영의 고문 역할을 할 것이고 반장이 앞장서서 지휘하도록 한다."

녀석들은 무슨 말인지 감이 안 잡히는 듯 어리둥절하는 모습들이었다.

"4월부터는 하루 일과가 끝나면 반장이 종례를 할 경우, 반장은 담임한테 와서 종례 사항을 받아가도록 하라. 그리고 반드시 노래를 합창하고 끝내도록 하라."

그날은 이 정도로 끝냈다.

며칠 후 학급 반장(김대식), 부반장을 선출하고 부장들이 구성되었다. 종례 후 그들과 따로 미팅을 가졌다. 자율 학급 운영에 대한 유의할 사항을 얘기하고 모범 학급을 이룩하는 데 최선을 다하자는 다짐을 하였다. 특히 반장 김대식 군에게는 담임교사 역할까지 해야 된다는 무거운 짐을 부여하였는데도 큰 부담을 느끼지 않는 담대한 학생이었으며, 열심히 해 보겠다는 결기가 대단하였다.

첫 번째 신화, 총학생회장 당선

며칠이 지나자 녀석들은 제법 틀이 잡혀갔다. 3월 한 달은 자율 학급 운영 시범의 달로 정하고 중요 전달 사항은 대부분 반장 김대식 군을 통하여 전달하도록 했다. 청소 확인도 주로 반장에게 맡겼다. 녀석들은 반장을 중심으로 자기네들끼리 단합하기 시작했고 무엇인가 해야겠다는 의지가 역력했다. 1·2학년 때 생활기록부 출결 사항을 확인하였더니 결석생이 없는 날이 거의 없을 정도였는데, 3학년이 되고 나서 그들은 놀랍게도 반장 김 군의 진두지휘 아래 3월 한 달 무결석을 이룩해 냈다. 그들 왈, 급우들 모두 반장을 중심으로 똘똘 뭉쳐 결석하지 않기로 굳은 약속을 했다는 것이다. 김 군은 비로소 작은 일 하나를 해낸 것이다.

그런데 그것보다 더 귀중한 사건은 반장 김대식 군이 총학생회장 선거에서 전자과 후보를 물리치고 당선된 것이다. 개교 이래 50여 년 동안 총학생회장은 학생 숫자가 3배나 많은 전자과에서 독차지하여 왔으나, 그 전통을 깨고 8반 전자통신과 김 군이 압도적인 표차로 당선된 것이다. 그건 대부분 학생들이 총학생회장으로서의 자질, 능력, 추진력, 지휘력

총학생회장에 당선하고, 학생회 임원들
앞줄 왼쪽부터 최종규 학생부장, 허정섭 교장, 고제현 교감. 뒷줄 왼쪽 첫 번째가 김대식 총학생회장. 두발 및 교복 자율화 시대였다(1986).

등을 높게 본 것이다. 전자통신과는 온통 축제 분위기였다.

'전자통신과 3학년 8반 김대식 군 총학생회장에 당선되다.' 김대식 군이 상상도 하지 못할 전대미문의 신화 하나를 창조해 낸 것이다. 3월 한 달 무결석 학급을 자율적으로 운영한 작은 사건과 총학생회장 당선이라는 큰 사건을 만들어낸 것이다. 그날 종례 때는 만세를 불렀다. 김대식 만세, 3학년 8반 만세! 실로 놀랍고 아름다운 사건이라 아니 할 수 있으랴.

두 번째 신화, 동료 학우 과학기술 대학교 합격

결석을 하지 않는다는 것은 학교생활과 학습에 의욕이 있다는 증거다. 그들은 참으로 이상할 정도로 결석을 하지 않았다. 실험 실습에서도 반장을 중심으로 열심히 노력한 결과 59명 중 58명이 기능사 자격증을 취득하는 기록을 세웠다. 100% 취득하지 못한 것이 무척 아쉬웠다.

그리고 그들은 학과 공부에도 열성이었다. 고교생이라면 누구나 도전해 보고 싶은 것이 상아탑으로 가는 길이다. 우선 진학을 희망하는 학생 16명에게는 각 과목당 문제집 3권 이상씩 독파하도록 하고, 반장이 일주일마다 학습 진도를 확인하도록 하였다. 그러나 '올라가지 못할 나무는 쳐다보지도 말라'는 속담이 있듯이, 실업계 고교생이 과학기술대학교(현재 카이스트대학교)에 합격한다는 것은 하늘의 별따기보다 더 어려운 일이었다. 그런데 밤을 새워가며 공부하던 김남철 군은 수면 부족으로 해쓱한 얼굴이 말이 아니었다. 반장의 위로와 격려 속에 쓰러졌다간 일어서고 또 일어서고, 한결같이 오로지 입시 공부에만 전념하더니 드디어 과학기술대학교에 합격한 것이다. 이건 상상을 초월한 광운전자공업고등학교의 역사적인 사건이었다. 3학년 8반 김남철 군이 뜻밖의 큰일을 해낸 것이다.

'김남철 군, 한국과학기술대학교에 합격하다', 우리 반의 두 번째 신화가 창조되는 가슴 벅찬 순간이었다. 물론 김 군 본인이 이룩한 피땀 흘린 노력의 결과이지만, 그 이면에는 반장 김대식 군의 격려와 스러져가는 의지를 북돋워 주고 밀어 준 크나큰 힘이 작용하였다는 것은 급우들 모두가 다 아는 사실이다. 실로 놀랍고 아름답지 아니한가?

봄소풍의 여유(1986) 왼쪽부터 이신호, 김대식, 곽창섭, 김경수

세 번째 신화, 최고의 대입 합격생 배출

학우가 과학기술대학에 특차로 합격했다는 데서 자신감을 얻은 진학 희망자 16명은 김대식 반장이 내린 특단의 학습 계획으로 한 시간 덜 자기 운동을 벌여가며 입시 공부에 더욱 박차를 가하였다. 휴식 시간에도 오로지 공부에만 몰두하였고, 수업 분위기도 놀랄 정도로 조용하고 진지해졌다. 방과 후에는 학교 도서관에서 밤늦도록 문제집과 씨름하는 녀석들이 기특하기만 하였다. 반장의 끊임없는 자율학습 확인과 격려, 학생들의 끈질긴 집념과 의지, 이런 것들이 혼연일체가 되어 빈틈없는 일과가 계속되었다.

드디어 대입학력고사(현재 수학능력시험) 결과 김양섭 군이 전교 최고 득점을 얻었을 뿐만 아니라, 무려 8명이 대학에 합격하는 경이로운 대기록을 세웠다. 불과 6명의 합격자를 낸 전자과, 전기과 전체 8개 학급을 합한 합격 숫자를 제치고, 우리 반이 단연 비교도 안 될 최고의 합격생을 낸 것이다. 다른 8개 학급 전체에서 총 6명 합격인데, 8반 1개 학급에서만

졸업 소풍(1986)
셋째 줄 왼쪽 첫 번째가 필자(담임), 그 옆이 윤좌한 교사, 넷째 줄 왼쪽 첫 번째가 김대식 군

8명이 합격한 것이다. 이 기록은 통계 자료를 확인해 보지 않았지만 전국 실업계고교 중에서도 최고 기록일 것이라고 생각된다. 비록 반장 자신은 진학의 길을 선택하지 않고 취업 전선의 길을 선택하였지만, 급우들의 진학 지도에 심혈을 기울인 결과물이었다.

취업 희망자 43명 중 43명 100% 취업, 진학 희망자 16명 중 8명 50% 합격, 실로 대단한 기록이었다. 대학별 진학 현황은 과학기술대 1, 광운대 2, 단국대 1, 호남대 1, 전문대 3명이었다. 그리고 낙방한 8명은 일단 취업을 하여, 학급 59명 모두 제 갈 길을 찾은 것이다.

대입 합격생 최고 기록, 이것이 김대식 반장이 이루어 낸 세 번째 신화이다.

네 번째 신화, 1년 무결석 학급

녀석들은 놀랍게도 오랜 기간 동안 결석을 하지 않았다. 반장 지휘 아래 자기네들끼리 결석하지 않기로 굳게 결의하고 똘똘 뭉쳤다고 했다. 결석뿐만 아니라 지각, 조퇴, 결과도 없었다. 1학기가 지나도록 출석부는 깨끗하였다. 해가 바뀌고 졸업의 순간이 다가와도 출석부는 볼펜 자국 하나 없이 깨끗하였다. 이상한 아이들이었다. 이럴 수가 있을까? 정말 희한한 일이었다. 그때까지 나는 어떠한 체벌을 가한 적이 없고 잔인하게 지도한 적도 없었다. 그저 말로써 타일러 격려하고 쓰다듬고 부추겨 줬을 뿐이다. 오로지 반장을 중심으로 자율적인 학급 운영을 하도록 뒤에서 밀어 주고 도와줬을 뿐이다. 반장은 자율학급 운영에 놀라울 정도로 지혜로웠다. 질서에서 이탈하는 급우에겐 우정 어린 충고를 아끼지 않았고, 가정적으로 불안정하거나 학업에 염증을 느끼고 있는 급우에겐 미래의 당차고 푸른 내일을 그려 주며 힘을 북돋워 주었다. 그네들은 반장 말이라면 잘도 순응하며 잘 따랐다. 아마도 전교 총학생회장이라는 직함을 갖고 있는 반장이라, 그네들에겐 정신적인 지주처럼 느껴졌을 수도 있었을 게다. 게다가 반장의 이지적인 지휘력에 압도당하기도 하고,

인간적인 격려에서 진실된 우정을 느꼈을 것이다.

1년 무결석, 무지각, 무조퇴, 무결과, 실업계 고교에서는 영원히(?) 깨질 수 없는 대기록이요, 또한 그네들이 합심단결로써 이룩한 네 번째 신화 창조인 것이다. 이건 바로 반장을 중심으로 그네들끼리의 단결과 신뢰와 양심과 약속의 결과이다. 1년 동안 비가 오나 눈이 오나 바람이 부나 정말 한결같이 학업에 임한 우리 3학년 8반 학우들, 그들은 강인하였다. 그리고 김대식 반장, 그리고 김대식 총학생회장, 그는 위대한 반장이요 총학생회장이었다. 졸업식 날 59명 전원이 개근상장을 타가지고 금의환향하듯 집으로 돌아가면서 교가를 합창하였다. 그네들이 이룩한 4대 신화 창조의 희열감에 들떠서.

3학년 8반의 4대 신화 창조

첫째, 총학생회장 당선

둘째, 한국과학기술대학교(현 카이스트대학교) 합격

셋째, 대입 합격생 최고 기록

넷째, 1년 무결석 학급 기록

그리하여 졸업식 날 마지막 종례는 이런 말로 마감하였다.

"너희들은 광운 역사에 길이 빛날 4대 신화를 창조한 영웅들이다. 그리고 나의 아름다운 제자들이다. 우리 59명의 아름다운 영웅들이 아무런 기약 없이 그냥 헤어지기는 너무나 서운하다. 우리 8반의 4대 신화 창조를 영원히 기억하기 위하여서라도 매년 한 번씩 꼭 만나자. 날짜는 3학년 8반을 기리기 위해 매년 3월 8일로 정하고 8반을 기념하기 위하여 밤 8시, 장소는 학교 인근 성북역(현재 광운대역) 광장이다. 그리고 날짜, 시각, 장소는 항상 변함이 없다."

녀석들은 와~ 하는 함성과 함께 한 덩어리가 되었다. 그리고 반장을 들어 올려 헹가래를 쳤다. 영원히 잊지 못할 아름다운 악동들!

반장이면서 총학생회장 김대식 군이여, 이렇게 아름다운 제자를 두어 흐뭇하다네. 김 군도 이제 50이 넘은 중년의 나이가 되었지만, 그때 그 왕성한 혈기와 인내로써 급우 59명을 지휘하면서 겪은 힘든 시간들, 내가 다 기억하고 있다네. 총학생회장 임무 수행하기도 벅찬 일인데, 자율 학급 운영의 총대까지 메었으니 얼마나 힘들었겠나? 그런데 김 군은 자랑처럼 너끈히 해 내는 걸 보고 참 대단한 학생이로구나 하고 감탄하였으며, 사회에 진출하여서도 성공하리라 믿어 의심치 않았다네. 수고하였네. 김 군이야말로 진정코 아름다운 사람이야. 아무렴, 그렇고말고, 아름다운 사람이지.

김 군 주례를 서다

김대식 군은 광운대학교 관리처에 취업하였다. 대학 진학의 꿈을 잃지 않고 주경야독하며 인덕대학(야간부) 전자과를 졸업하였다. 어느 날 준수한 청년의 모습으로 나를 찾아왔다.

"선생님, 저 결혼합니다."

"아, 그래 축하해. 고등학교 시절이 엊그제 같은데 벌써 결혼할 나이가 되었구먼."

"선생님께 부탁이 있어 왔습니다."

"부탁? 뭔데, 어려운 부탁은 하지 마, 나 능력 없어."

"주례 부탁하려구요."

"주례라, 주례는 사회적으로 명망이 있는 사람이 서는 거라네. 나 같은 졸장부는 자격 없어."

"꼭 부탁드립니다."

"아니, 대학 교수님이라든가, 또는 광운대 직속상관도 있을 게고, 총장님이나 이사장님도 계실 거고, 아니면 부모님 친지분도 계실 거고."

"선생님 거절하지 마십시오. 선생님께서 주례 안 서시면 저 장가 안 갑니다."

물러서지 않았다. 그 동안 제자 주례를 몇 번 서기는 했지만 은근히 사양하는 척했을 뿐이다. 제자가 주례 부탁을 하면 실은 그보다 더 흐뭇한 일이 없는 법이다.

"알았네, 예식장은 어딘가?"

"광운대학교 대강당입니다."

"대학 강당이라, 김 군 출신 광운학원에다 김 군이 근무하는 곳이니 더욱 의미가 있겠군, 그래 그게 좋군."

주례를 하기로 약속했다. 주례사는 '부부에게 주는 글' 10개 항목을 구상하여, 펜으로 쓰지 않고 붓으로 두루마리 화선지에다 썼다. 붓글씨를 써 본 것은 청년 시절 고향 친구 결혼식장에서 우인 대표 자격으로 축사를 붓으로 써서 읽은 경험밖에 없는지라, 오랜만에 잡아보는 붓은 떨리고 글씨는 삐뚤빼뚤하였지만, 다 써놓고 보니 두루마리에 점점이 박힌 글씨가 제법 짜임새가 있어 보였다. 4대 신화를 창조한 3학년 8반 반장의 잊지 못할 추억이 샘솟았기 때문에 정성을 다하여 썼다. 축가는 김 군 모교

결혼식 주례

교가라고 했다. 예식장이 신랑 출신 광운학원 강당이라, 광운전자공업고등학교 교가를 동창들이 부르기로 했고, 반주는 모교 스승이신 음악 선생님께 부탁하여 사전 피아노 반주 녹음을 준비했다는 것이다.

드디어 결혼식 날, 붓글씨로 쓴 기다란 두루마리를 펼쳐 들고 주례사를 읽어 내려가는 것을 본 하객들은 신기한 듯 엄숙한 자세로 경청하였다. 또한 신랑의 동창들이 합창하는 광운전자공업고등학교 교가가 울려 퍼질 때는 감개무량하여 눈물이 날 지경이었다. 실로 아름답고 감격적인 축가였다.

동창생들이 부르는 교가는 압권이었다. 결혼식 축가로 교가를 부르는 것을 처음 본 하객들의 박수갈채가 쏟아졌다. 나름대로 기발하고 의미 있는 식순 구성이었다. 참으로 아름다운 결혼 의식이었다.

어느 날 김 군이 사진 한 장을 내밀었다.

"선생님 주례사를 표구하여 거실에 걸어 놨어요. 주례사 말씀대로 살아가려고 노력하고 있습니다."

서예가의 글씨도 아닌 미숙한 글씨로 쓴 주례사를 거실에 걸었다니 깜짝 놀랄 일이었다. 게다가 낙관이 없어 인감도장을 찍은 건데, 오히려 부끄러웠다. 그러나 고마웠다. 참으로 아름다운 제자였다.

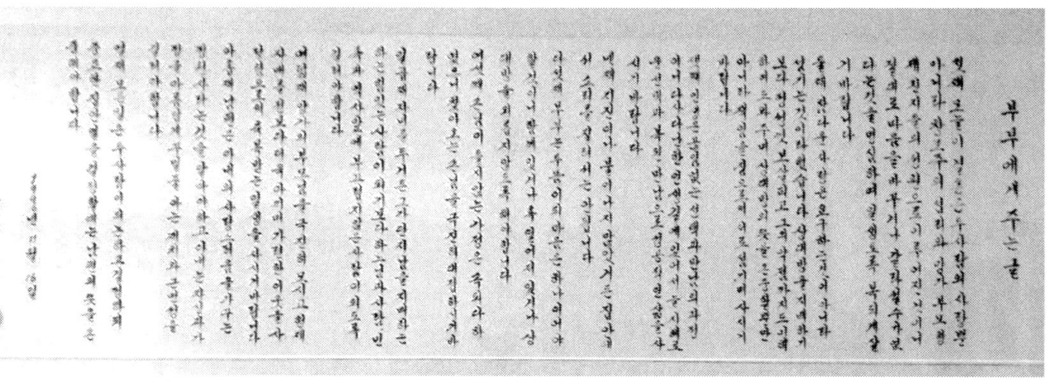

김 군 거실에 걸려 있는 주례사(부부에게 주는 글) 족자

스승에 대한 존경과 사랑

김 군은 나를 잊지 못할 스승이랍시고 자주 연락하여 식사 대접을 하곤 한다. 50대에 접어들면서 나는 건강이 여의치 못하여 방학 때면 공기 맑은 시골에 가서 휴양하곤 했다. 어느 날 김 군 전화를 받았다.

"선생님 뵙고 싶어서 전화 드렸습니다. 오늘 저녁 식사 어떠세요?"

"고맙지만 난 지금 시골에 와 있어."

"그래요? 언제 올라오세요?"

"2월 하순 개학 무렵이야."

"요즈음 건강은 어떠세요?"

"여의치 못하다네, 휴양차 시골에 왔다네."

"선생님 건강은 허약체질인 줄 알고 있습니다만, 어디가 안 좋으세요? 서울에 오셔서 종합 진찰 한번 받아 보세요."

"다음에 가 보지 뭘."

"다음다음 하시다가 세월 다 가버려요. 계신 데가 시골 어디세요?"

"제주도, 제주도라네."

"제주도까지 가셨군요. 지금 당장 제가 모시러 가겠습니다. 숙소가 어디세요?"

"에이 제주도는 너무 멀어."

"국내인데 뭐가 멀어요? 어디세요. 말씀하세요. 모시러 갈 테니까요."

"그러고 보니 당장 무슨 일이라도 날 것 같네그려. 뭘 그리 서두르는가?"

"그러니까 무슨 일 일어나기 전에 예방해야죠. 한양대병원에 저의 친구가 의사로 있으니까 종합 진찰 받아 보셔야 해요."

처음엔 그냥 인사치레인 줄 알았는데 아주 적극적이었다. 당장 제주도에 내려올 기세였다. 난 고맙다는 말만 되풀이하고 전화를 끊었다. 참으로 아름다운 마음씨를 지닌 제자였다.

그 외도 나한테 베푼 아름다운 일들이 많지만 하나만 더 소개하려 한다.

나는 퇴임 후 무료 교육기관인 나눔야간학교를 자력으로 설립하여 운영하였다. 작은 교실 3개에 교무실까지 갖추고 한글반, 고입검정고시반, 대입검정고시반, 다문화가정반 등이 개설된 제법 짜임새 있는 작은 야간학교였다. 나의 빈약한 호주머니도 털고, 독지가들로부터 약간의 후원도 있어 겨우겨우 꾸려갈 수 있었다. 정부에서 복지니 뭐니 하면서 돈을 물 쓰듯 하면서 개인이 무료로 운영하는 허술한 야간학교에는 지원이라고는 한 푼도 없었다. 교실 임대료 약간만이라도 지원해 달라고 몇 번이고 신청을 했지만 예산 없다는 타령만 계속할 뿐 아예 관심조차 없었다.

그런데 김 군은 책상, 교구, 교재 제공 등 운영에 큰 힘을 보태 주었다. 야간학교 건물 리모델링 공사 기간 동안에는 광운대학 강의실을 사용할 수 있도록 주선하여 주었다. 광운학원에서도 신임받는 관리처장 직위에 있는 간부직원이라 이사장께서도 김 군을 믿고, 좋은 일에 동참한다는 뜻을 함께한 것이라 생각했다.

김 군은 참으로 아름다운 사람이다.

고교 시절 총학생회장 임무 수행도 벅찬데 학급 반장까지 맡아, 3학년 8반 4대 신화를 창조한 총명하고 지혜롭고 지휘 능력이 탁월한 제자 김대식 군에 대한 아름다운 추억을 마음속 깊이 간직하고 있다가 비로소 작은 기록으로 남겨 둔다.

영원히 잊지 못할 제자 김대식 군이여, 그리고 3학년 8반 59명 제자들이여!

4대 신화 창조의 주역 59명의 얼굴들을 잊을 수 없어 영원토록 기억하고자, 그 59명의 얼굴들을 이 글 속에 기록하여 남긴다. – 졸업앨범(1987)에서 복사

담임 김 봉 천 선생님

3－8

급훈

한결같이

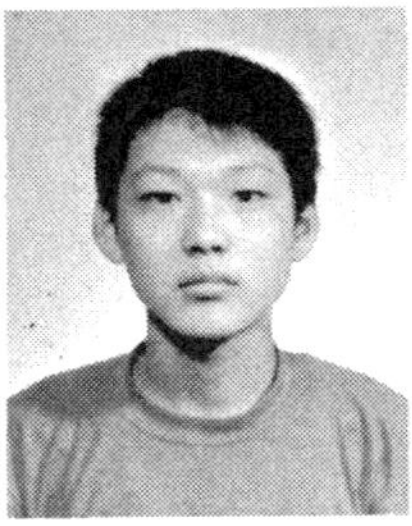

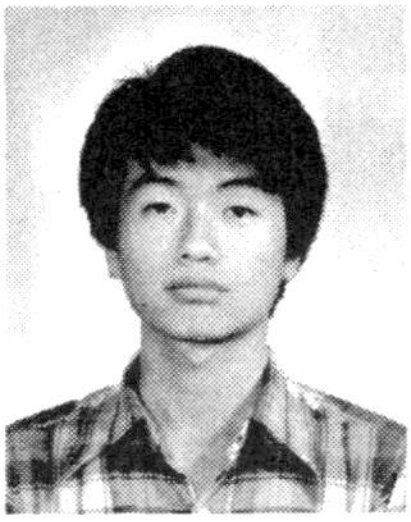

김 양 섭

이 황 구

김 남 철

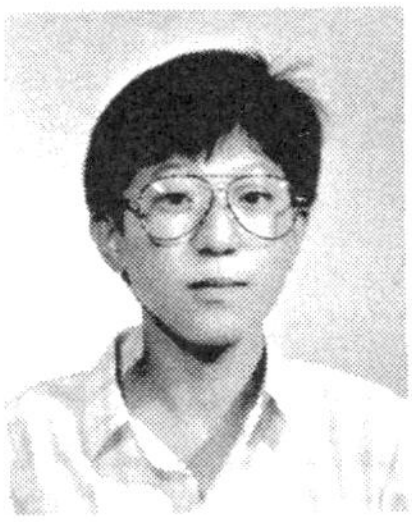

박 병 규

최 성 민

이 용 규

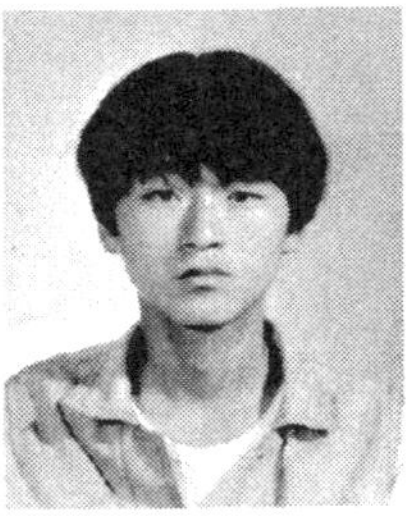

편 승 룡

김 헌 철

권 회 용

김 유 승

송 경 근

조 성 태

김 진 철

최 종 명

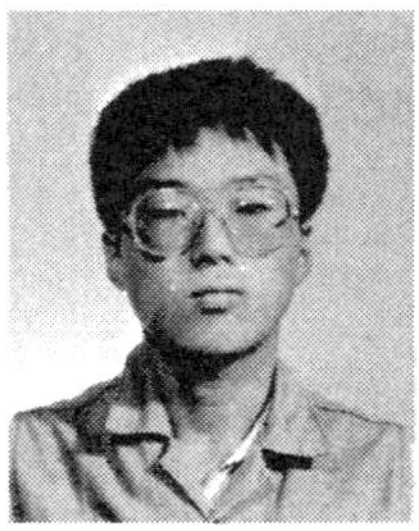

권 성 택

이 정 우

박 원 종

이 성 은

박 병 구

여 진 현

홍 현 승

이 상 진

권 상 현

김 성 수

배 경 수

천 성 옥

이 신 호

김 원 규

우 홍 택

선 종 태

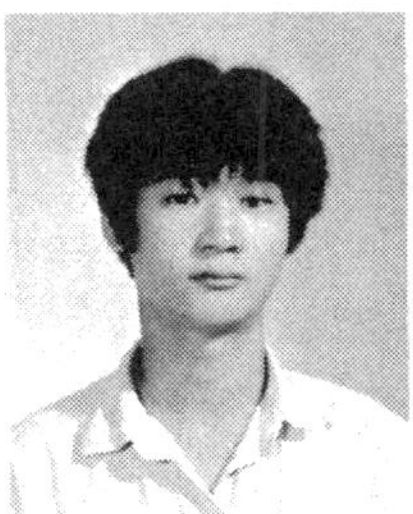

이 관

황 성 호

강재우

지경훈

김대식

조성찬

이윤호

이창회

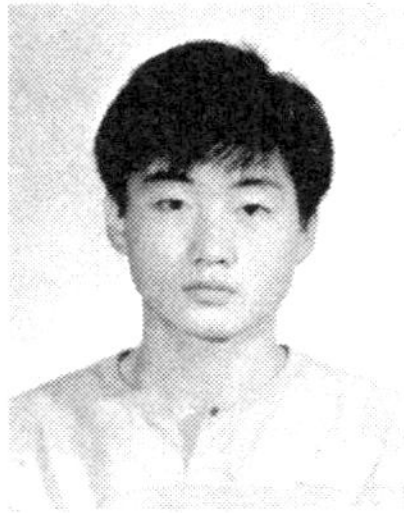

김경수

김태호

조광휘

최용율

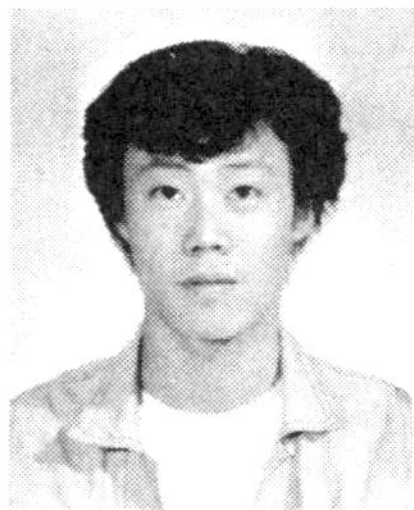

김성운

김현관

강신철

김장환

김 경 운

이 종 관

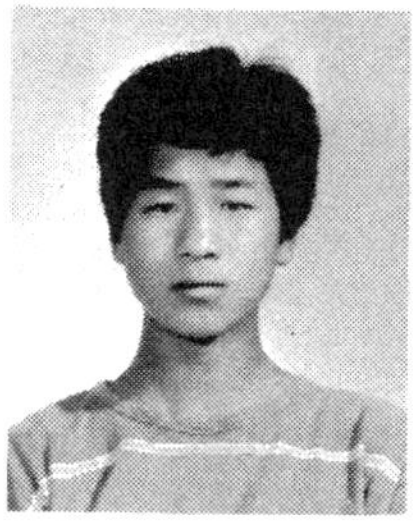
김 광 철

최 대 성

허 만

윤 희 승

하 의 석

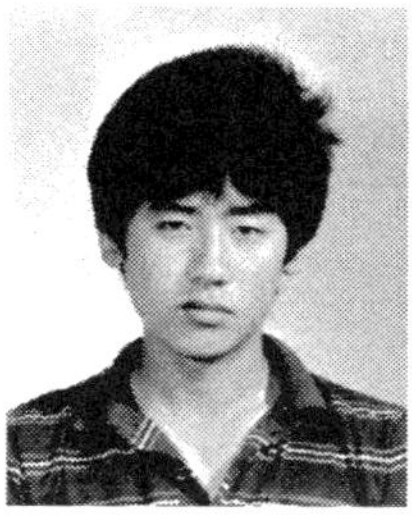
이 정 우

임 광 균

임 경 택

이 귀 남

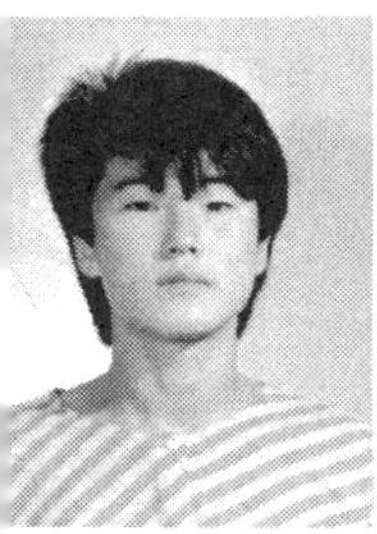
김 명 환

하 성 호

김대식

1968년 경북 상주 출생

광운전자공업고등학교 전자통신과 졸업

광운학원 관리처 입사

인덕대학 전자과 졸업

현재 광운학원 관리처장

망부석이 아니 되랴

기다림의 순정 바닷가 여인

섬에는 바람이 살았다.

새댁은 아침마다 바닷가에서 바람을 맞고 서 있었다. 모래톱을 핥는 파도 이랑엔 아침 햇살이 눈부시게 부서지고 있었다. 파도를 몰고 오는 바람은 매일 불었다.

새댁은 석 달 전 가마 타고 올 때 입었던 옥색저고리에 분홍치마를 곱게 차려입고 바닷가에 서 있었다. 치맛자락이 바람에 나부낄 때마다 살짝 드러나는 버선발 고무신이 유난히 희었다. 단정히 쪽진 머리는 아무리 바람이 세차게 불어도 머리카락 한 올 흩날리지 않았다. 비단옷자락만 바람에 나부낄 뿐 새댁은 흔들림이 없었다. 저 멀리 아득히 뻗어 있는 수평선을 바라보며 두 손을 가만히 모아 잡고 망부석처럼 서 있었다.

새댁은 갈매기의 날갯짓도, 섬마을 아낙들의 수군거리는 소리도 아랑곳하지 않았다. 바다의 딸인 양, 새댁은 그저 해풍에 흠뻑 젖어 있었다. 열흘이 넘고 보름이 넘어도 지칠 줄 몰랐다. 어쩌면 남해 용왕에게 이끌려 바다 한가운데로 걸어 들어가 버릴 것만 같은 신비로운 존재였다.

그때 나는 중학교 1학년이었다. 1960년이라고 기억된다. 그러니까 60년이 흘렀다. 해변 길을 따라 자그만 초등학교 담장이 끝나는 곳에 새댁이 살고 있었다. 나는 그 집 앞을 지나 20리 산길을 걸어서 통학하고 있을 때였다. 내가 학교 가는 시각이면 새댁은 어김없이 바닷가에 서 있었다.

새댁은 석 달 전 이웃 마을에서 내가 사는 장포 마을 박성주라는 청년에게 시집을 왔다. 둘은 스무 살 동갑내기였다. 섬에서 태어나 섬에서 자란 둘은 결혼이 뭔지도 모르고 그저 집안 어른들이 시키는 대로 짝이 되었다.

철부지 사랑을 배울 때쯤 신랑은 남해바다 멀리 세존도 근해로 만선의 꿈을 안고 고기 잡으러 떠났다. 배가 바다 멀리 수평선 너머로 사라질 때까지 둘은 손을 흔들었다. 배가 한번 나가면 열흘 만에 돌아오곤 했다. 새댁은 만선의 깃발을 날리며 무사 귀환하기를 매일매일 용왕님께 빌었다.

열흘이 다 되어 갈 무렵 태풍이 집채만한 파도를 몰고 왔다. 섬 전체가 와르르 와르르 무너져 내릴 것만 같았다. 이름도 악명 높은 사라호 태풍이 섬을 할퀴고 간 자국이 채 아물지도 않은 이듬해였으니 섬사람들은 간이 콩알만 해졌다. 출어하지 않은 배들은 안전한 곳으로 대피하느라 섬마을은 야단법석이었다. 천둥 번개가 번쩍이고 밤새 파도가 성난 맹수처럼 으르렁거리며 포효하였다.

아침이 되자 풍랑은 그쳤으나, 난파선 한 척이 파도에 밀려와 뼈대만 남은 채 모래벌판에 머리를 박고 있었다. 장포 마을 배는 아니지만, 남편을 바다로 보낸 섬 아낙들은 술렁이기 시작했다. 새댁도 이집 저집 무슨 소식이나 들을까 봐 분주히 뛰어다녔다.

고기잡이배가 하나 둘씩 파도에 시달려 피로한 모습으로 통통거리며 포구로 들어왔다. 어부들은 초죽음이 되어 일그러진 얼굴을 하고 있었다. 배가 저 멀리서 가물거리며 들어올 때마다 아낙들은 선창가로 줄달음을 쳤다. 선창은 연일 희비가 엇갈리는 웃음과 울음의 시장 바닥이 되었다. 다른 배들은 다 돌아왔는데, 새댁이 기다리는 배는 영영 돌아오지 않았다. 돌아온 어부들은 아무도 그 배를 본 적이 없다고 했다.

새댁의 눈에는 주루룩 눈물이 흘러내렸다. 새댁은 매일 아침 먼동이 틀 무렵이면 한복 단장하고 바닷가에 나왔다. 수평선 아득히 가물거리는 배를 볼 때마다 가슴이 울렁거렸다. 신랑은 꼭 돌아오리라고 굳게 믿었다. 안전한 곳에서 태풍을 피하고 조업 중일 것이라 생각했다.

그러나 다시 달포가 지나도 돌아올 줄 몰랐다. 마을 사람들은 틀림없이 사고가 난 것이라 했다. 하루 이틀 사흘…… 또 한 달이 지났다. 아침 해는 아무 일 없었다는 듯이 장엄하게 매일매일 다시 떠오르는데 배는 다시 돌아오지 않았다.

그래도 새댁은 새벽마다 정화수 떠놓고 치성을 드렸다. 아침이면 으레 곱게 머리를 빗어 틀고 비녀를 꽂았다. 역시 시집올 때 입고 온 한복을

시선 머무는 저곳에 새댁의 바닷가가 있다 고3 때 필자의 모습(1967)

차려입고 바닷가로 나왔다. 먼길에서 돌아오는 신랑을 맞이하는 새댁이 몸단장을 곱게 하는 것이 최대의 미덕이라 생각했다.

내가 본 새댁의 모습은 용왕이 보낸 바다의 딸이었다. 그리움이 가득찬 눈빛이며, 얼굴 가득 담고 있는 기다림의 눈빛들이 바다를 고요히 잠재울 것도 같았다. 새댁이 언제까지 부질없이 저러고 섰을 것인가 하는 것이 섬마을 사람들의 최대 관심사였다. 두 달이 지났는데도 매일같이 성모마리아상처럼 기도하듯 서 있었다. 새댁 주위는 성역(聖域) 지대였다. 아무도 그 성역 지대에 접근하지 않았다. 어느 누구도 감히 새댁의 그 애절한 기다림을 깨뜨릴 수 없었다.

그 배에 탄 선원은 모두 일곱이었다. 그 가족들은 영험하다는 점쟁이들을 다 찾아다녔다. 점쟁이도 잘 몰랐다. 아직 시퍼렇게 살아 있다는 점쟁이와 죽었다는 점쟁이가 반반이었다. 섬사람들은 모든 정황으로 보아 분명 죽었다는 것이 옳을 것이라 했다. 살아 있다면 여태 돌아오지 않을 리가 없다는 것이다. 육신을 바다에 묻었으니 영혼이라도 위로해 주라고 했다.

바다는 무당의 징소리로 으스러졌다. 무당 셋을 태운 배가 갯마을 바다를 수십 번 돌았다. 쉴 새 없이 두들겨 대는 징소리가 마을 사람들 가슴을 더욱 아프게 했다. 선원 가족들의 울부짖음이 파도에 부딪쳐 하얀 물보라로 부서져 내렸다. 새댁도 목 놓아 울었다. 그 구슬픈 울음은 진혼곡으로 섬을 싸고돌았다.

무당춤도 징소리도 멎었다. 위령제는 어둠이 내릴 무렵에야 끝이 났다. 이제 풍랑에 휩쓸려 맴돌던 영혼들은 하늘로 올라갔을 것이라고 섬사람들은 말했다. 오로지 섬만 알고 바다만 알고 착하게 살다 갔으니 모두 천국으로 갔을 것이라 했다. 위령제를 올린 후부터 마을은 평온을 약간씩 찾기 시작했다. 그러나 새댁의 기다림은 지칠 줄 몰랐다.

섬 바다는 새댁의 바다요 새댁의 고향이었다. 새댁의 눈물이요 새댁의 그리움이었다. 새댁의 슬픔이 짙어지면 파도는 더욱 세차게 울었다. 새댁은 이제 넋 나간 사람처럼 바다만 바라보고 서 있었다. 지성(至誠)에 감탄한 마을 사람들은 아무도 말리지 않았다. 집안사람들도 애처로운 혀만 쯧쯧 찼다. 저러다간 결국 망부석이 될 수밖에 없을 것이라며 안타까워했다.

그러던 어느 날, 새댁의 눈앞에 배 한 척이 가물거렸다. 하루에도 수십 척의 배가 오가는 바다지만 그 배는 유독 낯설지 않았다. 저 멀리 수평선 너머에서 새댁의 가슴팍으로 흘러 들어오고 있는 것이었다. 배가 점점 가까워질수록 더욱 낯익어 보였다. 새댁의 눈동자가 커지고 눈꺼풀이 파르르 떨렸다. 한 맺힌 가슴을 콩콩 방망이질하듯 통통거리는 기관 소리는 더욱 크게 들렸다.

새댁은 환상일 거라 생각했다. 통통거리는 소리도 환청일 것이라 생각했다. 뱃고동이 길게 울었다. 새댁은 신랑의 영혼을 싣고 오는 용왕님의 구슬픈 울음이라 생각했다. 배가 두 번째 뱃고동을 울리며 포구에 들어섰을 때, 새댁은 그것이 환상이 아님을 깨달았다. 환청도 아니었다.

—아, 틀림없다. 그 배다. 그이가 타고 고기잡이 나간 배다.

새댁은 선창을 향하여 숨차게 뛰었다.

—신랑의 배가 돌아온다. 그이가 돌아온다…….

기뻐 어쩔 줄 몰라 가슴이 두근두근 울렁거렸다. 신랑을 보내 준 바다가 한없이 고마웠다. 그러나 순간, 새댁은 발을 멈추었다.

— 신랑의 배가 아닐지도 몰라, 만약 신랑의 배일지라도 그이가 없으면 어떡하나?

새댁은 전신을 부르르 부르르 떨었다. 배가 선창에 닿았다. 일제히 경악의 탄성이 터져 나왔다. 정말 정말 이런 것을 기적이라 했던가! 그이의 배가 틀림없었다. 태풍에 시달려 거무튀튀하고 찌그러진 얼굴들, 그러나 그들은 틀림없는 그들이었다. 일곱 명 그대로였다. 아무도 죽지 않고 그대로 살아 돌아온 것이다.

새댁은 신랑을 본 순간 다리에 힘이 죽 빠졌다. 그대로 자지러지며 털썩 주저앉았다. 눈물의 폭포를 한없이 쏟았다. 그것은 그리움이 한껏 익어 터져 버린 여인네의 한 맺힌 통곡이었다. 선원의 가족들도 모두 덩어리 덩어리 얼싸안고 울었다. 울음의 바다요, 울음의 섬이었다. 바람이 불고 파도가 일었다. 마을도 울고 바다도 울었다. 그날은 온통 섬마을 전체가 울음의 축제였다.

중학생인 어린 나는 너무나도 엄청난 경험을 하였다. 뭐가 뭔지 잘 몰랐다. 나중에 안 일이지만, 배는 기관 고장으로 풍랑에 표류하다가 대마도 근해에서 일본 경비정에 영해 침범으로 나포되어 억류되었다가 풀려났다 했다. 그 당시만 해도 일본과 수교가 단절된 상태였기 때문에 오랜 기간 동안 억류된 것이다.

이튿날 아침, 새댁이 지키던 바닷가는 텅 비어 있었다. 다시는 바닷가에 서 있는 새댁을 볼 수 없었다. 파도에 부딪는 바람의 울음만 있을 뿐 새댁은 없었다. 돌아온 신랑과 사랑의 싹을 기르고 있으리라.

지금은 새댁도 손주를 본 은빛할머니가 되었다. 몇 년 전 나는 부모님 묘소에 성묘하기 위하여 고향을 방문하였다. 새댁은, 아니 그 은빛할머니는 당시 중학생이던 나를 잘 알아보지 못하였다. 안타깝게도 쇠잔한 건강이었다.

나의 고향 마을 새댁의 바닷가에서 바라본 새댁의 바다
저 멀리 사량도(통영시)가 보인다. 김봉천 촬영(2020.3.17)

망부석이 될 뻔한 새댁, 한복을 곱게 차려입고 하염없이 바다를 바라보고 서 있던 새댁이 내 기억 저편에 아름다운 전설처럼 살아 있다.

섬에는 바람이 살았다.

섬에서 태어나
섬에서 살아온 새댁이라, 특기할 만한 이력이 없는 것이 허전하다.

효부의 사랑이 머무는 곳

안나의 집 조안나 원장

조안나 여사는 경기도 남양주시 와부읍 율석리에서 오갈 데 없는 할머니들을 돌보던 촌부(村婦)이다(안나는 세례명이고 본명은 조천수). 내가 조안나 여사를 처음 만난 곳은 1990년 8월 초원봉사회 장학생 연수회가 열리는 서울 덕수초등학교 강당에서다. 초원봉사회 덕소 회원팀장으로서 장학생 연수회 이모저모를 보고 싶어 참석했다는 것이다. 평소 조 여사의 선행에 대하여는 유승룡 회장(27면 참조)으로부터 들어서 잘 알고 있었지만 이렇게 뵙게 되니 반갑기 그지없었다. 40대 후반의 수수한 시골 아낙이었다. 더 자세한 것이 궁금하여 연수회가 끝난 후 잠시 시간을 내어 찻집으로 모셨다.

"의지할 곳 없는 할머니들을 위하여 헌신하고 계신다는 얘기를 들었습니다."

"그저 자그마한 일인 걸요."

"조 여사님 가사일 돌보기도 벅차신 걸로 알고 있습니다."

"바쁘게 사는 것이 오히려 즐겁습니다."

"부군께서 산업재해를 당하여 쉬고 계신다구요."

"몇 년 되었죠. 노동 능력이 부족해요."

조 여사의 얼굴에 어두운 그림자가 지나갔다. 괜한 얘기를 했구나 싶어 화제를 바꾸었다.

그날 조 여사가 내게 들려 준, 기구하게 살아온 삶의 얘기를 간단히 정리해 본다.

빈한한 농군의 딸로 태어나 조실부모하고 어린 나이에 결혼은 했지만, 시댁도 가난하여 전답 몇 평으로는 보릿고개 넘기기도 어려웠다. 시어머니께서 쌀밥 한 그릇 제대로 못 먹이고 떠난다며 한을 품고 세상을 하직할 만큼 가난한 집안의 며느리였다. 이웃집 농사일을 거든 품삯으로는 입에 풀칠하기도 어려웠다. 결국 나무장사 품팔이 등을 하면서 고난의 가시밭길을 헤쳐 온 기구하고 박복한 여인이었다. 그런데도 어려운 처지에 있는 이웃을 보면 돕지 않고는 못 배기는 아름다운 심성의 소유자였다. 그렇다고 어려운 이웃에게 도움이 될 만한 것은 아무것도 소유한 게 없는 것이 안타까웠다. 가진 것이라고는 오로지 쓰러져가는 오두막집과 넘치는 사랑밖에 없었다. 천주교 신자가 된 은총만이라도 감사하다는 생각으로 역경을 헤쳐 온 그는 효성을 바칠 시부모님이 안 계시다는 것이 한스러웠다. 시집와서 가난한 시댁의 삶을 꾸려가느라 시부모님께 제대로 효도를 못 하고 살아온 것이 항상 마음에 걸렸다.

어느 날 길거리에 나앉아 있는 할머니 한 분을 목격하게 되었다. 어느 집 며느리에게 쫓겨난 갈 곳 없는 할머니였다. 자신의 집으로 모셔온 조안나 여사는 허기부터 달래게 하고 목욕물 데워 깨끗이 씻겨드리고는 자신이 입던 것이지만 옷 한 벌을 꺼내어 갈아 입혔다. 할머니는 하도 고마워 하염없는 눈물만 글썽였다. 그날부터 할머니는 아예 조 여사네 식구가 되어 버렸다. 조 여사의 부군(夫君)도 처음엔 의아하게 생각하였지만 하루 이틀 지내다 보니 정이 들어 부모처럼 대하는 마음씨 고운 분이었다.

그뿐이랴? 몇 달 후에는 의지할 곳 없는 할머니 한 분을 또 모셔왔다. 두 부부가 살아가기도 빠듯한 살림살이에 할머니 두 분을 모시게 되었으니 끼니 때우기도 어려웠다. 입소문은 빨라 조 여사가 다니는 성당에서 그 선행을 알게 되어 쌀 지원을 받아 배는 곯지 않게 되었다. 급기야 초원봉사회의 지원으로 현재는 '안나의 집'을 따로 전세 내어 할머니 세 분과 부모 잃은 소녀가장 남매 등 다섯 식구를 보살피고 있다고 했다.

대강 굴곡진 삶의 역정을 차근차근 풀어낸 조안나 여사의 눈시울이 붉어졌다.

"결국 안나의 집을 마련하셨군요."

"초원봉사회의 은덕이죠. 누가 이름 없는 촌 아낙을 믿고 선뜻 전셋집을 마련해 주겠어요?"

"지성이면 감천이란 말이 있지 않습니까? 안나 님의 정성에 감복한 하늘이 내린 선물이라 생각하시면 됩니다."

"평생토록 잊지 못할 감사한 일이죠."

"할머니가 세 분이나 되네요. 귀찮은 생각이 들 때도 있겠습니다."

"시부모님께 못다 한 효도를 이분들께 대신 하는 겁니다."

비단결처럼 아름다운 심성을 지닌 분이었다. 안나의 집을 꾸려 나가는 경비가 궁금하였다. 할머니들은 생활보호대장자로 등록되어 쌀은 정부에서 보조받고, 성당에서도 도와준다고 했다. 기타 생활비는 인조견 치마를 만들어 팔고, 수의(壽衣) 주문도 받아 제작한다고 했다. 또한 신부님 강론 녹음테이프를 판매하기도 하여 경비에 보탠다고 했다.

"할머니들이 저를 딸처럼 대하고 있어요. 어디 외출이라도 나가면 차 조심해라, 빨리 와라, 언제 오느냐는 등 염려해 주시고 보채는 모습이 흐뭇합니다. 과자건 빵이건 군것질할 것 사들고 들어가면 여간 반가워하지 않아요."

조 여사의 밝게 웃는 모습이 아름다운 성녀의 얼굴 그대로였다.

몇 달 후 나는 안나의 집을 직접 방문할 기회를 가졌다. 안나의 집은 조 여사가 살고 있는 오두막집에서 도보로 25분 거리에 있었다. 매일 출퇴근하듯 아침 8시에 안나의 집에 가서 할머니들 목욕에다, 청소에다, 빨래에다, 점심 준비에다 온종일 할머니들 뒷바라지를 하다가 저녁상을 차려 드리고 오후 6시경에 귀가한다. 아저씨의 저녁 준비를 해야 되기 때문이다. 밤에는 자원봉사자들이 할머니 시중을 들고, 위급한 일이 생겨 조 여사에게 전화가 오면 황급히 달려간단다.

그런데 조만간 좋은 일이 있을지도 모른다고 조 여사가 내게 귀띔했다. 어느 독지가 한 분이 대지 700여 평을 기증할 뜻을 비친 적이 있다는 것이다. 그렇게 되면 아예 안나의 집을 신축하여 할아버지들까지 모시고 싶은데, 그 꿈이 이루어지기를 매일 기도한다고 했다.

그로부터 3년 후 조 여사의 소원대로 안나의 집을 새로 지어 개원식을 한다는 연락을 받고 부랴부랴 달려갔다. 2층짜리 건물에다 방이 9개나 되었다. 모시고 있는 할머니들이 열 분이라고 했다. 이제 곧 할머니뿐만 아

독지가의 후원으로 신축한 안나의 집

니라 할아버지도 모시기로 했다는 것이다. 2층에는 아담한 원장실까지 갖추었다. 비로소 조 여사, 아니 조안나 원장의 꿈이 이루어진 순간이었다.

원장실은 찾아오는 손님들이 많아 손님맞이방으로 사용한다고 했다. 조 원장이 다니는 성당 신부님, 수녀님 들도 자주 방문하여 물심양면으로 도와준다고 했다. 이제는 한갓 농사일 하는 시골 아낙이 아니라 어엿한 '안나의 집' 원장이 된 것이다. 그렇다고 해서 원장이랍시고 어르신들을 소홀히 하는 모습은 전혀 찾아볼 수 없고, 몸소 어르신들 돌보시는 모습은 예나 지금이나 다름없이 한결같다고 자원봉사자들은 증언한다. 아름다운 삶이란 바로 이런 것이로구나 하고 상념에 잠기기도 했다.

1년 후 안나의 집을 다시 방문했을 때는 류머티즘 관절염을 앓고 있는 중년 여인이 침대에 누워 있었다. 거동은커녕 온 몸이 마비되어 누워서만 지내는, 피골이 상접한 난치병 환자였다. 대소변 처리도 조 원장 몫이었다. 왼쪽 손 신경은 약간 살아 있어 왼쪽 팔을 벽에 의지한 채 작은 시집을 왼쪽 손에 들고 누워서 읽고 있었다. 조 원장이 소개하였다.

"시를 잘 써요. 그림도 잘 그리구요. 다 지난 세월이 되어 버렸답니다."

나는 누워 있는 여인을 바라보며 간청하였다.

"써 놓은 시 구경 좀 할까요?"

여인은 배시시 웃기만 할 뿐 말이 없었다. 조 원장이 말을 이었다.

"몸이 말을 안 들어서 그렇지, 말도 잘하고 의식은 멀쩡하답니다. 민자 씨, 시 노트 보여 드려도 될까요?"

여인의 이름이 장민자라고 했다.

"부끄러워요. 아직 정리도 못한 글인 걸요. 다음에 오세요. 보여드릴게요."

여고 시절엔 미술대학 지망생이었고, 문학 소녀였다는 장민자 여인에 대한 연민의 정을 안고 다음을 기약하며 안나의 집을 나섰다(75면 참조).

다음은 독자들에게 더 구체적인 도움을 드리기 위해, 안나의 집에서 자원봉사 활동을 하면서 보고 느낀 박경숙 님의 글 한 편을 싣는다. 잔잔한 감동을 주는 글이다. 어느 계간지에 게재된 글인데, 글쓴이에게 연락이 되지 않아 허락을 받지 못하고 싣는다. 혜량 베푸시리라 믿는다.

안나의 집을 지켜보면서 　박경숙(안나의 집 동반자)

〈전략〉

당신께서 택하신 당신의 종 안나는 세상 쪽으로는 아주 보잘것없는 두메산골의 여인일 뿐입니다. 제가 안나의 집을 4년 가까운 세월을 두고 지켜보면서, 하느님께서 안나 님을 통해 이루시는 놀라운 역사를 피부로 느낄 수 있었습니다. 〈중략〉

안나의 집 첫해는 어려움이 많았습니다. 그중 경제적 어려움에 앞서 가장 이해하고 감싸야 할 이웃이 그를 핍박하는 것이었습니다. 그러한 어려움에도 불구하고 오직 주님을 믿는 그의 믿음은 묵묵히 자기의 할 일만 하고 나가는 것이었습니다.

시어머님 쌀밥 한 번 제대로 차려 드리지 못하고 하늘나라에 보내 드린 한 많은 여인이었습니다. 오갈 데 없는 어르신들을 한 가족 같이 시어머님 모시듯 살고 싶다는 그의 꿈은 현실로 나타나 오늘의 안나의 집 주춧돌이 된 것입니다. 하지만 살아 온 생활환경이 서로 다른 어르신들이 한데 모여 사는 데는 많은 어려움이 따랐습니다. 각자의 주장과 이기심으로 꽉 찬 사고방식이 무너지기란 참으로 어렵다는 것을 절감하였습니다. 그러한 생활 속에서 안나 님의 사랑과 인내와 헌신으로 그분들의 마음의 문이 조금씩 열리기까지는 눈물겨운 희생이 뒷받침되었고, 이미 건강을 잃어버린 채 들어온 할머니들을 수발하다가 하늘나라에 보내 드린 분도 벌써 세 분이나 됩니다. 그중 한 분인 루시아 어르신의 대소변을 처리하는 모습을 우연히 접하게 되었습니다. 저는 어떻게 도울 용기도 없이, 안나의 작은 체구가 그 큰 분의 몸을 다루며 항문에서 대변을 파내는 그 모습에 넋을 잃고 쳐다보고만 있었습니다. 제 머릿속에는 자기 친어머니에게도 그런 수발을 들기 어려운데, 하물며 살도 피도 섞이지 않는 그분의 수발을 드는 안나 님의 모습에서 냄새도 잊은 채, 마치 천사를 보는 듯이 지켜보고 있었습니다. 일이 다 끝난 다음 저는 집으로 돌아오는 길에 비로소 변 냄새가 코를 찌르는 듯하였습니다. 집에 들어와서는 냄새가 온몸에 배어 있는 것 같아 아무것도 먹을 수 없었습니다.

그러한 궂은일을 하루에도 몇 번씩 몇 개월간 수발을 들다가 하느님께 보내 드리는 안나 님이야말로 세상이 썩어가고 오염되어, 한 치의 땅도 깨끗한 곳이 드문 요즈음 그녀는 분명 아름다움 그 자체인 것입니다. 안나 님의 부군께서도 산업재해를 당하신 불편한 몸으로 농사를 겨우 지어 무공해 채소며 들고 와서 요셉 성인같이 뒷바라지를 하고 계시니, 그분의 정성도 하느님께서는 이미 알고 계시리라 믿습니다.

안나 님의 헌신은 경제에도 똑같이 반영되는 것을 저는 지켜봅니다.

안나의 집 가족들 뒷줄 왼쪽 첫 번째가 조안나 원장

안나의 집에 후원하시는 분들의 도움을 안나의 집에만 쓰지 않고 불우한 이웃에게도 나누는 그의 모습은 그리스도의 삶 그 자체였습니다.

저는 늘 즐겨하는 말 한 가지가 있습니다. 뭐냐구요? 네, "안나 님의 꽁무니만 따라다니면 천국간다."는 그 말입니다. 늘 감사할 뿐입니다. 안나 님을 통해 부르시는 주님께 응답하는 삶을 살려고 노력하는 저이고, 안나의 집 어르신들을 통해 봉사하는 우리의 마음은 그 어르신들에게 드리는 것보다 받는 기쁨이 더 크다는 것을 말씀드리고 싶습니다. 바로 이웃에, 아니 제 옆에 안나의 집이 있다는 것은 주님의 은총이요, 주님의 말씀을 늘 듣게 하는 하느님의 집입니다. 때로는 저의 시어머님께 좀 소홀히 하다가도 안나 님을 생각하면 저의 자세를 다시 움츠려 가다듬어 어머님께 더 잘해 드려야겠다는 양심의 소리를 듣게 하는 그 축복된 집, 어찌 그곳을 차마 잊을 수가 있겠습니까? 하느님께서 허락하는 그 시간까지 아마도 저는 '안나의 집'의 영원한 동반자가 될 것입니다. 〈하략〉

애닯도다, 그 이름 조안나! 아무런 대가없이 오갈 데 없는 어르신들에게 평생을 몸 바쳐 헌신해 오신 조안나 원장은 2017년 79세의 일기로 안나의 집을 영원히 떠나가고 말았다.

오호, 통재라. 늦게나마 조안나 원장을 찾아뵙고, 『내가 만난 아름다운 사람들』 책 한 권 영전(靈前)에 올려놓고 긴 묵상에 잠겨야겠다.

아름다운 조안나 원장님, 편히 잠드소서.

조안나 원장의 이력 정보가 없어 프로필란 여백이 공허하다.

산꾼들의 화수분

도봉산에 베푼 인정 정흥업 할머니

도봉산에 가면 콩비지찌개를 전문으로 하는 '도봉산 할머니집'이 있다. 그 할머니집에는 할머니가 안 계신다. 할머니집은 할머니의 아들이 운영하는 소박한 음식점이다.

지하철 도봉산역 1번 출입구에 내려 계곡을 따라 20여 분 올라가면 작은 쉼터가 있다. 그 우측 길섶에는 '할머니 잠드신 곳'이라 쓰인 자그만 바윗돌이 있다. 그것은 생전 할머니로부터 사랑을 먹고 자란 산꾼들이 할머니의 높은 뜻을 기리는 마음의 표시로서 마련해 놓은 표석이다. 그 옛날 배곯던 시절, 할머니는 표석이 있는 그곳에서 구멍가게를 차렸다. 음료수, 과자류에다 버너, 지팡이, 아이젠, 장갑 등 작은 등산용품도 구색을 갖추었다. 누가 시키는 것도 아니지만 산꾼들은 으레 할머니 가게에서 숨을 가라앉히고 잠시 쉬었다 간다.

할머니는 웬만한 산악회는 거의 다 기억했다. 누구는 석굴샘터 캠프장으로 갔고, 아무개는 주봉 캠프장으로 몇 시 몇 분에 올라갔다고 안내한다. 가게에 걸려 있는 큼직한 두 게시판에는 수십 개 산악회의 행선지와 등산 온 사람들의 이름이 적혀 있다. 또한 광운OB, 경동OB, 보성OB, 중동OB, 요델, 진석, 금강, 솔빈, 샘돌, 인왕, 천봉, 청암, 에델산악회 등 '산행연락함' 수십 개가 새집처럼 벽에 걸려 있다. 산꾼들의 연락처 구실을 하는, 다른 가게에서는 볼 수 없는 진풍경이었다. 특히 기억에 남는 산꾼으로는 이희구, 최창민, 정진양, 유기수, 강원섭, 이태영, 돌새(여) 등이라고 했다.

할머니는 콩비지찌개도 만들어 팔았다. 할머니가 손수 맷돌에 콩을 갈아 김치와 시래기를 넣어 손맛을 낸 비지찌개는 그 맛이 일품이었다. 도봉산을 찾는 산꾼이라면 하산 길에 으레 비지찌개 한 냄비에 막걸리 한 사발씩 걸치고 가는 번지 없는 주막이었다. 외상으로 긋고 가는 산꾼들도 많았다. 할머니는 말한다.

"받아도 좋고 못 받아도 좋아. 돈을 벌려고 가게를 하는 것이 아냐. 그저 바위 타는 애들의 그 티 없이 맑은 마음들이 좋아서 하는 거야. 산사나이들은 돈 안 떼먹어."

그 주막에서 요기를 하고 가는 산꾼들의 대화는 주로 먹거리 걱정이었다. 호주머니가 비어 기웃거리기만 하다가 그 구수한 콩비지찌개 냄새를 뒤로 하고 그냥 지나가는 사람도 많았다.

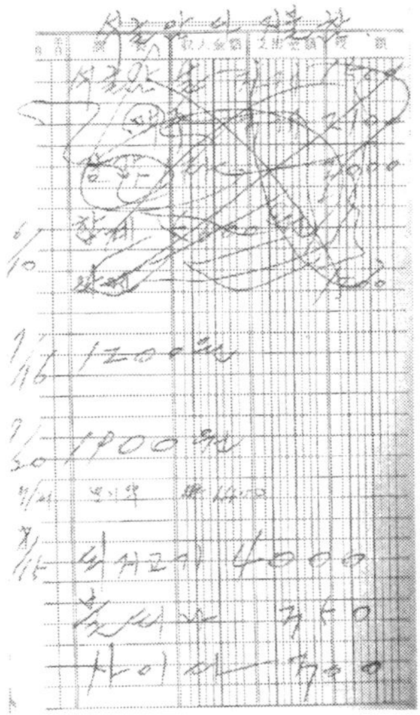

할머니 외상 장부 중에서(1985)
산꾼들은 외상 거래가 많았다.

할머니는 가슴이 아팠다. 배고픈 사람들과 더불어 사는 길은 없을까, 하고 늘 궁리하며 안타까워하였다.

그러던 어느 날, 몇날 며칠을 고민하던 할머니의 머릿속에 그 해답이 섬광처럼 번뜩였다. 기발한 아이디어를 하나 고안해 낸 것이다. 할머니는 구멍가게에서 얻은 작은 수입으로 배고픈 사람들과 함께 나누어 먹기로 결심했다.

할머니네 화장실은 가게 뒤꼍에 있었다. 할머니는 화장실 가는 으슥한 길목에 먹다 남은 쌀 포대 하나를 풀어 놓았다. 그리곤 그 위에 거적을 슬쩍 덮어 놓았다. 배고픈 사람들을 위해서였다. 몰래 조금씩 퍼가기를 바라는 마음에서였다.

급기야 눈치를 챈 산꾼들은 알면서도 모른 척하고 끼니 때울 만큼만 주머니에 담아갔다. 할머니 몰래 한 줌씩 한 줌씩 집어갔다. 산꾼들은 의리도 있고 양심도 있었다. 쌀 포대를 통째로 가져가는 사람은 없었다. 할머니는 매일매일 포대에 쌀을 채워 넣었다. 포대에는 쌀이 떨어지는 날이 없었다. 쌀 포대는 그야말로 화수분이었다.

정흥업 할머니(50대)

정흥업 할머니(60대)

할머니는 포대에 쌀을 채워 넣는 일이 이만저만 재미있는 일이 아니었다. 구멍가게 하여 돈 몇 푼 남는 재미는 포대 채우는 재미 바로 그것이었다. 할머니가 먹고 남은 쌀은 어김없이 포대 속으로 들어갔다. 배고픈 산꾼들에게는 할머니가 하늘에서 내려온 구세주였다. 그 쌀을 먹고 힘살 붙은 산꾼들은 히말라야도 가고 에베레스트도 올랐다.

할머니는 그렇게 한평생 쌀 포대 채우는 삶을 사시다가 안타깝게도 1987년 12월 25일 "배고픈 사람을 외면하지 말아라."는 유언을 남기시고 생애를 마감하셨다. 지금은 국립공원 정화사업으로 철거당하여 할머니집은 흔적도 없이 사라지고 '할머니 잡드신 곳'이란 표석만이 고즈넉하게 앉아 할머니의 영혼을 지키고 있다. 그 자리는 등산인들의 작은 쉼터가 되었다. 할머니의 '사랑의 쌀'을 훔쳐먹었던(?) 산꾼들과 할머니의 가게를 거쳐간 사람들은 그 쉼터 '할머니 잠드신 곳'을 지나칠 때마다 표석 앞에서서 묵념하는 것을 잊지 않는다.

다행히도 할머니의 아들(김유태)이 그 손맛을 이어받아 등산로 입구에 '도봉산 할머니집'이란 옛 간판을 그대로 내걸고 수년째 콩비지 맛을 내고 있다. 할머니의 손맛에다 비기랴만 고집스럽게 국산 콩만 사용한다며 은근히 뽐내는 아들의 얼굴이 할머니처럼 곱고 자상하다.

옛날 그 산꾼들은 할머니 손맛을 빼어 닮았다며 구수한 너스레를 늘어놓는다. 지난겨울에도 나는 친구들과 도봉산 둘레길 산행을 마치고 할머니집에 들러 콩비지찌개 한 냄비 시켜놓고 한잔 술로 서러운 가슴을 달래며 할머니를 추모하였다. 인정 많은 할머니를 그리며 도봉산 기슭에서 맞이하는 겨울밤은 계곡 물소리로 흐느끼며 깊어가고 있었다.

도봉산 할머니집에는 할머니가 안 계신다.

할머니의 아들(김유태)이 가게 앞에 서 있다(2020)

정흥업

1920년 평북 정주 출생

정주 오산소학교 4년 중퇴

1954년 가게 터 180평 구입(평당 100환)하여 판잣집을 지어, 구멍가게 운영(도봉동 산29－45)

1987년 12월 25일 타계(향년 67세)

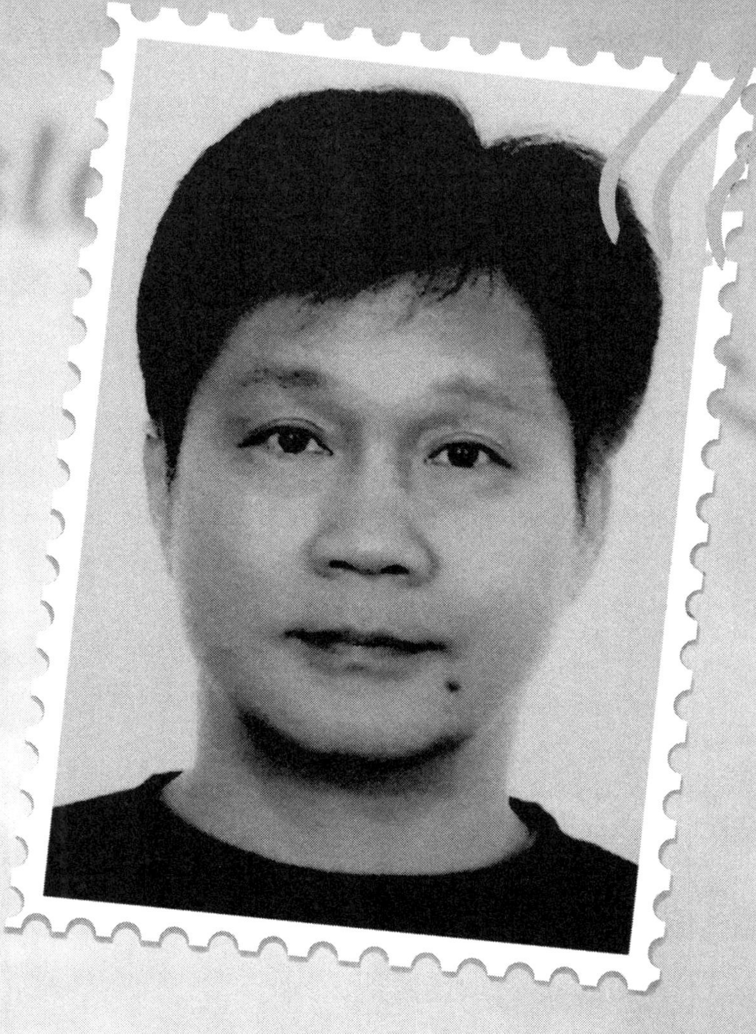

깊은 뜻 푸른 정

희한한 제자 김기진 군

김기진 군은 나의 잊지 못할 제자이다. 1984년 광운전자공업고등학교 2학년 때 나의 담임 반 반장이다. 아담한 체격에다 항상 긍정적인 마음가짐으로 학급 반장으로서의 소임을 충실히 해낸 모범학생이었다.

졸업한 지 10년이 지난 1993년 어느 날 뜻밖에 나를 찾아왔다. 장가를 가게 되었는데 주례를 서 달라고 부탁하는 것이었다. 축하한다는 말을 건네고 나서 사양을 하다가 결국 수락하였다. 제자들이 주례 부탁을 하면 처음엔 은근히 사양을 해 보지만 내심 즐거운 일이 아닐 수 없다. 사회생활 10년이면 대학 교수, 회사의 상관, 부모님의 친지 등 주례 설 분이 얼마든지 계실 텐데, 군이 옛 선생님을 못 잊어 찾아와 주례 부탁을 하니 기쁘기 그지없는 일이었다.

여담이지만 결혼식 날 사회를 맡은 신랑 친구가 인사를 하는데 어디서 많이 본 듯한 낯익은 청년이었다. 텔레비전 인기 연속극 최불암의 수사반장에 조연급으로 출연하는 탤런트(이승기)였다. 발성도 좋을 뿐더러 능수능란한 말솜씨로 하객을 사로잡았다. 신랑의 대학 동창이라 했다. 요즈음은 연기 활동을 중단하였는지 출연하는 것을 보지 못했다. 신랑 김기진 군도 연극 분야에서 활동한 이력이 있다는 걸 들은 적이 있었다.

그 후 김기진 군과 몇 번 전화 연락을 주고받았지만 한동안 소식이 없었는데, 어느 초겨울 김 군이 내가 근무하는 학교로 찾아왔다. 그 동안 인사 못 드려서 죄송하다며 이젠 사회인으로 자리잡았다고 했다. 비발디파크(스키장)에 근무하고 있는데, 학생들 20명 정도는 무료로 스키장을 이용할 수 있게 할 테니 보내달라는 것이었다. 제법 높은 직위에 앉아 있는 줄 짐작하였으면서도 내심 반신반의(半信半疑)하였다. 겨울방학 한 철, 한 명도 아닌 20여 명이 무료로 이용하다 보면 직원들이 눈살을 찌푸리지 않을까 하고 망설이다가 결국 학생들을 보내지 않았다.

그로부터 10여 년이 지난 2017년 봄에 또 연락이 왔다. 내가 쓴 수필집(『이별 연습』)을 구입하려고 여러 서점을 다 돌아다녀도 도저히 구할 수 없다는 것이었다. 2003년도에 초판, 2014년도에 재판 발행한 책인데 이미 품절된 상태라 내가 갖고 있는 여분 중에서 한 권 보내 주었다. 며칠 후 연락이 왔다. 책을 읽고 큰 감명을 받았다며 3판을 발행하자는 것이었다. 요즈음은 책을 읽는 시대가 아닐 뿐더러 무명작가가 쓴 책은 출판해 봤자 출판비도 못 건지기 때문에 출판사에서 발간을 꺼려한다고 했더니, 그런 것은 염려하지 마시라며 출판비 전액을 김 군이 부담하겠다는 것이었다. 처음에는 그냥 인사치레로 하는 말이겠지 하고 건성으로 고맙다고 하고선 전화를 끊으려고 하자, 아주 적극적이었다. 결국 다음날 찻집에서 만났는데, 김 군은 구체적인 출판 계획까지 머릿속에 그려왔다. 1,000부를 발간하자며 당장 출판사에 연락하여 인쇄에 돌입하자는 것이었다. 이런 명작을 더 이상 묻어둘 것이 아니라 세인들이 많이 읽어 정신적인 양식에 보탬이 되도록 해야 한다면서 발간에 대한 확고한 의지를 갖고 있었다. 판매 목적보다는 친지, 회사원, 동창회, 이웃, 학생 들에게 보급하여 읽게 하는 것이 첫 번째 목적이었다. 김 군은 자그만 사업을 하고 있는데 그냥 먹고 살 정도는 되니 발간 비용에 대해서는 전혀 염려 말라며 막무가내였다. 결국 그 다음날 출판사 사장을 만나 선불 결제를 하였고, 2017년 8월 7일 드디어 3판이 출판된 것이다.

책을 받아 본 순간 살다 보니 이런 일도 다 있구나, 하고 그저 감격할 따름이었다. 사무치도록 고마웠고, 이토록 아름다운 제자를 얻었다고 생각하니 천하를 다 얻은 것 같은 기분이었다. 세상에 이러한 아름다운 일이 실제로 나에게 일어난 것이었다. 김 군은 넉넉한 재력가도 아닌 데다 작은 사업체를 운영하고 있다지만 영업 이익이 그렇게 많은 것은 아닌 것 같았다. 그 동안 고통받는 이웃의 처지를 아파하며 살아 왔고, 감성이 풍부하여 사회를 위한 가치 있는 일이라면 거침없이 실행하는 아름다운 사람이라는 것을 몇 번의 만남을 통해 알 수 있었다.

김 군의 사업체가 경기도 용인에 있는데, 인근 마을 가꾸기에도 앞장

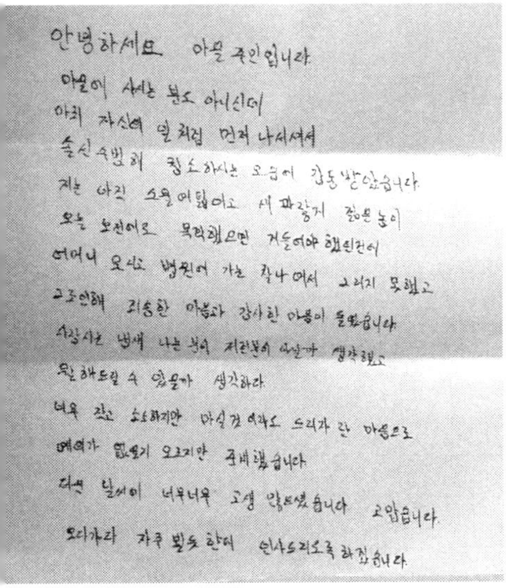
안녕하세요 마을 주민입니다
마을에 사시는 분도 아니신데
마치 자신의 일처럼 먼저 나서셔서
솔선수범해 청소하시는 모습에 감동받았습니다.
저는 아직 스물여덟이고 새파랗게 젊은 놈이
오늘 오전에도 목격했으면 거들어야 했는데
어머니 모시고 병원에 가는 참이어서 그러지 못했고
그 순간에 죄송한 마음과 감사한 마음이 들었습니다
사장님 보며 나는 왜 저런 분이 아닐까 생각했고
뭘 해드릴 수 있을까 생각하다
너무 작고 소소하지만 마실 거라도 드리자 란 마음으로
예의가 없을지 모르지만 준비했습니다
더운 날씨에 너무너무 고생 많으셨습니다 고맙습니다.
오다가다 자주 뵐 텐데 인사드리도록 하겠습니다.

마을 청년이 놓고 간 편지

자원 교통정리 제복을 착용하고

용인시장 표창장을 받고,
용인시장과 함께(2018)

서서 일하였다. 김 군과는 아무 연고도 없는 뜨내기 마을 사람이 되었음에도, 마을 가꾸기에 혼신의 힘을 쏟았다. 어느 건설업체에서 기존 건물을 허물고 재건축하고선 방치하여 쌓아둔 쓰레기더미를 며칠을 두고 혼자 힘으로 처리하기도 했다. 그것을 눈여겨본 마을 어느 청년이 감격하여 아침 일찍 김 군의 회사 현관문 앞에 편지 한 장을 놓고 가기도 했다.

또한 건축하느라 야산을 허문 흙더미를 운반하는 트럭이 덮개를 덮지 않고 가득 실어 나르는 바람에 흙먼지가 날려 마을을 뒤덮는 것을 보고 덮개를 씌워 운반하라고 건설업체에 아무리 건의하여도 들은 체 만 체하는 괘씸한 업체를 보다 못해, 구청 및 경찰서에 몇 번을 방문하여 건의한 결과 시정 조치되었으며, 또한 흙더미 운반 트럭들의 과속으로 시골 사람들의 보행이 위태로워, 경찰서에서 교통정리 제복과 교통지시봉을 받아 직접 교통정리를 하는 자원봉사자가 되기도 했다. 그리하여 용인시장으로부터 모범시민 표창장을 받기도 했다.

고등학교 스승 허정섭 교장 선생님께서 구순이 넘으신 연세에도 불구하고 강연이 있어 미국에서 귀국하셨을 때, 묵고 계시는 호텔 객실을 수차례 방문하여 지극 정성으로 보살피고 모신 것을 보면, 김 군은 과연

허 교장님과 호텔 앞에서(2017) 왼쪽부터 김기진 제자, 최규훈 교수, 허정섭 교장, 필자

스승을 하늘처럼 받드는 아름다운 제자로구나 하고 감탄해 마지않았다.

다음은 김기진 군이 어렵게 성장하던 사회인 시절, 김 군과 같이 근무하던 후배 회사원인 김경수 군이 내게 보낸 장문의 편지글 전문을 소개하고자 한다. 김기진 군으로부터 내 수필집을 받고 보낸 편지글인데, 둘이서 같이 고난을 헤쳐 가던 회사원 시절, 김기진 군의 후배에 대한 아름다운 사랑과 충고와 격려, 헌신적인 배려로 어려운 고비를 이겨낸 얘기가 구구절절이 가슴을 울리기에 독자들과 함께 공감하고 싶어 감히 공개하는 바이다.

김봉천 선생님께

안녕하세요, 김봉천 선생님!

김기진 과장님의 은사님으로 과장님으로부터 선생님에 대한 말씀을 많이 들어 그 큰 명성은 익히 알고 있습니다. 인생의 큰 지혜와 깨달음을 주셨던 김봉천 선생님께 진심으로 고개 숙여 감사 인사 올립니다.

저는 선생님의 제자인 김기진 과장님으로부터 가장 어렵고 힘들 때 큰 도움을 받아, 평생 잊지 못할 은혜에 대한 감사함으로 인연을 맺은 과장님의 옛 부하 직원 김경수라 합니다. 과장님이 이렇게 훌륭하고 존경받을 수 있는 사람이 되신 데에는 반드시 좋은 스승, 롤 모델, 또는 멘토가 존재할 것이라고 생각해 왔는데, 과장님으로부터 선생님 얘기를 들었을 때 역시 많은 제자들에게 존경받으시는 대단히 훌륭한 은사님이 계시는구나 싶었습니다. 또한 오늘 과장님 덕분에 이렇게 선생님께 인사를 올릴 수 있음에 대해 감동과 행복으로 다시 한 번 감사를 드리고 싶습니다. 꼭 선생님을 만나 뵙고 큰절을 한 번 올릴 수 있는 기회가 왔으면 합니다.

저는 1980년 차남으로 태어나 부모님, 형과 함께 여느 가정과 다를 바 없이 평범하게 지내다가 중학교에 입학할 때쯤 채소 장사를 하시던 아버지의 사업 실패로 인해 큰 빚을 지게 되었습니다. 이에 아버지께서 빚을 갚고, 형의 대학 등록금을 마련하고자 중장비 기사로 일하게 되셨는데, 하루에 두어 시간 정도 주무시며 무리한 탓에 제가 중학교 2학년이 되던 해 뇌졸중으로 쓰러지셨는데, 우리 가족은 단돈 3만 원이 없어 아버지를 침술원에 모시고 가지도, 한약 한 제 달여 드리지도 못한 채 집에만 모셔야 했습니다. 병원에 가는 것은 엄두도 내지 못할 형편에 아버지께서 당시 지은이가 누군지도 모르는 수지침에 대한 책을 보며 직접 자신에게 침을 놓으셨는데, 현재로서는 어리석다고 여길 그 행위가 그때에는 최선일지 모른다고 생각될 정도였습니다.

그래서 아버지가 쓰러지신 시점부터 지하철 가판대를 시작으로 많은 아르바이트를 하였으나, 어린 나이로 인해 그마저 녹록치 않았는데, 고등학교 2학년 때 후배를 통해 들어간 달력 공장에서 김기진 과장님을 알게 되었습니다. 그때 직함이 과장이었고 제게 늘 한결같이 대해 주는 고마운 분인지라 제 마음속 과장님으로 가슴 깊이 새겨져 지금까지도 이렇게 과장님이라 부르고 있습니다.

과장님을 처음 뵙던 날, 달력 공장 기계 소리와 낯선 사람들, 먼지가 많아 지저분하고 갑갑한 지하, 그 속에서 새카만 얼굴의 과장님 모습이 여전히 눈에 선합니다. 과장님과는 공장에서 타공 기계 사용법 등 여러 작업을 배우며 친해질 수 있었습니다. 당시 실업계공고 학생이던 저는 학교에 가취업으로 달력 공장에 다녔는데, 아침 8시 30분부터 학교 대신 공장에 출근하여 보통 새벽 2시까지 일하기가 일쑤였고, 철야 작업이 있는 날에는 새벽 4시까지 일을 했습니다. 그래야만 납품 출고를 맞출 수 있을 만큼 공장 업무량이 상당히 많았고, 대부분의 아르바이트생들과 직원들은 철야 작업을 하고 늦게 끝나면 다음 날 아침에 지각하거나 못 나오기 일쑤였으나, 저와 과장님만큼은 힘들지만 서로 장난도 치고, 기술을 겨루며 즐겁게 일하였기에 지각도 하지 않고 정말 매사에 성실히 임할 수 있었던 것 같습니다.

아버지가 쓰러지시고 며칠 지나지 않아 어머니마저 심한 우울증으로 자리에 누워만 계셔서 그 동안 제 스스로 돈을 벌어 생활해 왔기에 공장에 다니면서 제게는 급여가 정말 중요했습니다. 그런데 IMF로 인해 월 80만 원으로 책정되어 있던 급여가 월 20만 원 수준으로 떨어졌고, 가끔은 그마저 나오지 않기도 했습니다. 결국 집세는 물론이고 수도세, 전기세, 전화비까지 납부하지 못하게 되어 여기저기 사정하여 연장하는 방식으로 간신히 하루하루를 보내야 했습니다.

일도 많이 힘든 데다 급여까지 나오지 않아 점차 지쳐가는 제게 늘 과장님께서 몸의 노고도 급여도 생각나지 않을 만큼의 응원과 격려, 신뢰와 인정을 보내 주시어 그런 환경에서 더 웃으면서 일할 수 있었습니다. "경수야 날 믿지? 조금만 더 같이 일해 보자. 좋은 일이 꼭 생길 거야."라며 늘 말씀해 주시던 게 지금까지 생생히 기억납니다. 또 밤늦게 철야 작업이 끝나고 술 한잔 하며 과장님께서 "경수 넌 참 멋지게 살고 있다."고 해 주시던 한마디가 그 시절 제게 얼마나 큰 격려와 위로가 되었는지 모릅니다. 게다가 아버지의 약값이 필요할 때 과장님께 이런저런 사정을 말하면 과장님은 급여를 달라는 다른 아르바이트생들에겐 줄 돈이 없다고 했지만, 저에게만큼은 과장님의 지갑에서 10만 원을 꺼내 "아버지 약값으로 써라." 하며 제 손에 쥐어 주곤 했습니다.

그 무렵 달력 공장의 상황은 더욱 악화되었고, 결국 급여를 받지 못하게 되는 달이 많아지자 30명까지 되었던 직원이 10명, 5명까지 줄었고, 결국 공장장까지 나오지 않게 되었습니다. 하지만 저는 과장님께서 "경수야, 우리가 이 공장 다시 살리자, 그리고 그 누구도 여기 기계 가져가지 못하게 할 거야. 내일 또 우리 일해야지." 하며 용기를 불어넣어 주면서 일거리가 있든 없든, 급여가 나오든 안 나오든 매일 공장에 출근했습니다. 그 추운 겨울에 숙소로 갈 돈조차 없어 과장님과 저 단둘이 50평이 넘는 차가운 공장 바닥에 박스를 포개어 작업복을 이불삼아 잠을 청하기까지 하면서 과장님과의 인연이 그렇게 깊어질 수 있었습니다. 뇌졸중인 아버지, 가난한 우리 집, 늘 일만 해야 하는 제 자신을 보고 불평불만을 쏟아놓을 감수성 예민한 시기에 과장님을 만난 건 정말 천운이 아닐 수 없었습니다.

그 와중에 과도한 욕심이지만 대학 진학을 준비하게 되었는데, 저는 실업계 공고 졸업반으로서 특별 전형 원서를 접수해야 했고, 당시 원서 접수비가 약 10만 원 정도로 매우 비쌌다고 기억합니다. 고등학교 3학년 때를 제외하고는 성적이 중하위권이었던 저는 10군데 정도 원서를 넣어 보고 싶었으나, 비싼 접수비에다 차비도 없을 정도의 상황이었기에 원서를 넣는다는 것 자체가 불가능한 일이었습니다. 형은 과학고를 가라는 중학교 담임의 추천에도 집안 형편상 실업계 고등학교를 3년 장학금을 받으며 다녔을 정도였으며, 그래도 공부를 잘한 덕에 대학교는 장학금을 받으며 다닐 수 있었지만, 저는 빚 많은 가정에서 공부도 별로인데 대학을 가는 게 사치인 것만 같아, 부모님께 집안 경제를 살리기 위해 이미 대학을 포기했다고 말을 했습니다. 하지만 다행히 이런 제 사정을 모두 알게 된 과장님께서 사비를 지원해 주신 덕에 수도권 중심으로 원하는 세 곳의 전문대학에 원서를 넣을 수 있었습니다.

그러던 어느 날 공장 철야 작업이 끝난 새벽 4시경 퇴근을 하다 집 앞에 멈춰 선 저는 늘 어두웠던 집 창문에 밝은 빛이 들어와 있는 걸 보게 되었습니다. 이상하게 여기며 집에 들어가 보니 그 시각까지 주무시지 않은 부모님께서 명지전문대학에서 합격 통지가 왔다며 이 소식을 얼른 전하고 축하해 주고 싶어 여태 잠을 이루지 못했다고 하셨습니다. 그러나 합격에 대한 기쁨도 잠시, 아버지께서 어눌한 말투로 대학 등록금은 있냐고 물으셨고, 저는 걱정하고 미안해 할 부모님을 생각해 조금도 머뭇거림 없이 "아버지, 지금까지 일하고 왔잖아요. 저 모아 둔 돈 많아요."라고 무모하게 말해 버렸습니다. 그리고 그 새벽에 이 소식을 알리고 싶은 단 한 분, 김기진 과장님께 연락을 드리니 과장님은 축하한다고, 넌 할 수 있을 거라고 믿었다며 힘찬 격려와 기쁨을 함께 해 주셨습니다. 그리고 "경수야, 등록금 없지? 지금부터 만들어 보자, 나 믿지?" 하시는 과장님께 그저 "네."라는 짧은 대답만 드릴 수밖에 없었습니다.

그 이후로 저와 과장님 모두 등록금에 대해 아무 얘기도 하지 못한 채 시간만 흘러갔고, 어느덧 등록금 납부 기한 마지막 날이 되었습니다. 그날따라 일도 하지 않고 사무실에만 계시던 과장님께서 12시쯤 사무실을 나와 뜬금없이 차비와 함께 1만 원을 얹어 주며 대학교 행정처장을 만나고 오라고 제 등을 떠밀었습니다. 사무처장을 찾아가 보니 사정이 딱한 건 알지만 학교 차원에서 도와 줄 수 있는 것은 이것뿐이라며 기한을 일주일 연기된 등록금 고지서를 주었습니다. 그러면서 정말 좋은 큰형을 두었다고, 직접 만나 보고 싶으니 언제라도 큰형이 학교에 방문하게 되면 꼭 인사를 시켜 달라 당부하였습니다. 알고 보니 과장님은 그날 출근해서부터 오전 내내 제 친형의 역할을 대신하여 사무처장에게 전화하여 집안 사정으로 인해 등록금을 지금 납부할 수 없으니 기한을 연기해 달라고 애걸복걸 부탁했던 것이었습니다. 어린 나이에 제가 놓친 부분에 대해 과장님께서 직접 나서서 챙겨 주시니 정말 감사하고 감동이었습니다.

일주일이 연기된 대학 등록금 납기 만료일인 토요일, 12시까지 등록금을 납부하지 못하면 합격이 취소되는 절박한 상황에서 오전까지 공장 업무를 하다가 10시에 과장님을 만나기로 했는데, 과장님이 보이지도 연락도 되지 않았습니다. 10시 30분이 다 되어가고 학교까지 버스로 1시간 20분이 소요되는 데다 은행까지 가려면 이미 시간이 늦을 듯하여 '역시 나란 놈은 안 되나 보구나, 이젠 포기하자.'는 생각에 저도 모르게 눈물을 흘리고 있던 순간, 멀리서 과장님이 뛰어오는 게 보였습니다. 과장님의 말을 들어 보니 그 동안 아르바이트생 및 직원뿐 아니라 과장님까지 2,000만 원이나 되는 급여를 받지 못해 수중에 돈이 없었다고 합니다. 그럼에도 제 등록금을 마련하기 위해 만나기도 어려운 사장을 기어코 만나 "아무리 돈이 없어도 공부하는 애 돈은 주도록 합시다. 경수 등록금 못 내어 합격이 취소되면 알아서 해요."라고 싸우다시피 하여 1백만 원을 받아냈고, 그 나머지 모자란 돈은 대출로 해결하려 했는데, 대출이 처음이라 과장님 친형을 보증인으로 내세우고 겨우 대출을 받느라 늦었다며 돈을 내미시는 과장님을 보며 얼마나 울었는지 모릅니다. 그러면서 택시 타고 가라고, 오는 길에 맛있는 점심도 사먹으라며 3만 원을 더 건네 주셔서 멈췄던 울음을 다시 터뜨리며 택시를 타고 겨우 시간 내에 은행에 도착할 수 있었습니다. 등록금을 납부하고 은행원이 납부 영수증에 도장을 쿵쿵 찍을 때 그때의 희열과 감동, 그 느낌은 정말 아무도 모를 겁니다.

뒤늦게 알게 된 바로는 그 시점에 부모님께서도 제가 공장에서 급여를 받지 못해 돈이 없었다는 것을 어렴풋이나마 알고 계셨고, 그래서 친척들에게 등록금을 빌리기 위해 여기저기 부탁을 해 보았으나, 공부를 잘하지 못했던 제가 대학에 간다는 걸 믿지 못하고 자식까지 팔면서 돈을 빌리냐며, 전에 빌려간 돈이나 빨리 갚으라는 얘기까지 들었다고 합니다.

자신에게 조금이라도 이익이 안 되면 만나지도 않고, 달콤한 세치 혀로 사기를 치며, 내면에 담긴 열정과 비전을 보지 못하고 그저 주변 환경과 처한 현실만으로 한 사람을 평가하는 요즘, 같은 피붙이도 돈 앞에서는 무서워지기 마련인데 피 한 방울 섞이지 않은 생판 남남인 관계에서 이름과 신용을 걸어가며 서슴지 않고 대출까지 받아서 저의 등록금을 마련해 주는 과장님 같은 분이 어디 또 있을까요? 제 인생에 있어 은인은 오직 과장님 한 분뿐입니다.

제가 군에 간 이후에도 과장님은 제 아버지를 만나 서로 교류하며 친해지셨고, 아버지의 동생 역할로서, 저의 큰형 역할로서 저를 대신하여 아버지를 잘 보살펴 주셨습니다. 군 제대 후에는 과장님 친구인 신용 사장님에게 저를 소개하여 대학 등록금을 벌 수 있도록 일자리를 만들어 주셨고, 아르바이트생 신분임에도 간부보다 급여를 더 많이 받을 수 있도록 도와주셔서 다른 직원들보다 큰 혜택을 받은 덕분에 등록금을 다 낼 수 있었습니다. 또한 과장님께서 스키장에 근무하게 되었을 때 제게 직접 아픈 몸을 이끌고 보드 강사 과정 훈련을 시켜 주시고는, 부족한 저를 보드 강사로 채용해 주시기도 하였습니다. 그때 과장님께서 직접 맞춰 주셨던 보드 장비며 부츠, 옷가지 들을 아직도 잘 간직하고 있으며, 볼 때마다 과장님에 대한 감사함과 그 시절에 대한 그리움으로 미소를 짓곤 한답니다.

그러나 저는 과장님 결혼식에 군 복무 중이라 참석하지 못하였고, 아직까지 과장님의 어머님께서 무고하신지조차 모릅니다. 그런 저에게 아버지가 재작년 돌아가실 때 왜 알리지 않았냐며 과장님께서 호통을 치셨는데, 과장님은 늘 항상 아픔은 자신이 다 짊어지고 제게 한없는 마음과 도움을 주시는 분이라 너무나 마음이 쓰이고 염치도 없고 송구스러워 연락을 드리지 못하였다고 이렇게 김봉천 선생님을 통해서나마 알리고 싶습니다.

지금 선생님께 말씀드린 내용으로 한국SGI라는 창가학회에 원고를 냈고, 약 300명이 넘는 회원들 앞에서 과장님의 선행과 은혜에 대해 알릴 수 있었으며, 많은 사람들이 감복하여 몇 백 명의 사람들이 모인 회합에서 직접 과장님을 초대하여 인사를 나눌 수 있었습니다.

참, 선생님께서 쓰신 수필집 『이별 연습』을 얼마 전 과장님으로부터 받았는데 이제 읽어 보려 합니다. 아직 읽지 못하였지만 그 책의 제목부터 만남을 소중히 하며 작은 이별에도 아쉬움을 느끼는 선생님의 마음이 느껴지는 듯해 벌써부터 기대가 큽니다.

이러한 과장님의 은혜 덕분에 저는 사회복지법인 한국소아마비협회 산하기관인 정립회관이라는 장애인복지관에서 준공무원으로 안전관리자의 자리에서 12년째 근무하고 있습니다. 입사부터 지금까지 성실함과 능력을 인정받아 복지관 특성상 쉽지 않은 해외연수도 일본으로 3번 다녀왔으며, 업무와 병행하여 사회복지사, 요양보호사 등 여러 가지 자격증을 취득하는 등 학문과 소양을 길러 적은 월급이지만 저의 손길이나 저의 작은 능력이라도 원하는 장애인, 취약계층이 있다면 아낌없이 배려하고 도와주며 살아가자 하고 있습니다. 선생님처럼, 과장님처럼…….

이렇게 과장님을 훌륭하게 성장시켜 주시고, 어떠한 한 사람에게 훌륭하고 존경받는 은인이 될 수 있도록 가르쳐 주신 선생님을 늦게나마 알게 되어 가슴 깊이 감사한 마음뿐입니다. 저 또한 과장님과 선생님의 부끄럽지 않은 제자로, 훌륭한 인재로 성장하고 발전해 나갈 것을 약속드리며, 두서없이 써 내려온 편지를 마무리할까 합니다.

선생님, 저는 정말 보잘것없고 하찮은 사람이었습니다. 그런 저를 위해 과장님께서 마음 써 주시고 말 한마디, 행동 하나하나로 제게 전달되도록 힘써 준 것은 정말 하늘같은 선생님이 계신 덕분이기에 한없는 감사 말씀을 드립니다.

사제동행이라는 말이 있듯이 저 또한 제 스승과도 같은 과장님처럼 스승에 대한 존경심을 잃지 않고, 스승의 은혜를 또 다른 사람에게 베풂으로써 갚고자 하는 그 마음과 자세를 갖고자 합니다. 저보다 어렵고 힘든 사람들에게 과장님과 선생님의 가르침대로 그들을 믿고 도와주며 저를 의지할 수 있도록 사랑과 격려의 마음을 아끼지 않도록 하겠습니다.

조만간 선생님과 과장님을 모시고 약주라도 올리며 큰 가르침과 은혜에 대해 감사의 마음을 직접 전하고 싶은 마음입니다. 바쁘시겠지만 이런 제 마음을 생각하셔서 식사 한 끼, 약주 한 잔 대접할 수 있도록 여유를 찾아봐 주시면 감사하겠습니다.

이 세상에 태어나 정말 많은 은혜와 벅찬 감동을 받아온 이 인연이 저 혼자 느끼기에는 너무 아까워 이렇게 편지로나마 저의 마음을 전해 봅니다. 또한 제 은인인 김기진 과장님의 스승, 은사는 곧 저의 은사이기에 지금부터라도 선생님과 과장님을 제 은사님으로서 심중에 새기고 두 분께 부끄럽지 않은, 늘 당당한 제자가 되도록 최선의 노력을 다하겠습니다.

일교차가 매우 심한 날씨에 몸 건강히, 소중히 해 주시기 바랍니다.

정말 감사합니다. 존경합니다, 은사님.

2017년 6월 26일

제자 김경수 두 손 모아 올림

이 편지를 읽고서는 감격하였다. 생면부지의 사람한테 이렇게 굴곡진 인생행로를 진솔하게 고백처럼 토로(吐露)한 용기가 대단하였다. 가슴을 치는 절절함으로 점철된 고단한 삶의 역경이 아프게 다가왔다. 또한 김기진 과장의 아름다운 행적은 나의 가슴을 요동치게 하였다. 가슴 뭉클한 장문의 편지를 받았으니 답신을 안 보낼 수가 없었다.

경수 군 보게나

경수 군 보게나,

보내 준 서신 잘 읽었네.

가슴 쓰라린, 또는 감격적인 사연들이 담긴 생활 수기 같은 글을 눈물

닦아가며 읽었다네. 진작 답신을 보내야 함에도 오른손 힘줄과 보호막이 고장나 수술하는 바람에 이제야 회복되어 펜을 잡았네.

우선 달력 공장 50여 평의 차가운 바닥에서 새우잠을 이겨내는 등, 세찬 삶의 여울을 헤쳐 대학을 번듯하게 졸업하고, 이제는 정립회관 정규직원(준공무원)으로 일하고 있다니, 김 군의 인간 승리에 힘찬 박수를 보내는 바이네.

아버님 사업 실패와 뇌졸중, 어머님의 우울증, 김 군의 지하철 가판대 등 아르바이트, 먼지에 둘러싸인 지하 달력 공장의 철야 작업, 제때에 지급되지 않는 급료, 혼자 책임져야 하는 가정 형편, IMF 여파로 80만 원의 급료가 20만 원으로 삭감, 부모님의 깊은 병환에도 병원 진료 한번 해드리지 못하는 안타까움, 각종 사용료(사글세, 전기요금, 수도요금, 전화요금) 미납, 달력 공장 상황 극도로 악화, 30명 직원이 5명으로 감축, 대학입학 등록금 마련의 눈물겨운 극적인 과정 등 이러한 기막힌 시련들을 슬기롭게 극복하고, 이제는 건실한 대한민국 청년으로서 열심히 일하고 있으니 이보다 더 부러워하는 삶을 원한다면 과욕일 것이다.

옛 스승님들이 자주 들려주었던 '인내는 쓰다, 그러나 그 열매는 달다.'라는 격언이 다시금 실감나게 하는군. 참으로 고생 많이 하였네. 감내하기 어려운 그 혹독한 역경 속에서도 좌절하지 않고 숨차게 달려온 김 군의 그 폭넓은 삶의 체험이 앞으로 먼 인생길에 큰 밑거름이 될 것이네.

다행히도 지금까지 걸어온 김 군의 쓰라린 인생길에는 결코 기억에서 지워버려서는 안 될 김기진 과장이 있었군. 이건 좌절해 가는 김 군을 오뚝이처럼 일으켜 세운 구세주와도 같은 은인임에 틀림없네. 당시 김기진 과장도 내가 자세히는 알지 못하지만 그렇게 여유 있는 환경이 아니라 빠듯한 생활인이었을 텐데, 경수 군에게 엄청난 정성을 기울였군.

스러져가는 달력 공장에서 용기 잃지 않도록 힘을 부추겨 준 격려, 혹한의 겨울, 공장 맨바닥에 박스를 깔고 작업복 이불을 덮고 둘이서 웅크린

새우잠, 생활비에 보태라며 자주 10만 원의 거액을 쥐어 주던 일(당시 소시민에게는 큰돈임) 들, 군 전역 후 사장에게 간청하여 경수 군이 아르바이트 신분임에도 간부보다 더 높은 급료를 받게 하여 대학 등록금 마련에 크게 기여한 일, 스키장 보드 강사 과정 훈련을 시켜 보드 강사로 채용해 준 일, 특히 대학 입학 등록금 마련 과정은 한 편의 허구적인 드라마보다 더 실감나는 실제 상황이라니, 김기진 과장이 숨차게 뛰어다니던 모습이 눈앞에 생생히 펼쳐지누나.

대학 사무처장에게 입학 등록금 연기 건의 전화(이건 좀처럼 들어 주기 어려운 일임), 공장 형편이 어려워 직원 급료도 지급 못하는 달력 공장 사장에게 간청하여 1백만 원을 받아낸 것, 김 과장의 친형을 보증인으로 내세워 은행 대출을 받아낸 것은 역시 그 아우에 그 형이로구먼.

아! 감동 실화로다. 이러한 실화 속 주인공들이 내 옆에 있다는 사실 앞에 나는 그만 전율하고 말았네. 경수 군이 보내 준 글을 읽으면서 몇 번이고 눈시울이 붉어졌다네. 물심양면으로 끝까지 용기와 격려를 아끼지 않고 부추겨 준 김기진 과장, 좌절하지 않고 세찬 인생길을 헤쳐 열심히 걸어온 김경수 군, 이 두 사람 모두에게 감격의 힘찬 박수를 보내는 바이네.

경수 군,

나는 김기진 과장의 고등학교 담임교사일 뿐이라네. 당시 김기진 군에게 아무것도 베푼 것이 없다네. 그저 평범한 교사일 뿐이었네. 졸업 후, 김 군의 주례를 선 기억, 그 후 김 군의 친구 주례를 부탁하러 온 기억, 그로부터 몇 년 후 내가 근무하던 학교 학생들에게 스키장 무료로 이용할 수 있게 해 주겠다며 학교로 방문한 일, 그리고 얼마 전 뜬금없이 사훈(社訓)을 붓글씨로 써달라고 부탁해 온 일 등 그 정도의 교류만 있었을 뿐이라네.

그런데 경수 군, 참 희한한 일이 다 있었다네. '희한하다'는 표현이 걸맞지 않을 수도 있겠지만, 다른 표현을 구사할 수 없는 일이 생겼다네. 김기진 과장에게 이야기를 들었는지 모르지만 지난 달 7월, 나의 수필집 『이별 연습』이 품절되었음을 알고 단숨에 출판사와 계약하여 김 과장 자비로 1,000부를 발간하여 주었다네. 보잘것없는 책인데도 내용이 감동적이라며 친지 및 주위 사람들에게 보급하느라고 아주 열성이라네. 이게 희한한 일이 아니고 뭐겠나? 이러한 일은 들은 적도 본 적도 없는 일이거든. 한마디로 참 희한한 사람이야. 김기진 제자에게 정말 고맙다는 말 외 더 할 말을 잊었다네.

살다 보니 이런 기상천외의 일도 다 있구나 하고 감동에 젖어 있던 차에, 뜻밖에 경수 군의 편지를 받지 않았겠나. 편지 내용 구구절절이 김 과장의 진실된 삶의 모습을 읽고 보니 비로소 고개가 끄덕여지더군. 나의 수필집 자비로 발간해 준 진솔함을 실감하게 되었지. 그리하여 나도 큰 제자를 두게 되어 흐뭇한 일이고, 경수 군도 일생일대의 큰 은인으로 우러르게 되었으니 세상 참 아름답지 않는가? 진정코 '아름다운 사람'이라고 감탄해마지 않는다네.

젊은 날의 은혜를 잊고 사는 사람들이 대부분이고, 심지어는 은혜를 원수로 갚는 사람들도 많은 세상인데, 경수 군은 그 은혜로움을 뼛속 깊이 아로새기고 있으니, 그것 또한 고마운 일이 아니겠는가?

그리고 경수 군,

아까도 잠시 언급하였지만 나와 김기진 과장과는 사제지간으로서의 인연이 맺어졌을 뿐인데, 경수 군은 내가 김 과장에게 큰 은혜를 베풀었으리라 짐작하고 나를 경수 군의 은사로 생각하려 한다니 이건 지나친 과찬에다 크나큰 부담을 느껴 몸 둘 바를 모르겠네. 나도 김기진 제자의 행적과 현재 실천하고 있는 정의로운 생활 모습들을 보면서 많은 것을 느끼고, 오히려 나의 작은 삶을 부끄러워하고 있다네. 김기진 과장의 아름다운 모습들을 매개로 하여 경수 군도 알게 되었지만, 그저 국가 세금만 축내고 있는 평범한 퇴직교사로 기억해 주길 바랄 뿐이네. 경수 군의 말대로 언제 시간 내어 식사 자리 마련하도록 하세그려.
무더위 잘 극복하고 건강 유의하게나.

2017. 7. 29.
골동품 교사 김봉천 글

이렇게 경수 군의 편지글에서 김기진 제자의 아름다운 심성이 그대로 노출된 모습을 읽을 수 있었다. 지금은 김기진 군의 사업이 불경기의 여파로 어려움을 겪고 있다고 한다. '하늘은 스스로 돕는 자를 돕는다'라는 말이 진리라면 김 군의 사업은 다시 번창하리라 믿는다.

김기진 군, 경수 군에게 김 군이 끊임없는 용기를 주었듯이 이젠 김 군 자신이 용기를 스스로 북돋우며 살아야겠네그려. 기진 군이 아름답게 살아왔으니 하늘은 스스로 아름다운 사람을 도울 것이라고 믿어 의심치 않네.
험난한 삶을 치열하게 헤쳐 가는 아름답고 희한한 김기진 군, 아무쪼록 건강 잃지 말고 일신우일신(日新又日新)하게나.

김기진

1967년 전남 장성 출생

광운전자공업고등학교 졸업

방송통신대학교 방송정보학과 졸업

진일문화사 근무

모험의 시작(스키렌탈샵) 대표

조이텍 대표

현재 치리돈 관리이사

전기자동제어 프리랜서

순구리당당 대표

웃어른 폭행죄, 반인륜 행위죄

즉석 명판결 대한 경찰 만세

내가 아는 어느 고등학교 교장 한 분은 분통을 이기지 못하여 애지중지하던 멀쩡한 자동차를 몽둥이로 두들겨 패서 폐차 처분해 버리고 말았다.

시골에 볼 일이 있어 다녀오는 길에 승용차끼리 자그만 접촉 사고가 났다. 상대는 20대 청년이었다. 손자뻘 되는 망나니는 할아버지뻘 되는 교장에게 이 자식 저 자식으로 시작하다가 이 새끼 저 새끼에 ㄱ새끼 ㅆ새끼 등 갖은 욕설을 퍼부었다. 급기야 멱살을 잡힌 교장은 말문이 막혀 어~어~ 하며 안간힘을 쓰다가 결국 길바닥에 나뒹굴고 말았다. 분통이 터지고 피가 거꾸로 솟았다.

수리비 10만 원으로 해결하고 서울에 도착할 때까지 운전대를 잡은 손이 부들부들 떨렸다. 여태까지 살아온 것이 민망할 지경이었다. 한강다리를 건널 때는 강물에 자동차를 처박고 죽어 버리고 싶은 마음이 굴뚝같았다. 겨우겨우 집에 도착하였으나 분한 마음을 도저히 가눌 길이 없었다. 몽둥이를 들었다. 분풀이하듯 자동차를 두들겨 팼다. 자동차는 이제 하나의 괴물이었다. 이놈의 괴물 때문에, 이놈의 괴물, 이놈의 괴물 하며 패고 또 팼다. 땅에 떨어져 웅크리고 있는 도덕이란 괴물을 두들겨 패는 기분으로…….

1996년 8월 5일 열린 12·12 및 5·18 결심공판 검찰 논고문(論告文)에서 다음과 같은 내용이 특히 눈길을 끌었다.

> 그들이 집권하는 동안 국민들은 정의란 과연 존재하는 것인가에 대한 깊은 회의와 가치 혼란 속에서 살아갈 수밖에 없었습니다. 이러한 시대 상황이 계속됨으로써 불법적인 정권 장악이 정당화되어 불의가 득세하고 진실이 왜곡되는 현실에서, 대다수 선량한 국민들은 숨을 죽인 채 국가 권력에 대한 회의와 불신을 키워 나갔습니다. 또한 사회 일각에서는 인간과 사회에 대한 가치 기준이 흔들리고 힘이 곧 정의이며, 수단방법 안 가리고 성공만 하면 된다는 그릇된 가치관이 팽배하였습니다. 〈중략〉 이러한 제5·6공화국의 암울한 시대상이 우리에게 주는 교훈은 지도자의 도덕성과 정권의 정통성이 결여되면 국가 사회 질서가 동요되고 궁극적으로는 역사의 굴절을 낳는다는 사실입니다. 〈하략〉

그해 가을 어느 날 퇴근할 때였다. 상계동 미도파백화점(현재 롯데백화점) 네거리 어귀에서 승용차 운전자끼리 말다툼이 벌어졌다. 30대 초반과 50대 후반의 아버지와 아들뻘 되는 나이였다. 허우대 큰 30대의 얼굴엔 개기름이 번지르르 흘렀다. 우람한 체격에 걸맞게 목청도 커 상계동 신시가지는 온통 욕설로 난무하였다.

"이 새끼야, 니가 먼저 양보했어야지."

"어, 이 녀석 좀 보게."

"이 개새끼야, 입 닥쳐!"

"어~ 이놈이, 나도 너만한 아들이 있어."

"ㅆ새끼, 나이 먹은 게 무슨 자랑거리라도 된단 말이야?"

"어~ 이놈이 그래도……."

"이 ㅆ할 놈아, 운전 똑바로 하고 다녀!"

"이런 후레자식이 있나, 짐승만도 못한 놈……."

"이 새끼가, 아직 임자를 못 만난 모양이군, 오늘 맛 좀 봐라, 이 새끼야." 하며 50대의 멱살을 잡았다. 행인들이 몰려들었다. 멱살을 잡힌 50대는 숨을 제대로 못 쉬고 캑캑거렸다. 30대는 ㅈ같은 새끼, ㅆ새끼 하며 욕이란 상욕은 다 내뱉었다.

구경꾼 중 누구 하나 말리는 사람도 없었다. 그저 재미있는 마당놀이판 관람객이었다. 50대가 구경꾼들에게 하소연이라도 하듯 자동차 접촉이 날 뻔한 경위를 여차여차 얘기하면 30대는 더욱 멱살을 죄었다. 두 자동차는 아무런 상처 없이 멀쩡하였다. 그러나 멱살을 꽉 잡힌 50대의 얼굴은 분통을 참지 못하여 붉으락푸르락 온통 울분투성이로 일그러지고 찌그러졌다. 나도 어느새 주먹을 불끈 쥐고 부들부들 떨었다. 이놈을 어떡한다? 이 불한당 놈을? 이 거대한 동물과 맞받아 싸우면 내가 더 초라해질 것 같고, 전후좌우 둘러봐야 호소할 곳이라곤 저만치 네거리 복판에서 분주하게 손을 저어 움직이며 교통정리에 열중인 교통경찰관밖에 없었다. 경찰을 불러 우선 일방적으로 당하고 있는 50대를 위기에서 구출해 주고 싶었다.

경찰을 불렀다. 부르고 또 불렀으나 나의 빈약한 목소리는 자동차들 소음에 묻혀 버렸다. 경찰은 쉴 새 없이 어지럽게 몰려드는 자동차의 홍수 속에서 교통정리에 여념이 없었다. 할 수 없이 나는 자동차 홍수 틈서리를 이리저리 비집고 경찰 옆으로 다가갔다. 시비가 붙은 곳을 가리키며 구원 요청을 하였다. 알았다며 가 있으라고 했다.

잠시 후 경찰이 왔다. 30대의 욕설과 폭언은 그칠 줄을 몰랐다. 50대가 한마디 대꾸하면 죽일 듯이 덤벼들었다. 한참동안 물끄러미 구경만 하고 있는 경찰이 오히려 더 얄미웠다. 30대는 관람객 틈에 섞여 있는 20대 청년 경찰을 얕잡아보기라도 하듯 더 기세등등하였다. 경찰도 우람한 괴물 앞에서는 맥을 못 추는 것 같았다. 그러나 사태가 더욱 험악해지자 비로소 경찰이 나서서 그 괴물을 겨우 진정시켰다. 경찰은 이쪽저쪽 해명을 따로따로 들었다. 보통사람들의 판단으로서는 잘잘못을 가리기가 애매한 상황 설명이었다. 구경꾼들도 내심으로는 그 무례한 동물적 행위에 다 같이 분노를 느꼈을 것이고, 경찰을 통해서라도 그놈에게 당한 수모에 대한 정신적 보상을 조금이라도 받았으면 하는 것이 인지상정이었을 것이다. 20대 청년 경찰의 명쾌한 즉석 판결이 내려지기를 기대하며 뭇사람들의 시선이 경찰에게로 쏠렸다. 경찰은 잠시 생각하더니 결단이 선 듯, 30대를 향하여 준엄하게 꾸짖었다. 당신은 아버지도 어머니도 없느냐고, 집안에 형도 어른도 없느냐고. 순간 구경꾼들의 얼굴이 환하게 밝아졌다. 만면에 미소를 머금고 싱글벙글하였다. 그러나 잠시 말문을 닫았던 괴물이 다시 열을 올렸다. 자기 잘못은 추호도 없다는 것이다. 경찰은 20대 신참답지 않게 따끔하게 질책하였다.

"선생은 차선 위반하였습니다. 똥 싼 사람이 더 큰 소리친다더니 적반하장도 유분수지, 당장 이분한테 사과하시오."

"아니, 내가 왜 사과를 합니까?"

경찰은 단호한 어조로 목청을 높였다.

"차선 위반하지 않았소. 직진 차선에서 좌회전하지 않았소. 게다가 교통법규 위반죄에 모욕죄, 웃어른 폭행죄, 반인륜 행위죄, 이것만 해도 구치소 직행이오, 공손히 사과하시오."

"……."

갑자기 괴물은 말문이 막혀 버렸다. 겸연쩍은 듯이 머리를 긁적거리며 시선을 땅으로 깔았다. 상계동 네거리 바닥을 갈아 삼킬 듯이 당당하던 기세는 어디로 가버리고 갑자기 말문을 닫아 버린 것이다. 경찰은 계속 다그쳤다.

"빨리 사과하시오."

괴물은 시선만 내리깔고 아무런 말이 없었다.

"교통법규 위반 범칙금 딱지 뗄까요, 아니면 사과를 하겠소? 둘 중 하나를 선택하시오."

괴물은 그제야 기어들어가는 목소리로 50대에게 미안하다고 했다.

경찰은 더욱 다그쳤다.

"형식적인 사과가 아닌 진심에서 우러나오는 사과를 공손히 하시오."

괴물은 진짜 임자를 만났다. 이 세상이 다 자기 것인 양 으스대며 살아왔는데, 비로소 진짜 임자를 만난 것이다. 괴물은 머뭇머뭇하더니 결국 태도를 바꾸어 50대를 향하여 정중하게 머리를 숙였다.

"죄송합니다, 어르신, 잘못했습니다, 용서해 주십시오."

경찰은 고개를 끄덕이며 50대의 심중 확인을 잊지 않았다.

"이 정도면 되겠습니까? 조금이라도 위안을 받으셨는지요?

50대는 감격하여 눈물을 글썽이며 경찰의 손을 덥석 잡았다.

"됐습니다, 됐고 말구요. 감사합니다, 경찰 선생님!"

"분을 삭이시고 조심하여 가십시오."

50대는 감사하다는 말을 몇 번이나 되풀이하였다. 그리고 그 괴물에게 마지막 당부를 하고 자동차 시동을 걸었다.

"이봐, 젊은이! 오늘은 순전히 동물이었어. 인간이 된 뒤에 다시 운전대를 잡아!"

상계동 네거리에서 바라본 북한산 저녁 노을 김봉천 촬영(1996 가을)

50대는 가속기를 힘차게 밟더니 부릉~ 하고 신나게 떠났다.

꽉 막혔던 체증이 뚫리는 것같이 가슴이 시원하였다. 상계동 일대가 다 내 것이라도 된 듯 정겹고, 온 천지가 행복으로 가득찼다. 나는 두 팔을 높이 들었다. 그리곤 "대한 경찰 만세!" 하고 고함을 질렀다. 옆에 있던 구경꾼들도 덩달아 "대한 경찰 만세"를 불렀다. 그리고 우리는 청년 경찰의 즉석 명판결에 아낌없는 박수를 보내었다. 상계동 네거리는 갑자기 요란한 박수 소리로 뒤덮였다. 반면, 그 불한당 놈은 허탈감에 젖어 땅거미 짙어 오는 상계동 네거리 어귀에서 고개를 푹 숙인 채 멍하니 한참 동안 서 있었다.

그 청년 경찰은 당시 노원경찰서에 근무한다는 것 외는 더 이상 정보를 얻지 못하였다.

강원도 홍천벌의 구세주

강낭콩꽃보다 더 푸른 농부의 자동차

홍천강 가는 길은 멀고도 험하였다. 1982년 여름, 문예반 학생 40여 명이 탄 시외버스는 초만원이었다. 첩첩 산골 울퉁불퉁한 비포장 산길을 흙먼지 날리며 몇 시간을 터덜거리며 도착한 곳이 목적지인 강원도 서면 모곡리 홍천강변 밤벌유원지 백사장.

산수(山水)와 더불어 몸을 세워 청풍명월(淸風明月)에 마음 씻고 가슴 깊숙한 곳에서 용솟음치는 젊은 기상을 붓끝으로 모아 볼까 하여 해마다 여름이면 대천 명산(大川名山)을 찾아 수련회를 갖는 것이 문예반 학생들의 정기 행사가 된 것이다.

산 좋고 물 맑은 강원도 깊은 산골 홍천강, 그리 크지 않은 강줄기였으나 강심(江心)의 물살은 제법 힘이 있는 강물이었다. 통제된 학교 울타리를 벗어나, 고삐 풀린 망아지처럼 자유 천지 좋아라 폴짝폴짝 뛰노는 학생들을 보면 나도 괜히 흥이 솟는데, 한편으로는 나 혼자 이 녀석들을 3박 4일 동안 돌보고 챙기기엔 깊은 강물이 아무래도 마음에 걸렸다. 철없는 학생들은 첨벙첨벙 강물에 뛰어들어 개헤엄, 개구리헤엄, 나비헤엄, 물치기, 공놀이, 물장난에 신바람이 났다. 단단히 주의를 준 탓인지 깊은 곳까지는 들어가지 않아 걱정을 덜었다.

이튿날 오후엔 은빛 백사장에서 청백으로 나누어 발야구 경기를 하였다. 햇볕 쏟아지는 은모래밭에서 맨발로 차고 뛰는 즐거움이란 그저 그만이었다. 축구공이 아닌 가벼운 배구공이라 맨발로 차도 발가락 다칠 염려도 없고, 생각보다 꽤 멀리 날았다. 백사장이 넓어 아무리 힘껏 차도 강물까지는 미치지 못하여 발야구하기에 안성맞춤이었다.

5회 초 청팀 공격 때였다. 길게 뻗어가는 공을 잡으려고 수비수 학생이 전력을 다하여 달려가고 있었다. 볼은 수비수 키를 살짝 넘어 저만치 떨어져 굴러가고 있었다. 볼을 향하여 질주하던 수비수 학생이 갑자기 악! 하는 비명을 지르며 그 자리에 푹 쓰러지며 두 손으로 한 쪽 발을 감싸고 죽는 시늉을 하였다. 큰일 났구나 하고 달려가 보았더니 발을 감싼 두 손은 이미 피범벅이 되어 선지피가 뚝뚝 떨어지고 있었다. 녀석은 끊임없

차 기름이 떨어져 갈 수 없다고 딱 잡아떼는 것이 아닌가? 하필이면 이곳에 다 와서야 기름이 바닥났을까? 기름 없는 차 앞에서 더 떼를 쓸 수도 없고 하여 할 수 없이 다른 차 주인한테 달려가 우리 학생 좀 살려 달라고 사정하였다. 등에 업혀 축 늘어진 발에서 피가 뚝뚝 떨어지는 것을 보고서도 엔진 고장이라며 시선을 돌려 버린다. 비정(非情)도 이만하면 극치에 달한 듯싶다. 고장난 차에 태워 밀고 갈 수도 없는 노릇이고 하여 또 다른 차 주인에게 애원해 봤다. 방금 도착했기 때문에 피곤하여 더 이상 운전할 수 없다고 한다. "제발 우리 학생 좀 살려 주십시오." 했더니 대꾸도 않고 강가로 어슬렁어슬렁 걸어가 버린다. 자동차 가진 사람은 다 이런 것인가 하고 나는 마지막으로 한 사람만 더 부탁해 보기로 했다.

"깨진 유리병을 밟아 상처가 깊습니다. 우리 학생 좀 살려 주십시오."

"안전사고는 미리미리 예방해야죠."

하며 퉁명스럽게 빈정거린다.

"그런 것 따질 때가 아닙니다. 출혈이 심하여 위급하니 수고 좀 해 주십시오."

"내 차는 앰뷸런스가 아니란 말이요."

이것도 말이라고 하는지 기가 막힐 노릇이다.

"수고비는 충분히 드릴 테니 제발 좀 부탁합니다."

"선생이 무슨 돈 있겠소? 나 돈 받고 그런 일 하는 장사꾼 아니오. 다른 데로 가 보시오."

"당신 정말 너무 하는구려."

참는 것도 한도가 있는 터라 나도 한마디 쏘아붙였다. 그 허우대 큰 중년은 이 자식 저 자식 욕지거리를 하더니

"아니꼬우면 너도 차 한 대 사서 끌고 다녀!"

하고는 텐트 속으로 슬그머니 들어가 버린다.

울화가 머리끝까지 치솟았지만, 부상당한 학생을 두고 맞받아 싸울 처지도 아니고, 또한 저런 비인간적인 사람하고는 실랑이할 가치도 시간도

없었다. 자가용족에 대한 환멸을 느끼며 사람 목숨보다 자동차를 더 소중히 여기는 속물근성을 지닌 그네들에게 더 이상 부대끼기 싫어 속된 인간들이 몰고 다니는 그 괴물 이용을 포기하고 말았다.

참 한심한 노릇이었다. 아무리 기계 문명에 밀려 비인간화된 사회라지만 이렇게까지 썩어 문드러진 줄은 상상도 못했다. 자동차 기계에 기름이 없어 시동이 안 걸리듯 인간의 몸에도 더운 피가 얼어붙어 온정이 작동 안 되는 냉혈 동물이 되어 버렸단 말인가? 사람이 죽어간다 해도 나와는 상관없는 일인 듯 거들떠보지도 않는 피도 눈물도 없는 인조인간이 되어 버렸단 말인가?

하기야 당시 사회 분위기가 그렇게 만들었는지도 모른다. 정신 성장은 날로 뒷걸음질치고 경제 성장에만 전력질주하던 시절, 잡아먹고 먹히던 통분의 세월을 이기지 못하여 항거하던 정의의 불꽃들이 사그라지면 또 타오르고, 꺼지면 다시 붙고 또 자지러지고, 그리하여 만신창이가 된 정의(正義) 앞에 불의(不義)가 판을 치던 인간동물원의 포효가 삼천리를 뒤흔들며 더운 피를 말리던 시대였다. 부도덕의 극치 속에 인간의 존엄성은 극도로 퇴락하여 기계문명의 함성에 깔려 숨져 갔고, 인간의 기본권인 생존권마저 권력이나 재력 앞에는 옴쭉달싹 못 하던 서슬 퍼런 시대였으니, 개 발바닥도 아닌 고등학생 발바닥 하나 유리에 찔려 흘리는 핏방울쯤이야 그네들 눈에는 개발의 피보다 못한 것이었는지 모른다. 자라나는 순수한 학생들 앞에 저주받을 인간동물원이여!

그래도 흐뭇한 일은 우리들의 안타까운 정경을 언제 보았는지 저만치 떨어진 곳에서 야영수련 중이던 서울 은곡공업고등학교 RCY(청소년적십자) 학생들이 구급가방을 들고 달려와 부상 학생을 안아 눕히더니 재빠른 동작으로 지혈 등 응급 치료를 하고는 하얀 붕대로 칭칭 감아 주는 것이 아닌가? 평소 학교에서 배운 대로 능숙한 솜씨였다. 사회 기성인들이 앓고 있는 악독한 비정성 난치병에 우리 학생들은 아직 감염되지 않았다고 해야 옳을 것이다. 고맙다 녀석들아, 은곡공고 학생들아! 속으로 몇 번이나 되뇌며 나보다 큰 부상 학생을 둘러업었다. 육중한 무게였다.

"가자, 업고 가자, 의원까지 업고 뛰자."

나는 울분에 차 있었다.

"덩치 큰 놈 다섯 명만 나를 따르라. 교대하며 업고 가자."

우리는 숨 가쁘게 뛰었다. 이 들판길을 지나면 마을이 나오고, 들판 하나를 더 지나 고개를 넘으면 의원이 있다고 했지. 녀석아, 그때까지만 참고 견뎌라. 죽지는 않겠지. 햇볕 따가운 8월 오후, 홍천 들판을 우리 여섯은 무더기로 밀며 뛰고 부축하며 달렸다.

10분쯤 지났을까? 저 멀리 경운기 한 대가 털털거리며 다가오고 있었다. 농사일 나가는 농부의 자동차다. 농부의 피땀이 서린 경운기 소음이 홍천 들판 오후의 정적을 깨뜨린다. 그냥 지나칠 듯하다가 등에 업힌 환자를 유심히 보더니 우리 옆에 멈추었다. 운전석에서 내린 농부는 몇 마디 물어보곤, 의원은 여기서도 한참 가야 된다며 환자를 손수 안아 경운기에 태우는 것이 아닌가? 정말 뜻밖의 구세주였다. 자동차 중에서 가장 느린 자동차였지만 이렇게 고마울 수가 있을까?

"쇠꼴이나 좀 벨까 하고 나왔더니……."

"감사합니다. 이 은혜 어떻게 보답해야 될지 모르겠습니다."

"별 말씀을요. 이 아이들이 바로 내 동생이요, 내 아들이 아니던가요?"

"……"

40대 중년 농부의 구릿빛 얼굴이 너무나 성스러워 나는 그만 말문이 막혀 버렸다.

그 농부는 의원에서 봉합수술이 끝날 때까지 기다렸다가 우리 야영장까지 다시 실어다 주었다. 이것이 순수하고 소박한 산골의 20세기 마지막 남은 조선의 얼이던가? 이것이야말로 차가운 피를 데워 주는 농부의 따뜻한 손길이던가? 이렇듯 인간 본연의 성스러운 농부 앞에 감히 무엇으로 고마움의 표시를 해야 할까 하고 잠시 망설이다가 속물들의 손때가 묻은 5,000원짜리 지폐 한 장으로 대신하려 하였더니 농부는 한사코 사양하였다.

"당연한 일을 하였는뎁쇼. 선생님, 철부지 학생들 지도하시느라 참 고생이 많으십니다."

농부는 경운기 시동을 걸더니 역시 요란한 엔진 소리와 함께 홍천 들판 흙먼지를 날리며 멀어져 갔다. 우리는 하늘에서 내려온 구세주가 잠시 우리 곁에 왔다 떠나가는 착각에 사로잡혀 아무 말도 못하고 저 멀리 석양 속으로 가물가물 사라져 가는 농부의 자동차를 멍하니 바라보고 서 있었다.

홍천강 푸른 물보다
홍천벌 푸른 들판보다
강낭콩꽃보다 더 푸른
농부의 마음이여!
푸르른 젊은 목숨을 싣고 달렸던 아름다운 농부의 자동차여!

38년이란 세월이 흘러
그 농부의 이름도 거주지도 알 수 없는 것이 아쉽다.

교육 학문 봉사의 길

지성(至誠)·항심(恒心)·사랑의 순례자 김봉군 교수

육법전서(법전) 등 법서들을 모두 불사르고, 고향 집으로 돌아와 교육계로 다시 돌아가고 싶다는 김 교수의 결심에 아버님께서는 "그래, 누가 누구를 심판하겠느냐?" 하시며 흔쾌히 허락해 주셨다.

김 교수는 다시 교직으로 회귀하여 교육에 헌신하게 된다.

교생 실습 실제 수업(1963)

고교 및 대학에서 몸 바쳐 일한 아름다운 예화들이 수없이 많지만 지면 관계로 생략하고 만신창이가 된 한국 교육의 희망을 밝히려 애쓴 행적 한 가지만 소개하려 한다.

김 교수는 "선생은 있으나 스승이 없다."는 한국 세평(世評)에 맞서, 전국 모퉁이 모퉁이를 몸소 찾아다니고 수소문하여 이 나라 페스탈로치들의 경이로운 헌신의 소식들을 세상에 드러냄으로써 사도(師道)를 밝히는 교육의 울림이 전국 방방곡곡에 메아리치기를 원했다. 김 교수는 이 감동적인 실화들이 교육 현장에 경이로운 바이러스가 되기를 바라는 뜻에서 107분의 선생님들의 글을 받아 『길을 밝히는 사람들』이란 교육 수기집을 내었다. 교육 현장에서 땀 흘리고 계시던 선생님들의 눈물겨운 사례집이다. 1982년 김 교수의 나이 41세 되던 해이다. 나도 자그만 심부름 등 보조 역할을 한 것에 대하여 큰 보람으로 여기고 있다.

책 머리말을 읽어 보면 김 교수가 이 책을 내어 놓은 계기 및 목적이 더욱 선명하다. 머리말 일부를 소개한다.

> 슬기와 덕과 사랑, 그 줄기찬 헌신으로 이 땅 교육사의 별이 되실 우리의 스승을 글로써 모십니다. 글이라기보다 파도에 맞서 낙도를 지키시고, 산골 오지에서 등결밭을 일구시며, 도회의 응달에서 빛으로 서 계신 우리 선생님들의 땀에 젖은 육성이요 영혼의 울림입니다.
>
> 우리 교육이 살아날 때 우리나라 일어서리라는, 20년 다듬은 제 믿음과 간절한 기도의 첫 결실입니다. 이분들의 글이 풍기는 흙내음, 바닷내음, 인간의 내음은 자신을 꾸밀 줄 모르는 진실의 냄새 그것인 줄 압니다. 한 오라기 진실이 뜨겁게 그리운 우리의 삶에서 이분들의 글은 설레는 환희일 수도 있습니다. 이 글의 내용은 꿈도 환상도 아닌 실증이기 때문입니다. 〈중략〉 이 책이 우리 교육사의 흐름 속에서 의(義)와 사랑의 한 증거로 남겨, 수단의 가치가 목적적 가치에 봉사하고, 사람사람이 존엄한 절대 가치를 누리게 하는 교육을 위한 촉매가 되기를 바랍니다. 그리하여 우리 역사가 만남과 화해의 윤리 속에 새로이 빛나기를 바랍니다. 우리 교원 모두가 이 땅 역사의 여명을 위하여 교육혼의 불씨를 품고, 소박하나마 소중한 감격을 창조할 수 있기를 바랍니다. 교육행정을 맡아 수고하시거나 교육을 연구하시는 분들께 이 솔직한 교육 현장의 자아 표백이 역설의 충격, 혹은 타산지석의 좋은 자료가 되기를 소망합니다. 특히, 이 책이 교육열에 불타는 이 땅의 모든 학부모님들께 크게 사랑받기를 원합니다. 교직 아닌 다른 일에 종사하시되 이 땅의 모든 분들께도 이 책이 작은 위로가 되기를 아울러 열망합니다.
>
> 요컨대 우리들이 닦아놓은 길을 따라 저기서 달려오는 어린이, 젊은이 들이 시린 겨울 저 너머 싹트는 대지를 예비하는 사람, 별빛이 끝나는 세상 저편

의 찬연한 새벽을 위하여 종을 울리는 사람들이 되기를 빌고 또 빕니다.
〈중략〉
여러 해 동안 이 땅 방방곡곡을 더듬고 수소문하였으나, 외로운 힘 역부족인데다 제 총명까지 흐려 좋은 선생님 다 찾지 못한 것, 뵈었어도 귀한 글을 끝내 받지 못하여 모시지 못한 일 들이 애석합니다. 〈중략〉
이 책이 맑고도 고운 그 교육의 길에서 빛을 밝히시는 우리 선생님들께 작은 위로가 되고, 아울러 경쟁자가 아닌 봉사자, 신념이라기보다는 사랑이, 민족과 국가를 넘어 인류적 공동선(共同善)에의 이상이 우리 교육과 이 사회의 기본 윤리로서 빛나기를 기원하면서 만감(萬感)의 정회(情懷)와 뜻을 삼가 접기로 합니다.

－1982년 늦가을에 엮은이

이상 머리말에서 김 교수의 절절한 교육애를 엿볼 수 있다.

다음에 이어지는 글은 김 교수가 『배움과 믿음으로 도전하는 삶』(공저)이란 책에 쓴 자전적 신앙 에세이 「나의 갈 길 다 가도록」을 요약한 것이다. 내가 직접 나의 목소리로 쓰지 않고 김 교수의 글을 싣는 이유는 아우가 형에 대한 얘기를 펼치다 보면 드러내고 싶은 욕망에 사로잡혀 과장된 표현이 있을 수가 있고, 덧칠된 생애를 얘기하여 독자를 현혹할 수도 있기 때문이다. 김 교수의 걸어온 길을 미사여구 없이 솔직 담백하게 풀어놓은 글이기에 서슴지 않고 발췌하여 싣는다.

신앙과 관련된 책에 쓴 글이기 때문에 종교적인 얘기가 몇 군데 나온다는 것을 염두에 두고 읽어야 한다. 또한, 23년 전(1997년)에 쓴 글임을 밝혀 둔다.

나의 갈 길 다 가도록-그 실마리

〈전략〉

개신교 신자인 내가 어찌하여 가톨릭 교육 기관에 영접을 받아 이렇게 오랜 세월을 일하고 있는가? 어째서 국문학을 공부하였으며, 오늘 강의실이나 국문학계에서 이처럼 고독한 행로를 나는 가고 있는가? 인생이란 무엇이며 학문이란 것은 나의 인생에서 어떤 의미가 있는가? 내가 하고 있는 모든 일을 하나님의 뜻이라고 믿게 된 이 기적을 세속사의 한 영웅이 되어 돌아오기를 기다리는 내 고향 사람들에게 설득할 방도는 없는 것인가? 공맹 사상의 텃밭, 세속적 입신양명을 최고의 가치로 여기는 주자학적 보수성이 강한 지역 출신인 내가 기독교 신자가 되고, 대학에서 국문학 및 기독교 문학을 강의하는 사람으로 성장케 한 그 섭리란 어떤 것인가?

참으로 오랜만에 저무는 여름날 오후 대학 연구실 책상머리에 앉아 내가 걸어온 파란에 찬 그 '길'을 생각한다. 그리고 부끄러운 나의 행적을 공개하려 한다. 늘 지병에 시달리는 나의 생애를 기약할 수 없고, 역천(逆天)의 문명사에 그대로 휩쓸릴지 모를 사랑하는 나의 후진들에게 젊은 날 나의 방황이 타산지석(他山之石)이 되기를 바라기 때문이다

내 고향 남쪽 바다

내가 즐겨 부르는 노래가 있다. '내 고향 남쪽 바다 그 파란 물 눈에 보이네.'로 시작되는 '가고파'가 그것이다. 번거로운 세상사에 심히 지쳐 있을 때 '가고파'는 심신의 피로를 달래 주며 아득한 기억 속의 옛 고향을 마음속에 떠올리게 한다.

나는 소년 시절에 고향을 떠났다. 나그네가 된 지 40년이다. 지난 세월 한시도 잊지 못하고 산 것은 내 고향 남쪽 바다 그 갈맷빛 물결이다. 〈중략〉

내 고향 사람들은 인간미가 넘쳤다. 고향 사람들의 그 짙은 인간미를 저 아름다운 남해 바다의 물빛과 함께 잊지 못하고 산다. 고향에서 초등학교, 중학교를 다닐 때의 옛 일을 잊을 수가 없다. 내 고향 어버이들은 내가 가는 길을 쓸며 돌멩이까지 치워 주셨다. 고등학교 시절부터 도회지로 유학을 떠나는 나에게 옥수수와 보리떡을 싸 주시며 성공해서 돌아오라고, 그래서 '우리 아무개' 잘 이끌어 달라고 당부하며 목멘 소리로 전송하던 내 고향 아주머니들의 모습을 나는 잊지 못하고 산다.

고향을 떠난 지 40년, 그 동안 내가 찾은 것은 무엇이며, 내가 이루어 놓은 일이란 대체 어떤 것인가? 나는 부질없이 일에 묻혀서 고향을 자주 찾지 못하였고, 그리운 고향 어른들도 뵐 기회가 많지 않았다. 지난번 92세의 일기로 소천을 맞으신 중모님 장례식에 참례하러 오랜만에 고향을 찾았다. 거기 모여 계신 고향 어른들이 참으로 몇 분밖에 안 된다는 사실에 나는 세차게 흘러가는 세월의 여운을 실감하지 않을 수 없었다.

소년 시절에 나는 뒷산에 올라 무연히 펼쳐진 남해 바다 수평선을 바라보며 그야말로 청운의 꿈을 꾸었다. 고향 사람들의 일방적인 소망에 부응해야겠다는 나의 결심은 날이 갈수록 굳어져 갔다. 정치인, 행정관, 법관이나 검찰관이 되는 것이 내 고향 사람들 모두의 간곡한 열망이었고 나도 거기에 동조했다. 그 선하디선한 고향 사람들의 절대 빈곤과 병고, 무지막지한 하급 벼슬아치들의 횡포로부터 구출하려면, 내가 권력을 잡고 재물을 거머쥐어야 한다고 생각했다. 그것이 내가 한동안 혼신을 다해서 섬기게 된 첫 번째 우상이었고, 나의 '길'은 그것을 향한 행로 밖의 그 어디에도 있지 않았다. 그 시절 나의 눈에는 고향 마을 한 귀퉁이에 자리잡은 작은 교회당의 십자가가 눈에 들어오지 않았다.

나는 그 우상을 향하여 주경야독, 농사일과 공부에만 온 정성을 쏟았다. 공부할 틈을 더 얻기 위하여 너무 무리하게 농사일을 하다 지쳐 쓰러진 나의 부르튼 손을 붙잡고 흐느껴 우시던 어머니, 그런 어머니를 오히려 내가 위로해 드리던 가을 달밤, 귀뚜라미는 유난히 마음의 G선을 뜯고 있었다.

누가 보아도 중학 시절 나의 처지는 절망 그 자체였다. 고등학교에 진학하려고 달밤에도 장작을 패야 하는 나의 몸부림으로 도회지 유학이 가능하리라고 생각하는 이웃 사람은 거의 없었다. 어린 내가 그처럼 열심히 농사일과 장작 패기, 공부하기에 정진하였던 이유는 그 '청운의 꿈'을 이루어 불쌍한 마을 사람들을 구원해야 한다는 일념에 있었다.

사랑의 어머니

〈전략〉

나는 세상살이를 하다 몹시 지치거나 혹 절망적인 상황에 빠졌을 때 어머니를 생각하면 새로운 용기와 기쁨이 샘솟아 올랐다. 어린 시절 나에게 어머니는 어두운 밤을 밝히는 찬란한 별이었다. 대다수의 아들, 딸 들에게 어머니는 귀한 존재다. 그러나 우리 어머니는 사뭇 특별한 분이셨다. 어머니의 행적 중 몇 장면만 회상해 보기로 한다.

초등학교 시절 어느 날이었다. 학교 공부가 끝나고 일찍 귀가하게 된 나는 대문 안에 들어서며 참으로 신기한 광경을 목도하게 되었다. 놀랍게도 어머니는 실성한 한 동네 아주머니의 머리를 감겨 곱게 빗질하고 계셨다. 그 아주머니는 다소곳이 어머니에게 자기의 모든 것을 맡기고 있었다. 어머니는 장롱 안에 고이 개어 두셨던 당신의 옷을 내어 입히셨다. 그리고 따뜻한 점심밥을 차려 주셨다. 아주머니는 밥과 미역국 한 그릇을 다 비웠다. 그리고 바느질거리를 달라 하여 감침질을 하다가 잠을 청했다. 잠든 그녀의 얼굴은 평화롭기 그지없었다. 그 아주머니는 남편의 폭행을 견디다 못해 실성하고 만 여인이었다. 아이들은 미친 여인이라고 놀려대며 그녀에게 돌멩이질을 했다. 어른 아이 할 것 없이 그녀를 학대했다. 그녀는 상여막이나 남의 집 처마 밑에서 잠을 자야 했고 사람들을 보면 격렬하게 반격해 왔다. 그런 여인이 어머니 앞에서만은 마치 어린 양처럼 온유해지는 것이야말로 설명하기 어려운 신비였다.

그 신비의 열쇠는 물론 사랑이었다. 어머니는 온통 사랑의 덩어리셨다. 그 적빈(赤貧)의 궁핍 속에서도 배고파서 찾아드는 수많은 길손과 걸인들을 그냥 보내는 법이 없었다. 시장 갔다 오시는 길에 동네 어귀에서 아이들을 만나면 우리 6남매 몫으로 사신 엿이며 사탕을 그 애들에게 다 주시곤 빈손으로 돌아오실 때가 많았다.

중학교 때의 일이다. 풋보리 바심으로 높은 보릿고개를 넘어야 하는 흉년이었다. 토요일 오후에는 학교 공부가 끝나자마자 점심이 그리워 20리 산길을 뜀박질로 넘어 집으로 왔다. 사립에 들어서기가 무섭게 나는 어머니를 불렀다. 점심을 차려 달라는 애절한 요청이었다. 어머니는 말씀하셨다. "나병 환자 두 사람이 와서 네 밥을 주었다. 저녁 일찍 먹도록 하자." 이 말씀이 내 귀에 들어오지 않았다. 내가 먹을 점심밥을 하필이면 문둥이들에게 주었느냐고 불평을 했다. 여간해서는 꾸중을 아니 하시던 어머니는 정색을 하시더니 불호령이 떨어졌다. 뒤뜰 대밭에 가서 회초리를 꺾어 오라 했다. 어머니는 회초리로 방바닥을 치시며 초달을 대신하셨다.

"너 몇 끼 굶었느냐?"

"한 끼 굶었습니다."

"그 나환자는 이틀 굶었다더라. 그런데도 할 말이 있느냐?"

"어머니, 잘못했습니다. 다시는 그러지 않겠습니다."

나는 어머니의 손을 잡고 아프게 울었다. 그 이후로 나는 한 번도 어머니의 꾸중을 듣지 않았고, 지금도 음식 투정 같은 것은 생각도 못하고 산다. 내가 좋은 음식상을 받고 앉았을 때 이 세상 어딘가에 있을 굶주리는 사람의 얼굴을 떠올리며 긴 기도를 드리는 것은 어머니의 그 간곡한 가르침 때문이다.

어머니 이야기는 여기서 끝나지 않는다. 기억을 되살려 한 대목만 더 떠올려 보기로 한다. 생전에 동네 젊은이치고 어머니를 싫어하는 사람이 없었지만, 어느 아저씨 한 분은 정도가 심하다 할 정도로 평생토록 어머니를 섬겼다. 그 이유를 우리는 알 수가 없었다. 그런데 1971년 2월 5일 많은 사람들의 애도 속에 어머니의 장례식이 끝났다. 그 아저씨는 비로소 고백했다. 오래 전 아버지 사업이 잘 되어 우리 집이 유복한 때였다. 어느 날 어머니는 면사무소에 볼일이 있어 외출을 하셨다. 집을 나서서 얼마쯤 가시다가 도장을 잊고 나온 것을 알고 다시 귀가하였던 때였다. 그때 어머니는 놀랍게도 쌀 한 가마니를 훔쳐 지고 일어서는 마을 청년을 대문에서 마주쳤다. 소스라치게 놀란 청년은 그 자리에 털썩 주저앉고 말았다. 살려 달라고 빌었다. 어머니는 청년을 붙들어 일으켰다.

"이 흉년에 오죽했으면 착한 자네가 쌀 훔칠 생각을 했겠나, 그냥 가져가게."

청년은 어머니의 말씀을 거역하지 못하고 쌀을 짊어지고 집으로 갔다.

"그때 그 쌀이 아니었으면 우리 식구들은 굶어 죽고 말았을 걸세."

아저씨의 음성은 깊은 감회에 젖으며 심히 떨리고 있었다. 이웃집의 고통을 아시고는 청년의 절도 행위를 돌아가실 때까지 발설치 않으신 우리 어머니, 그분은 참으로 사랑의 어머니셨다. 진주 강(姜)씨, 수(壽)자, 희(喜)자 우리 어머니의 성함을 후대를 위하여 여기 기록 속에 작게 남긴다.

어머니는 64세에 가셨다. 어머니 장례식 때에 고향 사람 중의 그 누구도 애도하지 않은 이가 없었다. 장례 행렬 후미에서, 평소에 어머니를 특별히 따르던 이들이 보내어 온 만장 67개가 온 마을에 길게 이어져 펄럭이던 모습은 실로 장관이요 한 전설이었다.

어머니는 나의 삶을 통째로 지탱케 하신 정신적 지주요 큰 스승이셨다. 내가 학문과 교육이라는 것을 하는 틈틈이 물질과 사랑의 결핍으로 신음하는 이웃을 찾아다니며 작은 정성을 쏟을 수 있게 된 것도 어머니께서 생전에 본보이신 그 사랑 덕분이다.

〈하략〉

어버이의 은혜는 가이 없어라, 그리운 부모님

인생의 스승, 훌륭하신 아버지

내가 국문학을 하게 된 것은 아버지 덕분이다. 서당 공부밖에 못 한 아버지는 현자(賢者)셨다. 하나를 듣고서 열을 아시는(聞一知十) 분이라기보다 태어나면서 아시는 분, 즉 생이지지자(生而知之者)라 해야 옳았다. 성품이 온유하시되 외유내강(外柔內剛)하신 아버지셨다. 나는 어려서부터 아버지께 많은 것을 배웠다. 한국의 전통 예의범절이며, 천자문, 추구, 명심보감, 사자소학, 논어를 배우고선 중학교에 갔고, 통감은 중·고등학교 시절에 대강 읽었다.

밤이 깊어갈 무렵이면 아버지께서 늘 부르셨다. 명심보감의 내용을 물으시곤 '조선 오백년 야사'나 '삼국연의'를 이야기해 주셨다. 아버지는 내 어린 시절의 스승이셨다. 야사(野史)를 알고 정사(正史)를 공부하니 조선시대 519년의 역사는 자연히 이야기로 모두 엮을 수 있을 만큼 익숙해졌다. 도연명의 시와 문장도 곁들여 중국의 역사도 가르쳐 주셨으므로, 문학과 역사에 우리 형제 모두가 깊이 심취하게 된 것은 당연했다. 아버지는 생활 철학을 가르치셨다.

"등잔불이 어둡다고 불평하지 말아라. 옛날 진나라 손강과 혜윤은 반딧불과 눈빛에 책을 읽어 성공했다. 작은 일에도 감사한 줄 알아야 하늘이 복을 내린다."

"등잔불은 겸손을 가르친다. 사나이와 여인네가 두루마기와 치마를 마구 펄럭이며 지나가다가는 등잔불이 꺼진다. 매무새를 추스르고 겸손히 지나갈 때 등잔불은 고요히 앞길을 밝혀 주는 법이니라."

"사흘을 부질없이 나부대느니, 차라리 이틀 생각한 다음 하루 일하는 것이 낫다."

"절약이 횡재보다 낫다."

"말을 할 때는 반드시 남의 처지에 비추어 역지사지(易地思之)할지니라."

아버지의 이러한 가르침은 곤고한 나의 인생길을 밝혀 준 등불과도 같은 교훈이었다. 〈중략〉

나는 부모님의 행장을 통하여 학문하는 것의 목적이 바른 사람됨에 있다는 것을 어려서부터 체득해 왔다. 그래서 나는 교육자가 감당해야 할 학문 연구와 교육의 원리를 '기초주의'에 둔다. 기초주의란 도덕의 기초, 신앙의 기초, 기술의 기초 위에서만 인간의 모든 업적이 가치 있는 수확을 거둘 수 있다는 주장이다. 사람됨의 기초가 닦인 후라야 학문이 바로 선다는 뜻이다. 사람됨의 기초 닦기가 잘못된 채 익힌 학문은 자신뿐 아니라 많은 사람을 불행하게 만든다. 내가 학문과 인생의 험한 이 길에서 늘 감사히 여기는 것은 나의 부모님이 나에게 이 기초의 중요성을 깨우쳐 주셨다는 점이다. 치(致)자, 경(京)자 함자를 쓰신 훌륭하신 아버지, 가신 지도 서른세 해가 지났다. 어머니 가신 지 2년 만에 세상을 뜨셨다. 아버지 가신 지는 오래되었으나, 그분은 내가 내세우는 기초주의의 창시자이시다.

나는 지금 여호와 하나님에 의지하여 진리의 이름으로 참 진리를 훼손하는 여러 사상 및 학문적 체계와 선한 싸움을 하고 있다. 쉽지 않은 이 일을 할 수 있게 한 기반은 사랑하는 나의 부모님이 닦아 주셨고, 내가 궁극적으로 의지하는 것은 절대 진리인 하나님의 '말씀'이다. <중략>

시골서 중학교를 마친 나는 농사일과 장작 패기 등 천신만고 끝에 도회의 고등학교로 진학했다. 가정교사를 하며 중학생을 가르치는 등 고등학교 시절부터 나의 문전 구걸과도 같은 곤고한 행진은 시작되었다. 그런 가운데서도 내 고향 사람들에게 쌀 한 가마니씩이라도 사다 드려야겠다는 결심으로 열심히 공부했다. 그 시절 나에게는 나의 인생행로를 바꾸어 놓은 작은 체험을 하게 되었다.

1958년 가을, 수학여행을 떠나는 급우들을 배웅하고 돌아서며 나는 끝없는 노스탤지어를 불러오는 아득한 기적 소리를 들었다. 경상남도 진주역에서의 일이었다. 수학여행비를 마련하지 못한 비애에 도전이라도 하듯이 나는 학교 도서관으로 향했다. 도서관에서 나는 몽테스키외의 『법의 정신』, 페스탈로치의 『은자의 황혼』, 톨스토이의 『부활』, 도스토옙스키의 『죄와 벌』, 호손의 『주홍 글자』, 심훈의 『상록수』, 『위인전기전집』 등 세계 명저를 닥치는 대로 읽었다. 그때 나의 심중에는 많은 의문이 피어올랐다. 나폴레옹이나 히틀러 같은 싸움쟁이들과 출천의 봉사자 슈바이처가 어째서 같은 위인전기 전집에 함께 묶여 있는가? 『부활』의 네플류도프는 어째서 순박한 처녀 마슬로바를 유린하고도 그렇게 오래도록 아무런 죄의식도 없이 살 수가 있는가? 『죄와 벌』의 이지적인 주인공 라스콜리니코프는 어찌하여 하잘것없는 윤락녀 소냐에게 무릎을 꿇을 수가 있는가? 이런 의문에 사로잡히면서도 라스콜리니코프의 냉혹한 이지와 소냐 아버지의 정열이 어느 것으로도 설명되지 않는, 소냐의 실존이 품은 신비를 이해할 수가 없었다. 심지어 『상록수』의 여주인공 채영신의 희생에 찬사를 보내면서도 그 역시 민족주의적 정열과 신념으로 뜻매김되는 정치적 감동의 차원을 넘어서지 못하는 것이었다. 그녀가 신학교 출신이고, 하늘에 사무치는 주님의 종이라는 데에는 관심이 없었다. 당시에 삶과 역사의 세속적 업적에만 마음을 빼앗겨 있었던 나는 교회당의 십자가와 주인공 채영신의 간곡한 기도에 무관했고, 우주에 충만한 영적 파동을 감지하지 못했다.

그러나 수학여행을 가지 못한 덕분에 불붙기 시작한 나의 독서열이 나의 인생행로를 서서히 전환시키는 작은 계기가 된 것임에는 틀림이 없다. 동급생 친구들 대다수가 먼 기적 소리를 남기고 수학여행길에 오른 아침, 동전 한 푼이 아쉬웠던 나의 아픈 무소유, 그것이 주는 의미는 범상한 것이 아니었다. 토인비의 『역사의 연구』를 아직 읽지 못한 소년 시절이었으나, 나는 늘 아픈 궁핍의 도전에 적극적으로 응전했다. 나는 수학여행 시기부터 도서관에서 열심히 책을 읽었다. 나의 인생행로를 사뭇 바꾸어 놓은 페스탈로치와 슈바이처의 전기를 읽게 된 것도 그때였다.

나는 서울대학교 사범대학 국어과로 진학했다. 인기 학과나 합격선 같은 것과는 상관없는 선택이었다. 어린이를 위하여 운동장에 떨어진 유리 조각을 줍던 페스탈로치 선생이 준 영향과 진주고교 정봉윤 교장 선생님의 권유 덕분이었다. 고향 사람들과 사회 선생님은 법과대학, 독어 선생님은 독문과, 담임선생님은 상과대학을 권하셨다. 국어국문학을 하라시는 선생님은 계시지 않았다. 나는 국어 과목, 특히 문학 공부가 제일 좋아서 국어과로 진학했다. 〈중략〉

동가식서가숙하던 내 대학 생활의 곤고함은 필설로 형언하기 어렵다. 국비 장학금과 가정교사 등으로 생활비, 학비를 조달했다. 게다가 나는 6·25전쟁 직후인 중학교 1학년 때 앓은 열병의 후유증으로 폐결핵을 비롯한 많은 병을 앓았다. 지금도 후유증은 계속되고 있다. 소화기관의 기능 불량, 눈의 통증과 극심한 난시, 두통, 자율신경 장애 등으로 40년 동안이나 고통을 받아왔다. 그런 고통을 현대 의학에서는 어쩌지 못한다고 한다. 정직하게 말하면 정밀 검사를 받거나 치료할 만한 여유를 얻지 못하고 일에 묻혀 살았다. 인간으로서 참기 어려운 궁핍과 병고에 굴하지 않고 나는 신앙이 아닌 의지로써 견디고 그에 응전하는 역설적인 삶을 헤쳐 왔다. 사범대학 졸업증서와 중등학교 2급 정교사 자격증을 받아들고 서울대학교 정문을 나섰다. 그런데 교육청의 반응은 기이했다. 순위로 보아 제일 먼저 발령을 받아야 할 수석 졸업생인 나에게 계속 무엇인가를 요구하며 발령 순서를 바꾸었다.

좋은 교육자가 되겠다고 사범대학 4년 동안 나는 참으로 열심히 공부했다. 그에 대한 국가의 보답은 어처구니가 없었다. 나는 깊이 탄식하지 않을 수 없었다. “하늘과 사람을 원망하지 말라(不怨天不尤人, 불원천불우인).”고 하신 아버지의 가르침이 그때는 생각나지 않았다. 마음을 가라앉힐 생각으로 나는 잠시 고향엘 들렀다. 거기서 다시 고향 사람들의 비참한 생활상에 접한 나는 전공을 바꾸어야겠다는 결심을 하게 되었다. 내 손을 잡고 눈물을 흘리며, “네가 성공해야 우리 고향이 일어선다.”고 호소하는 고향 사람들의 손을 놓고 상경하면서 나는 깊이 오열하며 두 주먹을 부르쥐었다.

나는 서울대 법대 법학과 편입 시험을 치렀다. 서울대 출신에게만 자격이 주어지는 이 시험 과목은 영어, 독어와 까다로운 구술시험이었다. 26명 응시자 중 2명의 합격자 중에 나도 포함되었다. 그 당시 나는 무슨 시험이든 다 합격할 수 있다는 지적 오만에 사로잡혀 있었다. 아무튼 나는 법학과 3학년 학생으로 공부를 다시 시작했다. 판사가 되어 권력을 손에 넣고 재물도 거머쥐어 저 교육 당국 사람들 같은 인물들을 징계하고 고향 사람들을 구하여야겠다고 다짐을 했다. 아르바이트를 하면서 나는 사법 시험 공부를 했다. 공부를 하면 할수록 법률 공부는 나에게 회의를 불러왔고, 마음의 갈등은 심각했다.

1966년 여름 가야산 공부방에서였다. 나는 문득 육법전서에 ‘사랑 愛(애)’ 자가 한 자도 없다는 데 착목하게 되었다. 법률 공부를 하는 틈틈이 보게 된 성경 말씀이 비로소 효력을 발휘하는 순간이었다. 고등학교 때

수학여행을 가지 못하고 읽은 세계 명작의 인상적인 장면들이 떠올랐다.

톨스토이의 『부활』에서 카추샤의 정조를 유린하여 불행에 빠뜨린 네플류도프 공작은 그녀를 심판하는 배심원 자리에 앉는다. 호손의 『주홍글자』는 어떤가? 간음의 표지인 'A'자를 가슴에 달고 단두대에 선 여인 헤스터를 심문하는 사람은 그녀와 상간한 딤즈데일 목사가 아니던가? 대중소설 『몽테크리스토 백작』에도 비슷한 장면이 있다. 검찰에 불려온 한 윤락녀가 그녀를 취조하는 검사를 계속 비웃는 대목이 그려져 있지 않던가.

나는 이들 여러 장면을 떠올리면서 간음하다 잡힌 여인 이야기가 담긴 요한복음 8장을 펼쳐 몇 번이고 거듭 읽었다. 내가 26세 된 때였다.

"저희가 묻기를 마지아니하는지라 이에 일어나 가라사대 너희 중에 죄 없는 자가 먼저 돌로 치라 하시고"

이 대목에서 나는 심히 울었다. 한 방에서 공부하던 친구가 왜 그러냐고 물었다. 나는 방을 나와 가야산 숲길을 걸으며 생각했다. 생전 처음 '누가 누구를 심판할 수 있는가?' 하는 종교적인 번민에 휩싸였다. 자기의 오판으로 사형 선고를 받은 피의자가 억울하게 죽은 뒤 진범이 체포되자, 법복을 벗고 평생토록 참회한 어느 성직자 생각을 했다. 오랜 망설임과 번뇌의 밤을 새운 어느 날 나는 결단을 내렸다. 열 번 스무 번을 읽어 너덜너덜해진 육법전서와 많은 법률 서적들을 불태우곤 홀로 산길을 내려왔다. 그리하여 나는 내가 짊어져서는 안 될 쓸데없는 짐을 지고 악전고투하던 어제의 일이 얼마나 어리석은 것인가를 절감했다.

이리하여 나는 다시 국문학 공부를 하고 학생들을 가르치는 자리로 돌아왔다. 어떤 사람은 말할 것이다. '여우와 신포도'의 이솝 우화 모양으로 합격할 자신이 없으니까 이런 변명을 한다고도 할 수 있다. 5천5백 명이 응시하여 3명 내지 30명밖에 합격하지 못하는 시험이니 그럴 만도 하다. 그러나 그 시절 나의 지적 오만으로 보아 그런 진단은 타당치 않다.

법관, 검찰관, 변호사는 물론 있어야 한다. 그러나 내가 그 일을 하는 것은 참으로 내키지 않는 일이었다. 내가 이런 말을 하는 것은 지금도 정의를 세우겠다고 노심초사하는 법조인들의 노력이 무가치하다는 뜻이 아니다. 그 일이 하나님의 뜻에 따른 것이어야 하는데, 나는 그 일보다 '인생이란 무엇인가?', '삶과 역사의 정의(正義)와 구원(救援)이란 대체 어떤 것인가?'를 묻고 또 묻는 문학 공부의 길로 다시 돌아왔다.

내가 세속을 버리고 입산하여 승려 생활에 드는 등 근 1년 동안의 방랑과 종교 편력을 거친 이야기는 이 적은 지면에 다 쓸 수가 없다. 하나님의 음성을 듣기 위하여 남한산, 북한산, 오대산의 캄캄한 밤길을 혼자 걷던 이야기는 다음 기회로 미룬다.

나는 30년 동안 교단생활을 하면서 제자들을 진실로 사랑하려고 최선을 다하였다. 고등학교에서 상담일을 맡아 전교생 거의 전원의 이름과 주소를 기억할 정도로 정성을 쏟았다. 나의 어머니, 아니 예수 그리스도께서 가르치셨듯이 가난하거나 외로운 학생들을 더 자상하게 보살피려고 지금도 노력하고 있다. 〈하략〉

작은 마무리

지금까지 학문과 신앙이 일치된 삶을 이야기하기 위해, 나는 나의 지난 일을 많이 공개했다. 내겐 부끄럽고 모험에 찬 고백이지만, 이 글을 읽은 후진들의 인생행로에 도움이 되리라 믿는다. 나는 소년 시절부터 지금까지 쉬지를 못했다. 그래서 쉬거나 논다는 것을 포기한 지 오래다. 나는 일에 지쳐 심히 고단할 때, "수고하고 무거운 짐진 자들아, 내게로 오라." 하신 하나님의 음성을 듣는다. 돌이키면, 나는 뻔한 길을 가까이 두고 참으로 먼 길을 돌아왔다. 진리가 무엇인가를 찾아 헤매던 캄캄한 밤 산길에서 하나님의 음성을 처음 들은 것이 26세 때였으니, 25년 동안 헛되고 헛된 길을 오만하게 헛돌아왔던 것이다.

나는 옛날 내가 절대시하던 그런 유의 '신념'에 맞서 '선한 싸움'을 하며 산다. 어머니의 이웃 사랑과 아버지의 지혜는 하나님의 사랑과 진리를 만나게 한 밑거름이었음을 감사해한다.

대학 교수의 임무는 학문 연구, 교육, 사회봉사다. 문학을 전공하는 나는 대학 지성의 우상이 된 다윈, 콩트, 마르크스, 프로이트 등의 무신론에 고독한 응전을 한다. 의식, 무의식적으로 사회주의 리얼리즘에 친근한 학생들의 의식을 깨우는 일도 하나님께서 내게 주신 소명이다. 사회봉사의 일은 하나님께서 어머니를 사용하시어 내게 가르치신 빛나는 유업이다. 무소유의 프란치스코 성인이나 인술(仁術)의 사도(使徒) 장기려 박사의 발끝에라도 미칠까 노력하는 것은 기쁘고 감사한 일이다.

김 교수는 고등학교 교사 시절에 청렴·공정·사랑을 교육 지표로 삼고 헌신했다. 담임 반의 급훈은 늘 '한결같이'였다. 곤궁한 가운데서도 당시에 일반화돼 있었던 학부모의 촌지를 단호히 거절했다. 제자들을 아가페적 사랑으로 끝까지 돌보았다. 자칫 비행으로 허방다리에 빠진 제자들을 구하기에 혼신의 노력을 쏟았다. 학교장과 선생님들을 설득하여, 퇴학당한 제자까지 복학시키기도 했다. 김 교수는 서울대 사범대 시절 은사이신 정원식 교수(교육부 장관·국무총리)께 전수받은 J. A. 보사드의 "행동에는 원인이 있다(Behavior is caused)."는 명언을 교육 현장에 적용했다. 학생이 잘못된 언행을 할 때, 그를 꾸짖고 벌주기보다 그 원인·이유를 밝혀 사랑으로 위로하여 감동을 시킴으로써 선도했다. 그 긴 교단 생활에서 학생을 처벌한 일은 한 번도 없었다. "바른 교육은 감동을 실현하는 일이다." 김 교수의 교육 금언이다. 대학에서 동료 교수들의 전폭적인 신뢰를 받았고, 제자들에 대한 사무치는 존경과 사랑이 더할 나위 없음을 그의 제자들은 증언한다.

김 교수는 '화평케 하는 자(peace-maker)', '자기의 유익을 구하지 않는 자'로 살라는 신약 성서의 가르침을 교육 일선에서 실현하려 최선을 다하였다. 좋은 것은 양보하고, 궂은일은 도맡아 했다. 그의 희생과 헌신을, 성심여자대학교와 가톨릭대학교 총장이셨던 김재순 수녀님과 동료 교수들이 한결같이 증언한다. 김 교수는 교육과 학문의 길에서 사랑을 한껏 쏟았고, 제자들의 분에 넘치는 사랑을 받았노라고 회고한다. 지극한 사랑과 한결같은 마음, 지성(至誠)과 항심(恒心)을 인생의 지표로 삼고 살아 온 김 교수에게 주어지는 무형의 상급(賞給)이라 할 것이다. 김 교수는 진동초등학교 박찬동 교장 선생님, 진주고등학교 정봉윤 교장 선생님, 서울대학교 사범대학 국어교육과 이응백 교수님을 교단의 최고 스승으로, 국어

대학 졸업 여행 둘째줄 오른쪽부터 두 번째가 김형규 교수, 맨 뒷줄 오른쪽 첫 번째가 김봉군 교수

교육과 김형규·이탁 교수님과 서울대학교 법과대학 유기천 교수님(서울대학교 총장)을 학문상의 최고 스승으로 모셔 왔다고 자주 회고한다.

경성제국대학 조선어문학과 출신인 김형규 교수께서는 일제의 조선어 말살 정책에 저항하는 글을 조선일보에 쓰셨다가 직장에서 파면당하셨던 분이다. 이탁 교수께서는 김좌진 장군 휘하 지대장으로 청산리 전투에서 일본군에 승리하는 데 앞장서셨고, 상하이 임시 정부와 연루되어 옥고를 치르신 애국지사이셨다.

교수 시절에는 연구와 강의, 여러 학회와 사회 단체를 이끄느라 분주한 틈틈이 결손 가정 청소년을 지원하는 초원봉사회(장학회)의 지도위원, 고문으로 일한 것도 김 교수에게는 큰 보람일 것이다.

위대한 교육자는 위대한 제자를 길러낸다. 교육자는 제자들의 인생을 바꾸어 놓으며, 나라의 흥망을 좌우하기도 한다. 정치인들은 교육자의 중요성을 외면하고, 아무나 교육부 장관을 한다고 김 교수는 자주 탄식한다.

김봉군 교수의 참회록과도 같은 고백록은 나에게도 큰 감명이었다. 김 교수가 사범대학에 다닐 때 방학을 맞아 고향에 내려오면 아버지와 많은 대화를 나누었다. 나는 아버지와 형이 나누는 대화를 곁에서 듣는 것이 참 흥미로웠다. 주로 조선 역사, 동양 고전, 교육, 생활 철학이 담긴 내용들이었다. 그중 형이 말한 얘기 한마디에 감명받아 내가 교사의 길로 가야겠다고 결심하게 된다.

"직업을 크게 둘로 나눌 수 있다. 즉, 물건을 만드는 직업과 사람을 만드는 직업이 그것이다. 교사는 사람을 만드는 직업이다."

중학생이던 나는 속으로 쾌재를 불렀다. 나도 형처럼 사람을 만드는 직업인 교사를 선택하게 된 것은 두말할 것도 없다.

김 교수는 40여 년간 교사·교수로 살아오는 동안 미워한 제자가 한 사람도 없었다고 회고한다. 천생 교육자요 학자다. 수십 년 된 제자들의 이름을 거의 빠짐없이 기억하는 김 교수는 나의 여섯 살 위의 형이지만 내가 가장 존경하는 인물이다.

게다가 김 교수는 애국자였다. 대한민국 백성치고 애국 안 하는 사람이 어디 있겠느냐마는 김 교수의 나라 사랑하는 마음은 유별하였다. 서재 벽에 태극기 액자를 걸었고, 그 옆에 또 다른 액자 하나를 나란히 걸어 놓았다. 김 교수가 붓으로 직접 쓴 글귀였다.

'나는 조국을 위하여 무엇을 할 것인가'

다음은 서한샘(문학박사, 한샘학원 원장, 한샘출판사 대표, 15대 국회의원) 박사가 김봉군 교수 고희기념문집에 「길을 밝히는 사람」이란 제목으로 기고한 글 일부이다. 제3자가 본 김 교수의 인생행로를 잘 압축한 글이라고 평가되기에 주저하지 않고 싣는다.

길을 밝히는 사람

〈전략〉

선배님.

저에겐 선배님이 단순히 같은 대학 같은 학과를 나온 선배님으로만 느껴지지 않았습니다. 선배님은 모두를 편하게 대해 주시지마는, 그러나 쉽게 범접하기 어려운 분위기를 풍기시는 분이십니다. 그래서 지금은 선배님이 내 선생님 같다는 생각을 하고는 했습니다.

선배님이 지니신 군자풍의 온화함, 부드러우나 결코 휘어지지 않는 외유내강의 인품, 동서고금을 꿰뚫는 해박한 지식, 화이부동(和而不同)의 의연한 삶의 자세, 하나님의 의(義)를 구하는 구도자적인 모습, 그러한 선배님을 대하면서 우리 국어과에 선배님 같은 분이 계시다는 뿌듯함과 저 자신을 돌아보아 경계하고자 하는 마음을 동시에 지녀왔습니다. 〈중략〉

선배님의 알려진 비밀 말씀드려도 되겠지요? 선배님은 특이한 학력을 가지신 분입니다. 진주의 수재로 자자하였던 선배님은 서울대학교 사범대학 국어과를 졸업하시고 곧이어 서울대 법과대학 법학과에 입학하셨습니다. 그곳에서도 교수 요원으로 지목되셨을 만큼 출중하셨지만, 법대를 졸업한 후에 법조인의 길을 마다하고 선배님은 그 길을 바꿔 다시 교육의 길로 돌아오셨습니다.

참 희한한 일이지요. 무엇이 그러한 결단을 내리게 하였을까요? 화려한 스포트라이트를 받을 수 있는 법조인의 삶, 명예와 권세를 누릴 수 있는 삶을 스스로 접어 책갈피에 넣어두고, 고단하고 외로운 교육자의 길, 문학자의 길을 택해 평생을 살아오신 이유는 무엇일까요? '누구를 심판하는 것이 아니라, 누구를 가르쳐 북돋워 주어야 한다.'는 기독교적 가치관의 발로인가요? 저는 언젠가 선배님에게서 그 궁금증을 진지하게 풀고 싶습니다. 〈중략〉

선배님,

초원봉사회 하면 감회가 새롭습니다. 선배님의 권유에 따라 초원봉사회 회원으로 가입한 것이 역시 1980년대 초였던 것 같습니다. 선배님께서는 유승룡 회장님과 함께 1974년경부터 '생활은 검소하게 마음은 여유있게', '아껴서 남 주자'고 외치면서 뜻을 같이 하는 동지들과 함께 '하루에 10원 장학금 모으기 운동'을 전개하셨지요. 그래서 개미군단 수만 명의 후원자를 모아 수천 명의 장학생을 키워내셨습니다. 특히 한 부모 가정 자녀들을 바르게 키워야 한다는 정신으로 단순한 장학금 전달에 그치는 것이 아니라, 정기적으로 장학생 연수회를 개최하여 그들에게 지극 정성으로 꿈과 희망을 불어넣어 주시던 모습이 지금도 눈에 선합니다. "가난은 유한하나 교육은 영원하다. 가난을 이겨내는 정신 교육이 장학금보다 더 중요하다." 그렇게 외치시면서 전국에서 선발되어 오는 장학생들의 숙식비, 교육 경비를 마련하기 위하여 주변의 독지가들을 직접 찾아다니셨던 그 열정은 어떤 신념의 발로였을까요?

선배님의 그 뜻이 너무 고맙고 아름다워서 우리 한샘출판사 전 직원들이 초원봉사회에 가입하여 매월 회비를 냈던 것도 보람된 추억입니다. 그리고 초원봉사회 회지인 『길』을 우리 한샘출판사에서 정기적으로 발행해 드린 것도 기쁜 후원의 추억으로 남아 있습니다. 후에 초원봉사회가 발전하여 재단법인 초원장학회를 별도로 마련하여 지금도 알찬 활동을 하고 있다는 소식도 들어 알고 있습니다.

선배님,

선배님의 학문적 업적, 교수로서의 업적, 문학으로서의 업적은 또 얼마나 크셨습니까? 그러한 것은 훌륭하신 학자분들께서 정리해 주실 것이니 제가 운위(云謂)할 일은 아닌 듯합니다. 다만 선배님께서 저술하신 유서와도 같은 에세이집 『시간과 영원을 위한 팡세』의 명편들을 읽으면서, 선배님께서 '죽음 체험'과도 같은 극심한 통증을 오랜 세월 동안 겪어 오셨다는 것을 뒤늦게 알고 너무나 가슴이 아팠습니다. 그리고 그 통증이 제게도 전이되어 오는 듯 온 몸이 저려오는 것을 느꼈습니다.

선배님은 그 고통을 '삶과 죽음의 경계선'이라고 표현하십니다. 그러면서도 기독교인의 삶으로 사랑과 헌신의 사회생활을 해 오셨듯이, 병마와의 싸움도 기독교적인 깨달음의 자세로 받아들이고 계십니다. 〈하략〉

이상 서한샘 박사의 글은 김 교수의 행적을 증거라도 하듯이 실로 인간적이면서 아름다운 삶의 궤적을 구체적인 사례를 들어 간명하게 서술하고 있다. 애석하게도 서한샘 박사는 앓던 지병이 깊어져 2019년 5월, 75세의 일기로 유명을 달리하였음을 첨기한다. 고인의 명복을 빈다.

이어서 세계전통시인협회 회장이시며 계간 『시조생활』 발행인이신 유성규 박사님의 시조 한 수를 소개하며 마무리하려 한다.

아프게 아름다워라
– 김봉군 교수 고희에 부쳐

멀수록 그윽한 난초 향기 같습니다
익을수록 고개 숙인 벼이삭을 닮았구료
님께서 일군 학문이 높고 깊고 크도다

배우고 가르치고 오로지 그 한 길에
송이송이 아름다운 제자들이 늘어섰네
아프게 아름다워라 그 한 세월 초상화

길어서 대견하고 짧아서 요긴함을
헤아려 칠십 성상 부지런히 가꾼 세월
그 둘레 둘레둘레로 보람 가득하리다

김 교수는 인생 후반기를 국어교육과 기독교 문학, 문학 평론, 시조의 생활화와 세계화 운동에 헌신해 왔다. 미국 University of California, 캐나다 Trinity Western University 대학원 객원 교수로서 기독교 문학을 강의한 것은 특기할 만한 사실이다.

김 교수는 근 20년 간 초·중·고 국어과 교육과정을 심의하고, 교과서를 집필하였으며, 심사위원장을 지내는 등 국어 교육 발전에 헌신했다. 김 교수의 고등학교 문학, 독서, 작문 교과서는 국어 교육의 지침이 되었다. 특히 문학 교과서는 전국 고교 채택률 1위를 차지하는 영예를 누리기도 하였다. 김 교수는 전국 각 대학교 국어교육과는 모국어 교육과 국가 정체성 수호의 최전선 보루라고 늘 말한다. 전국 국어교육과 출신 모두는 어느 분야에 종사하더라도, 국어 교사임을 명심해 달라고 당부한다.

김 교수는 '동리목월문학상' 등 여러 문학상 심사위원으로 위촉받아 심사하는 일도 바쁜 일과 중 하나였다 구상문학상 심사를 마치고. 왼쪽부터 윤석산, 강은교, 임헌영, 나태주, 김봉군 교수

저의 형님이신 김봉군 교수님,

참으로 숨찬 인생 역정(歷程)이셨습니다. 이 아우가 곁에서 지켜보는 것 자체도 벅찼습니다. 건강을 잃어 생의 경계를 넘나드는 위기를 두 번이나 겪으시고도 초인적인 힘을 발휘하여 끊임없이 왕성한 활동을 해 오셨습니다. 형님의 사무치도록 아름다운 행적들을 못난 아우가 주제넘게 작은 기록으로 남깁니다. 아무쪼록 건강 잘 보살피시고 여생 편안하시길 빕니다.

김봉군

문학박사, 문학평론가, 시인, 가톨릭대학교 명예교수

1941년 경남 남해 출생
진주고, 서울대학교(사대 국어과, 법대 법학과)를 거쳐 서울대학교 대학원을 마침
서울사대부고, 성심여고 교사, 성심여자대학교 교수를 지냄
가톨릭대학교 인문대학장, 인문과학연구소장 직을 거쳐 교수로 정년퇴임
서울대, 서울신학대, 한국은행 연수원 등의 강사
교육부 교육과정·교과서 심의·심사위원장, 초·중·고 교과서 집필진
교육부의 독학 학위·인문계 교육과정·독서교육발전위원회 자문위원을 지냄
MBC, EBS TV 문학·논술(최초) 강의
미국 University of Southern California 객원 교수, 캐나다 Trinity Western University 기독교세계관대학원에서 기독교문학 강의(객원교수)
한국문학비평가협회·한국크리스천문학가협회 회장, 한국독서학회 초대회장, 한국어교육학회 부회장, 한국문인협회 이사, 이무영문학상·창조문예문학상·구상문학상 심사위원, 세계한글작가대회 조직위원, 초원봉사회 지도위원·고문, 홍사단 민족통일운동본부 교육·문화위원회 위원장을 지냄

저서에, 『독서와 가치관 읽기』, 『기독 문학 이야기』, 『현대문학의 쟁점 과제와 문학 교육』, 『다매체 시대 문학의 지평 열기』, 『문학 작품 속의 인간상 읽기』, 『한국 소설의 기독교 의식 연구』, 『문학 개론』, 『한국 현대 작가론』, 『감자와 배따라기와 붉은 산과』, 『날개야 돋아라 날자 날자 날자』, 『문장 기술론』, 『시조의 이론과 시조 창작론』 등의 학술서와 『고등학교 국어과 학습 지도 자료』 13권과 에세이집 『꿈과 애정의 영토에서』, 『불멸의 사랑을 위하여』, 『시간과 영원을 위한 팡세』와 합동 시집 『천년 그리움으로 떠 있는 섬』 등이 있고, 교육 수기집(편저) 『길을 밝히는 사람들』 등 20여 권이 있음

『새시대문학』에 시로 등단, 『현대시학』에 평론 등단, 『시조생활』에 시조, 시조평론 등단

현재 가톨릭대학교명예교수, 한국문학비평가협회·한국크리스천문학가협회 고문, 한국문인협회 자문위원, 국제PEN한국본부 권익위원, 동리목월문학상 심사위원, 세계한글작가대회 조직위원, (사)세계전통시인협회 한국본부 이사장

■ 발문

이별을 아무리 연습해도 그들의 아름다운 기억은 사라지지 않는다

신용삼
(극작가, 카피라이터)

1968년 3월 봄

이른 봄꽃이 노릇노릇 보이던 대학 캠퍼스에서 처음 만난 네 명의 작가 지망생(김봉천, 최용근, 홍성환, 신용삼)이 뜻을 모았다. 서로 어색해할 틈도 없이 바로 문학동인 '피에르'가 결성되었고 그 이후 넷은 매일 붙어 다녔다. 수업도 놀이도 커피도 술자리도 매일 이어졌다. 모두 가정 형편들이 안 좋아서 좋은 곳도 못 다니고 좋은 술도 못 마셨지만 열정만큼은 남달랐다.

서정주 선생님 특유의 느릿느릿한 말씀, 김동리 선생님의 카랑카랑한 소설작법 강의, 박목월 선생님의 리듬감 있는 시 이야기, 차범석 선생님의 흥미진진한 극작 경험담, 손소희 선생님의 다정다감한 목소리 등 우리나라를 대표했던 문인들의 명강의를 들으면서 넷은 그렇게 짧은 그해 봄과 가을을 보냈다. 그랬다. 그 아련한 봄, 슬픈 가을을 다시 맞을 수 있을까?

그렇게 만나 일 년을 문예창작과에서 같이 보낸 김봉천은 멀리 남해 출신의 수줍고 여린 청년이었는데, 그에게는 항상 바다 냄새가 났다. 고향 바다 이야기를 하지 않았어도 그의 눈에는 항상 바다가 담겨 있었다. 투박하면서도 섬세했고, 자유스러우면서도 필요한 만큼의 절제가 있었다. 우리 넷은 항상 그를 중심으로 모였는데, 정작 김봉천 자신은 마치 아웃사이더처럼 행세했다. 아, 정말 그는 아웃사이더였을까?

캠퍼스에서의 한 해를 보내고 우리 넷은 겨울방학이 되자 각자 헤어졌다. 누구는 고향에 내려갔고, 누구는 팍팍한 서울살이에 뛰어들었고, 누구는 죽어라고 소설을 썼다. 그러나 김봉천이 그해 겨울방학에 무엇을 했는지 나는 모른다. 겨울에 우리들은 철저하게 만나지 않았다. 만나지 못한 것이 아니라 만나지 않았던 것이다. 일년 동안의 지나친 교감에서 서로 피로를 느꼈던 것 같았고, 모두에게 서로에게서 독립할 시간이 필요했다. 그래, 정말 그때는 그럴 시간이 필요했으리라.

피에르 동인, 우리 넷은 항상 붙어다녔다 왼쪽부터 최용근, 홍성환, 김봉천, 신용삼(1968)

1969년 초여름

내가 김봉천을 다시 만난 곳은 뜻밖에도 논산 육군훈련소였다. 훈련병 대기소에서 그를 만났다. 우리 반가움은 이루 말할 수 없었고 군번도 나란히 받았다. 그가 나보다 1번이 늦었다. 쌍둥이가 뒤에 나온 아이가 영원히 동생이듯이 그때부터 칠십이 넘은 지금까지도 그는 나에게 영원한 졸병이다. 아, 그 뿌듯함이란…….

우리 둘은 그렇게 다시 만나 그 혹독했던 훈련병 시절을 같이 보내고, 국방부의 명령으로 6주 후 각자 다른 기성부대로 배치되면서 헤어졌다. 그리고는 연락이 끊겼다.

군 복무 후, 김봉천과 나는 다른 대학으로 편입학했고, 그는 고등학교 국어교사로, 나는 광고회사 카피라이터로 사회생활을 하면서 다시 만나기 쉽지 않은 다른 생활환경에서 수십 년을 보내게 되었다. 물론 내 희곡 당선작(묘원에서)이 공연되었던 에저또극단의 충무로 허름한 공연장, '미행자'가 공연된 삼일로 창고극장에 그가 모습을 나타내긴 했으나 사적인 만남은 아니었다는 기억이다. 문예창작과의 동창회에서도 두어 번 마주쳤던 것 같다.

왜 그다지도 오랜 세월을 우리는 연락조차 주고받을 수 없었을까? 지금 생각해도 그건 미스터리다. 그런데 이제는 알겠다. 우리의 노년에 극적으로 만나기 위해 절실하게 필요했던 예비 시간이 아니었을까.

1970년대부터 21세기 초까지의 그 길고 깊었던 경제성장과 독재정권 시절과 그 이후 민주화 과정을 몸으로 견디면서 혹은 관여하면서, 김봉천과 나는 각자의 생활 전선에서 예쁜 여자와 사랑을 하고, 결혼하고, 떡두꺼비같은 아이를 낳고, 최소한의 생활비를 벌고, 부지런히 이사도 다니고 하면서 60대 이순에 이르게 되었다.

『이별연습』으로 다시 만난 김봉천

문예창작과 시절의 '피에르' 동인 중 하나(최용근)는 이미 고인이 되었다.

그도 김봉천처럼 국어교사로 정년을 마쳤고, 희곡작가로 활동했고, 지병을 얻었고, 항상 그리워하던 고향땅에 묻혔다. 그 무렵, 출판사를 경영하던 다른 동인 중 하나(홍성환)와 김봉천과 나, 이렇게 남은 셋이 서울에서 다시 만났다.

서울 충무로 추운 뒷골목 주막에서 죽은 친구를 생각하며 우리들은 말없이 소주를 마셔댔다. '피에르' 동인 시절을 그리워하지는 않았다. 그동안의 사연을 나누지도 않았다.

아이가 몇인지, 시집장가는 보냈는지, 무얼 하는지 묻지도 않았다. 별말들이 없었어도 우리는 서울의 모퉁이에서 많이 늙은 얼굴로 서로의 잔을 채우며 몇 계절을 그럭저럭 잘 견뎌냈다.

김봉천은 뜻밖에도 훈련소 시절 내가 썼던 유치한 시 몇 편을 간직하고 있었는데, 어느 날 주막에서 그 시를 큰 소리로 낭독하여 주위 술꾼들을 숙연하게 만들기도 했다. 술꾼들 중 일부는 낭독이 끝나자 박수를 보내 주어서 나를 쥐구멍을 찾게 만들었다. 그리고 그해 겨울, 김봉천의 첫 수필집 '이별연습'을 받았다. 화려하지도 초라하지도 않은 단아한 책이었는데, 책조차 그를 닮아 있었다. 그는 책을 나에게 건네면서 왠지 수줍어했다.

이별연습이라…

김봉천은 누구와 이별하기 위해 이 책을 썼을까… 정말 이별했을까… 나는 책을 읽으면서 알아챘다. 그는 정말 이별한 것이 아니다. 애당초 이별하고 싶어하지도 않았고 이별하는 시늉을 냈을 뿐이다. 이별을 연습했을 뿐이다. 그는 아무하고도 이별할 수 없는 사람이다… 내 생각이 옳았다.

두 번째 수필집 『내가 만난 아름다운 사람들』

2019년, 김봉천은 두 번째 수필집을 기획했고, 이별하지 못한 사람들에 대해 쓰기 시작했다. 이별할 수 없었던 사람들을 생각하면서 많은 에피소드와 사건을 기억해 내면서 피 같은 글을 쓰기 시작한 것이다.

그러나 김봉천이 두 번째 수필집을 내면 그들과 정말 이별할 수 있겠다고 생각했다면 그건 큰 오산이다. 그들에 대해 글을 쓰면 쓸수록 이별과는 거리가 멀어진다는 사실을 그는 곧 깨달을 것이다. 그가 쓴 20명의 '아름다운 사람들'은 결코 그에게서 떠나지 않을 것이다.

캠퍼스에서, 교단에서, 학교 밖에서, 고향에서, 산에서, 여행길에서, 바다에서 만난 그 아름다운 사람들은 끝까지 그를 놓아주지 않을 것이다.

…봉사회 회장, 페스탈로치 교장, 결핵 환자와 함께한 수녀, 병상 여류시인, 가슴 뜨거운 교장, 아코디언 낭만파, 어머님 같은 형수님, 호연지기 친구, 요양보호사의 그토록 아픈 눈물, 청소년을 포용한 검사, 남을 위하는 죽마고우, 바닷가 여인, 산꾼들의 화수분 할머니, 강원도의 푸른 농부…

김봉천이 쓴 아름다운 사람들은 평범한 듯 평범하지 않은 사람들이다. 그는 이들을 왜 아름다운 사람들이라고 생각하는지 길게 설명하지 않는다. 그들이 가진 생각과 행동과 말을 그대로 옮겼을 뿐이다. 그들의 영혼을 김봉천다운 따뜻한 시각으로 재구성했을 뿐이다.

그것이 중요하다. 김봉천다운 따뜻함…….

세 번째 수필집 『새로 만난 사람들』을 기다리며

나는 책이 나온 후, 출판 기념 모임에서 그에게 꼭 해 주고 싶은 말이 있다.

"세 번째 수필집이 꼭 필요할 것이다."라고.

왜냐고 내 스스로에게도 묻지 않을 것이다. 그건 김봉천 스스로가 더 잘 알 것이라고 생각한다. 그 세 번째 수필집은 이별 연습을 했으나, 실패한 사람들에게 또는 아름다운 사람들로 추억한 사람들에 대한 의무이자 예의일 것이다.

그 책을 쓰기 위해서 그는 필사적으로 해야 할 일들이 있다. 우선은 긴 문장들의 책 한 권을 엮을 만한 건강을 유지해야 할 것이고, 많은 사람들을 계속 만나야 할 것이고, 마음에 남는 이야기, 심금을 울리는 가슴 시린 사연들… 그 감동이 퇴색되지 않도록 부지런히 메모해야 할 것이다. 무엇보다도 중요한 일은 지금까지보다 더 많은 사람들을 사랑해야 할 것이다.

2020년 6월 7일

김봉천의 친구 신용삼

신용삼

1947년 경남 거창 출생
중앙대 문예창작과 1년 수료 이후 성균관대 경제학과와 대학원 광고홍보학과 졸업
광고회사 제일기획에서 카피라이터로 10여 년 근무 후 프리랜스 카피라이터로 활동
SCC(서울카피라이터즈클럽) 회장 역임
중앙일보, 동아일보, 서울신문 신춘문예에 동시와 희곡 당선, 작가 활동
『서양광고문화사』, 『광고카피라이팅』 등 광고 홍보 관련 책 출간 수회
성균관대, 홍익대 광고홍보학과에서 카피라이팅 강의
고려대, 중앙대 문예창작과에서 광고론, 카피라이팅 강의
부산대, 동아대 대학원 신문방송학과에서 광고PR 과목 강의
현재 프리랜스 카피라이터

내가 만난
아름다운 사람들

초판 1쇄 발행 2020년 8월 10일
초판 4쇄 발행 2025년 12월 19일

지은이 김봉천
펴낸이 박성복
펴낸곳 도서출판 월인
주 소 01047 서울특별시 강북구 노해로25길 61
등 록 1998년 5월 4일 제6-0364호
전 화 (02) 912-5000
팩 스 (02) 900-5036
홈페이지 www.worin.net
전자우편 worinnet@hanmail.net

ISBN 978-89-8477-686-9 03810

값은 뒤표지에 있습니다.